Heiner Brand
Jörg Löhr

Projekt Gold

Wege zur Höchstleistung –
Spitzensport als Erfolgsmodell

Bibliografische Information der Deutschen Nationalbibliothek

Die Deutsche Nationalbibliothek verzeichnet diese Publikation
in der Deutschen Nationalbibliografie; detaillierte bibliografische Daten
sind im Internet über http://dnb.d-nb.de abrufbar.

ISBN 978-3-89749-797-9
2. Auflage 2008
© 2008 by GABAL Verlag GmbH, Offenbach
Projektleitung: Ute Flockenhaus
Textlektorat und Bildredaktion: Dr. Sonja Ulrike Klug | www.buchbetreuung-klug.com
Umschlaggestaltung: Martin Zech Design, Bremen | www.martinzech.de
Satz und Layout: Das Herstellungsbüro, Hamburg | www.buch-herstellungsbuero.de
Druck und Bindung: Aalexx Druck GmbH, Großburgwedel

www.gabal-verlag.de
Abonnieren Sie unseren Newsletter:
newsletter@gabal-verlag.de

Inhalt

ANPFIFF

Was in Siegertypen steckt – und wie auch Sie zum Champion werden **9**

PHASE I: VORBEREITUNG

1. Das eigene Spielfeld finden

Die Bedeutung des Talents und wie man es nutzt **17**

2. Leidenschaft und Begeisterung

Spaß und Selbstvertrauen fördern Höchstleistungen **34**

3. Das Zielfoto im Kopf

Realisierbare Visionen sind der Treibsatz zum Erfolg **52**

4. Training für Körper und Geist

Mit Systematik und mentaler Stärke auf den Punkt topfit **70**

■ **Einwurf: Abrufbare Handlungsmuster und klare innere Bilder**

Prof. Dr. Hans Eberspächer über die Bedeutung mentaler Fertigkeiten **87**

5. Innovative Konzepte entwickeln

Kreativität und Mut eröffnen neue Horizonte **91**

■ **Einwurf: Auch Manager brauchen ein »Konditionstraining«**

Prof. Dr. Klaus Baum zur Arbeit mit der Handball-Nationalmannschaft **110**

6. »Kacheln zählen«

Ausdauer und Disziplin als Meistermacher **115**

■ Interview mit Franziska van Almsick: »Wenn man weiß, wie Erfolg schmeckt ...« **126**

7. Die Magie des Teamspirits

Was eine Gruppe zum Winning-Team macht **131**

- Interview mit Oliver Bierhoff: »Gelebte Visionen fördern den Teamgeist« **135**
- Interview mit Jochen Schümann: »Respekt vor der Leistung des anderen zeigen!« **144**

■ Einwurf: »Champions gehen immer ihren Weg«

Jochen Kienbaum über Wege zur Höchstleistung **155**

8. Kein Sieg ohne Leadership

Sich selbst und das Team an die Spitze führen **159**

PHASE II: WETTKAMPF

1. Pole-Position und letzte Reihe

Mit Druck umgehen und davon profitieren **179**

2. Konzentration von Gedanken und Taten

Wann »Tunnelblick« und innere Einkehr gefragt sind **193**

3. Positive Impulse durch Fairplay

Respekt für andere und Eigennutz sind kompatibel **209**

- Interview mit Markus Merk: »Fairplay fördert das positive Spiel!« **219**

4. »Schnelle Mitte« und »erste Welle«

Überlegenheit dank Taktik und Strategie **229**

- Interview mit Joachim Löw: »Bedeutung der Taktik ist gewachsen« **240**

5. Fighten um jeden Punkt

Mit Kampfkraft über Hürden und durch Krisen **249**

PHASE III: NACH DEM SPIEL IST VOR DEM SPIEL

1. »Spiel, Satz und Sieg!«

Angemessenes Feiern lädt Motivationsspeicher auf **269**

2. Aus Niederlagen lernen

Optimismus macht Fehlschläge zu Erfolgsbrücken **284**

3. »Zwölfter Mann« oder Pfiffe

Fankurven und Kunden fordern ihr Recht   302

4. Den Akku aufladen

Arbeit und Erholung brauchen ein Gleichgewicht   319

- ■ Interview mit Thomas Wessinghage: »Bewegung ist eine Kraftquelle«   329
- ■ Interview mit Ottmar Hitzfeld: »Auszeiten erweitern den Horizont«   337

ABPFIFF ...

... für die Theorie und Anpfiff für Ihren Weg an die Spitze   343

ANHANG

Applaus für das Team   348

Anmerkungen   350

Abbildungsnachweis   352

Sach- und Personenregister   353

Über die Autoren   356

Heiner Brand

Jörg Löhr

Anpfiff

Was in Siegertypen steckt – und wie auch Sie zum Champion werden

Was haben ein 800-Meter-Weltmeister und der Vorstandsvorsitzende eines großen Konzerns gemeinsam? Sie stehen ganz oben und konnten aus ihren Fähigkeiten das Maximum herausholen. Sowohl im Spitzensport als auch im Management geht es um Höchstleistungen, wenn von Erfolg die Rede ist. Um diese zu erzielen, reichen weder ein genetisch bedingtes Talent zum Laufen, Springen oder Boxen noch ein dank herausragender Intelligenz erworbenes Fachwissen aus. So klimmt keineswegs jeder Einser-Abiturient einmal die Karriereleiter empor, ja auch nicht jeder, unter dessen Promotion ein »summa cum laude« prangt. Ebenso hält nur ein Bruchteil der Kinder, die im Schulsport stets zu den Besten gehörten und von den Scouts der Vereine ausgewählt wurden, später eine Goldmedaille oder Meisterschale in der Hand.

Auf die Frage, was den Champion vom Mitläufer unterscheidet, fallen schnell die Schlagworte Soft Skills und soziale Kompetenz. In jedem Bewerbertraining, jedem Mitarbeiterseminar werden die so genannten Schlüsselqualifikationen gepriesen, die allein an die Spitze führen sollen. Oftmals können sich die Teilnehmer allerdings auch nach solchen Veranstaltungen nicht viel Konkretes unter Kreativität und Charisma, Menschenkenntnis und Selbstbewusstsein vorstellen. Es greift zu kurz, pauschal solche Fertigkeiten zu propagieren, als würde damit automatisch aus jedem Menschen ein Siegertyp. Trainer im Sport und Vorgesetzte im Betrieb erfahren es immer wieder: Aufforderungen zu mehr Leidenschaft, mehr Disziplin, mehr Kreativität

> **Träume und Visionen haben eine befeuernde Wirkung.**

allein genügen nicht. Die Empfänger der Botschaften hören diese wohl, doch ihnen fehlt der klare Blick für das Wie der Realisierung.

Was mehr hilft als reine Theorie, sind positive Beispiele. So kann es das eigene Durchhaltevermögen enorm befördern, wenn man weiß, was eine Franziska van Almsick dank ihrer ungeheuren Ausdauer erreicht hat. Und die befeuernde Wirkung von Träumen wird plastisch bei der Analyse von Jürgen Klinsmanns Visionen, mit denen er die deutsche Fußball-Nationalmannschaft in das »Sommermärchen« führte. So wurde die Grundidee dieses Buches geboren, das die Erfolgsstrategien im Sport und in der Wirtschaft aufzeigt, ihre Wirksamkeit belegt und ihre Übereinstimmungen herausarbeitet. Nicht umsonst hatten erstaunlich viele Spitzensportler nach ihrer Karriere außergewöhnlichen Erfolg in der Wirtschaft und waren viele brillante Führungskräfte zum Beispiel als Studenten erfolgreiche Sportler. Auch Spitzenteams im Sport zeichnen sich meist durch dieselben Eigenschaften aus wie Topunternehmen. Offenbar sind die Charakteristika, die man braucht, um sich an die Spitze zu setzen, zumindest in weitem Ausmaß allgemeingültig.

Als ehemalige Sportler haben wir beide erfahren, dass neben Talent auch eine intensive Vorbereitung, hartes Training und mentale Stärke gefragt sind, will man aufs Treppchen steigen – und auf diesem womöglich die oberste Stufe erklimmen. Es gilt, das Optimum aus der genetischen Mitgift zu machen, also die Geschenke der Natur zu nutzen und in schlagkräftige Stärken zu transformieren. Übertragen auf den Bereich der Wirtschaft heißt das, beispielsweise im Studium oder in der Ausbildung gewonnene Qualifikationen bestmöglich einzusetzen. Das klappt nur, wenn zur Kenntnis von Fakten und Versiertheit in Prozessen noch einiges mehr in die Waagschale geworfen wird. Enthusiasmus und klare Ziele, Mut und Kampfkraft, positives Denken und inneres Gleichgewicht, Teamspirit und Leadership ergeben in der Summe entscheidende Vorsprünge gegenüber den Wettbewerbern. Dieses Buch lotet die Gemeinsamkeiten zwischen Erfolgstypen im Sport und in der Wirtschaft aus, indem es in beiden Sphären die Erfolgsprinzipien destilliert. Methode ist die Darstellung des Spitzen-

> **Es gilt, die Geschenke der Natur zu nutzen.**

Das Team der Handball-Nationalmannschaft mit Trainer Heiner Brand

sports als Modell, denn zumeist lassen sich hier die entscheidenden Strategien einfacher ermitteln. Nicht umsonst denken wir bei Begriffen wie Training, Motivation, Mut oder Teamspirit oft zuerst an Läufer, Skirennfahrer
oder Handballer.

Ganz besonders lehrreich ist der Blick auf erfolgreiche Mannschaften,
weil diese fast alle wichtigen Erfolgsmaximen bündeln. Da gibt es den extrem ehrgeizigen Spieler und den, der andere mitzureißen und zu begeistern
weiß. Einige Spieler ordnen sich eher dem Erfolg des Teams unter, andere
zeichnen sich durch ihre Führungsstärke aus. Wenn die Mischung stimmt
und ein Trainer hinzukommt, der motivieren kann und der Visionen hat,
dann ist die Basis für das Erreichen ambitionierter Ziele vorhanden. Die
deutsche Fußball-Nationalmannschaft der WM 2006 war ein solches Team
mit einem solchen Trainer. Ihr gelang es, ein ganzes Land mit Enthusiasmus

zu infizieren und am Ende wie ein Sieger dazustehen, obwohl sie »nur« Dritter wurde.

Noch weiter brachte es die deutsche Handball-Nationalmannschaft der Männer, die bei der WM 2007 im eigenen Land Weltmeister wurde. Schnell war die Rede vom »Wintermärchen«, obwohl dieser Triumph wohl nur für die Zuschauer märchenhaft, weil unerwartet und überraschend war. In Wirklichkeit standen hinter der fabelhaften Leistung akribische Planung und konzentrierte Arbeit. Nicht umsonst hatten die Spieler die WM frühzeitig zum »Projekt Gold« erklärt. Sie wollten Weltmeister werden und bereits ein zweiter Platz wäre eine Enttäuschung gewesen. Sie sahen das Turnier in heimischen Hallen als das, was es war: eine für die meisten von ihnen einmalige, unwiederbringliche Chance. Verständlicherweise wurde sie daher zum Projekt erklärt, also zu einem Vorhaben, bei dem in einem klar definierten Zeitraum ein ebenso klar definiertes Ziel erreicht werden sollte. Die Zeitspanne umfasste die Wochen des Turniers, das Ziel war die Erringung des Weltpokals.

Die Handball-WM 2007 ist ein spannendes Lehrstück über die Entstehung von Höchstleistungen. Sie demonstriert, welche Faktoren für den Erfolg zusammenwirken, wie Gewinner denken und handeln. Nach zwei Pflichtsiegen gegen relativ schwache Gegner folgte bei der ersten richtigen Herausforderung die Niederlage gegen Polen. Erst danach kam es zur Leistungsexplosion, und zwar nicht vorrangig im Hinblick auf konditionelle Fähigkeiten, taktische Intelligenz oder technisches Vermögen, sondern – in den Köpfen und in den Herzen. Wir haben hautnah erlebt, wie plötzlich die geballte Faust des Torhüters Henning Fritz von innen heraus kam und nicht mehr bloß wie eine angelernte Geste wirkte. Das war wohl der Moment, in dem die abstrakte Konstruktion »Projekt Gold« mit Leben erfüllt wurde. Jetzt zahlte sich die intensive körperliche und mentale Vorbereitung aus. Das Zielfoto immer im Kopf, erreichten die Handballer das Viertelfinale und danach – so hieß von Anfang an ihre Devise – würde alles möglich sein. Eine Einschätzung, die sich eindrucksvoll bewahrheitete.

Ein großer Erfolg wie der des deutschen Teams bei der Handball-WM hat eine enorme Schubwirkung, aber er lässt sich niemals beim nächsten Großereignis automatisch wiederholen. Im Anschluss an einen fantastischen Sieg ist also immer auch eine Niederlage möglich. Tritt eine solche ein, gilt es, sie rasch zu verarbeiten, die nötigen Konsequenzen zu ziehen und sich sofort auf das nächste große Ziel zu fokussieren. Insbesondere diese schnelle und geradlinige Neuorientierung ist ein Charakteristikum von Topsportlern.

In Sport und Wirtschaft gibt es parallele Erfolgsgrundsätze.

Vor und während der Handball-WM sowie vor allem bei der Analyse danach erkannten wir die Parallelität der Erfolgsgrundsätze im Spitzensport und in der Wirtschaft besonders deutlich. So nahm dieses Buch konkrete Formen an. Es richtet sich an alle, die sich hohe Ziele setzen und diese auch tatsächlich erreichen wollen. Ihnen möchten wir die Struktur von Gewinnertypen aufzeigen, damit sie für ihre eigene Karriere davon profitieren können. Von der Vorbereitung über den Wettkampf bis zur Nachbereitung werden die einzelnen Phasen von Erfolgsgeschichten genau beleuchtet. Dabei kommen vom Championfaktor Leidenschaft bis zum intelligenten Umgang mit Fans und Kritikern die verschiedensten Facetten des Erfolgs zur Sprache. Immer wieder stoßen wir im Sport und im Business auf dieselben Muster. Kontrahent oder Wettbewerber, Fan oder Kunde, Mitspieler oder Mitarbeiter: Die Begriffe wechseln, doch die Denkweisen, Anlagen und Ziele der Erfolgstypen sind überall dieselben.

Sport ist Emotion pur, er fasziniert und begeistert die Menschen. Große Ereignisse wie die Fußball- oder die Handball-WM ziehen Millionen in ihren Bann. Die Zuschauer erleben Leidenschaft und Euphorie, die Fähigkeit zu fighten und Teamgeist. Alles dies sind Dinge, die jeder Mensch gerne in sein Leben tragen und die jeder Unternehmenschef bei seinen Mitarbeitern sehen möchte. Die Botschaft dieses Buches: Beides ist möglich für diejenigen, die vom Spitzensport lernen! Das gilt für den Mitarbeiter mit Ambitionen ebenso wie für die Führungskraft, für den Selbstständigen wie für den Geschäftsführer.

> **Nicht morgen oder gar übermorgen – der Startschuss für Ihr Projekt Gold fällt jetzt!**

Es gilt also ebenfalls für Sie! Wie die Topsportler bestreiten auch Sie immer wieder Ihre persönlichen Wettkämpfe, an denen sich entscheidet, ob Sie Ihre Ziele erreichen oder nicht. Auch Sie erleben Woche für Woche schwere, anstrengende »Spiele« und haben Ihre »Saison-Höhepunkte«, auf die Sie hinarbeiten, bei denen Sie für Ihren Einsatz belohnt werden und Anerkennung finden.

Im Sport ist der absolute Wille zur Leistung nicht nur akzeptiert, sondern unabdingbar. In anderen Bereichen unserer Gesellschaft tun wir uns damit manchmal schwer, obwohl letztlich alle von der außergewöhnlichen Energie Einzelner profitieren. Auch in Bezug auf das Leistungsprinzip kann also der Spitzensport als Vorbild dienen, will doch kein Sportler auf dem fünften oder gar neunten Platz landen. Geben auch Sie sich nicht mit einem Leben unterhalb Ihrer Möglichkeiten zufrieden! Dieses Buch zeigt, wie unnötig dies ist. Wie jeder Mensch können auch Sie Ihre individuellen Stärken finden, entwickeln und zur Meisterschaft führen. Um Sie dabei zu unterstützen, haben wir nicht nur die Parallelen zwischen Topathleten und Topmanagern analysiert, sondern daraus auch konkrete und sofort umsetzbare Tipps abgeleitet. Zusammengefasst ergeben diese ein Trainingsprogramm für Ihren persönlichen Erfolgsweg. Lassen Sie sich von den folgenden Seiten inspirieren und zum Handeln anfeuern.

Heiner Brand und Jörg Löhr, im Dezember 2007

PHASE I:
VORBEREITUNG

PHASE I: VORBEREITUNG

»Veni, vidi, vici!« – Was Julius Caesar einst gesagt haben soll, trifft sicher auf keinen Spitzensportler zu. Niemand, der Weltmeister oder Olympiasieger wird, kann von sich behaupten: »Ich kam, sah und siegte.« Vielmehr geht jedem großen Turnier, jedem Wettkampf eine Phase der sorgfältigen Vorbereitung voraus, die sich keinesfalls in ein paar Wochen Trainingslager erschöpft. Große Erfolge sind keine Zufallsprodukte, sondern das Ergebnis konsequenter Planung. Diese beginnt mit der Entdeckung der eigenen Talente und schreitet fort, wenn die Leidenschaft intensiviert wird, ambitionierte Ziele gesetzt werden, wenn durchdacht körperlich und mental trainiert wird und innovative Konzepte entwickelt werden. Unverzichtbar sind außerdem Ausdauer, ein Trainer mit Führungsstärke und das Arbeiten im Team – egal ob in einer Mannschaft oder mit einem Stab an Unterstützern. Nur wer in allen diesen Bereichen mehr als der Durchschnitt leistet, der hat die Voraussetzungen, einmal ganz oben auf dem Treppchen zu stehen.

Die gleichen Prinzipien gelten auch in der Wirtschaft. Hier ist Erfolg – sowohl in finanzieller und materieller Hinsicht als auch in puncto Lebensgenuss, Anerkennung und Karriere – ebenfalls an Bedingungen geknüpft. So gut wie niemandem fällt der Erfolg in den Schoß. Er muss in der Regel hart erarbeitet werden, wobei es allerdings wenig hilft, schlicht viele Stunden am Schreibtisch zu sitzen. Ähnlich wie ein Sportler braucht auch jeder Mitarbeiter, jeder Manager sein Erfolgsprogramm. Es gilt, die eigenen Stärken zu identifizieren, sie mit Begeisterung zu fördern, sich permanent weiterzubilden, Einsatz zu zeigen und gegebenenfalls auch etwas scheinbar Verrücktes zu tun. Man braucht für vieles ein Team sowie Führungsqualitäten sich selbst und anderen gegenüber. Und – ganz wichtig – jeder sollte sich die Frage stellen, wohin er möchte und was für ihn persönlich Erfolg bedeutet.

1. Das eigene Spielfeld finden

Die Bedeutung des Talents und wie man es nutzt

»Es genügt nicht, große Eigenschaften zu haben; man muss auch mit ihnen wirtschaften können.«

Unbekannt

Wer schon in der Schule keinen Ball traf, der wird wohl kaum Profi-Fußballer werden wollen. Und wer nie ein Rad schlagen konnte, der wird Abstand nehmen von der Laufbahn eines Turners. Völlig logisch, oder? Ja und nein, denn was im Sport selbstverständlich ist, gilt in der Wirtschaft keineswegs. Ganz offenbar erfassen Menschen ihre besondere Begabung zum Sprinten oder Schwimmen viel leichter als ihre Talente für bestimmte Berufe. Die Folge ist ein Dümpeln im Mittelmaß, denn wer seine individuellen Stärken nicht entdeckt, der wird nie außerordentlich erfolgreich sein.

Ohne Talent gibt es definitiv keine Spitzenleistung. Die positive Botschaft dieser Erkenntnis: Das Aufspüren des eigenen Spielfeldes und das intensive Training auf diesem ist in der Regel der erste Schritt auf dem Weg nach oben. Der kann allerdings nicht ohne eine Menge Eigeninitiative beschritten werden, da (noch) keine Talentscouts unterwegs sind, die Menschen mit überdurchschnittlichen Begabungen zum Arztberuf, als Personalchef oder als Lehrer suchen.

Spitzensportler haben die Sportart gewählt, für die ihre physische und psychische Grundausstattung ideal ist. Sie haben gelernt, sich auf ebendiese Sportart zu konzentrieren. Ein erstklassiger Skiläufer fährt also in erster Linie Ski, obwohl er in der Regel auch in anderen Disziplinen gute Leistungen erbringen könnte. Die deutsche Handball-Nationalmannschaft der Männer hat nur deshalb die WM 2007 gewonnen, weil sie eine Ansammlung aus außergewöhnlichen Talenten darstellt. Alle Trainer suchen ständig nach Talenten und sind von Talenten abhängig. Das gilt in Bundesligamannschaften, in Rennställen und besonders bei Nationalteams.

Häufig wird bereits beim Kind, spätestens aber beim Jugendlichen klar, welche Art der Bewegung am besten zu ihm passt: Es oder er sprintet eben auch ohne spezielles Training schneller als alle anderen in der Klasse oder dribbelt im Verein die halbe gegnerische Mannschaft aus. Daran zeigt sich einer der vielen Wege, sein Spielfeld zu finden: das System des *Trial and Error*. Man probiert zwangsläufig die verschiedensten Sportarten aus und entscheidet sich für die, bei der einem die meisten Mitschüler nicht das Wasser reichen können. Spätere große Siege sind dann das Ergebnis eines systematischen Durchforstens von Optionen. Deren Zahl ist jedoch nicht unendlich, sondern überschaubar, weil das »Repertoire« vom Grundthema Bewegung bestimmt wurde. Bleibt die Frage, wie die Eingrenzung auf dieses Thema funktioniert. Wie also erkennen junge Menschen, dass sie außerordentliche Bewegungstalente sind?

> »Talente hat jeder Mensch, weil jeder in einigen Bereichen besser ist als der Durchschnitt.«
>
> Jörg Löhr

Talente ausprobieren, auswählen und fördern

Der nationale Schweizer Sport-Dachverband Swiss Olympic hat sich dieser Aufgabe angenommen und das Projekt *Talent Eye* ins Leben gerufen. Weil jugendliche Sporttalente nicht früh genug gefördert werden können, entwickelte *Talent Eye* einen speziellen Schulsportkurs für sportmotorisch begabte und interessierte Erstklässlerinnen und Erstklässler. Unter fachkundiger Anleitung lernen die Kinder verschiedene Sportarten und -vereine kennen. Keineswegs geht es dabei um eine sofortige Einteilung und damit Festlegung bereits der Allerkleinsten auf Tennis, Leichtathletik, Schwimmen oder Fußball. Vielmehr steht die Freude an der Bewegung im Fokus, wollen die fachkundigen Betreuer vor allem die Entwicklungsprozesse beobachten. Dennoch orientiert sich *Talent Eye* an der möglichen Höchstleistung und damit am internationalen Vergleich. Es sollen spätere Juniorenweltmeister entdeckt, nicht einfach nur Kinder gefördert werden, die ganz gut laufen oder springen können. So ist eine gewisse Differenzierung durchaus erwünscht und die Teilnehmer/innen werden dazu angehalten, die von ihnen favorisierten Bewegungen zu identifizieren. Die einen merken schnell, wie wohl sie sich im Wasser fühlen, andere erkennen, dass Teamsportarten »ihr Ding« sind.

Talentsichtungen wie die von *Talent Eye* nutzen die Messbarkeit von besonderen Begabungen. Dabei geht es keineswegs um einfache Werte wie die aktuell gesprungene Weite oder die Bestzeit im 100-Meter-Sprint. Sportwissenschaftler haben vielmehr Kriterien zur Talentbewertung entwickelt, die um einiges komplexer sind. So muss die erbrachte Leistung mit der dafür aufgewandten Trainingszeit und dem biologischen Entwicklungsstand in Beziehung gesetzt werden. Zudem spielt der Ist-Zustand eine geringere Rolle als die Entwicklung und das daran ablesbare Potenzial. Unterschieden werden zudem die statische und die dynamische Komponente der Talentbestimmung. Die statische beschreibt die vorwiegend genetisch bedingten Dispositionen, welche für jeden Menschen allenfalls in einigen Sportarten spätere Topleistungen möglich machen. Eine Topschwimmerin braucht eine hohe Beweglichkeit im

> **Durch Austesten und Messen lassen sich im Sport Talente entdecken.**

Schulter- und Fußgelenk sowie lange Extremitäten, ein Gewichtheber unter anderem einen ausgeprägten Gleichgewichtssinn. Die dynamische Komponente beleuchtet den Prozess, den das Talent durchläuft und bei dem Eigenschaften wie Willensstärke und ein konstruktiver Umgang mit Hemmnissen eine Rolle spielen.

Bei Felix Menzel aus Berlin wies die körperliche Konstitution in Richtung Ringkampf, und er entwickelte dieses Talent kontinuierlich weiter. Zwar kam der Junioren-Europameister des Jahres 2006 niemals mit *Talent Eye* oder einem ähnlichen Projekt in Berührung, aber dafür erfuhr er frühzeitige Unterstützung von anderer Seite. Seine Mutter, die Turnerin und auch eine geschickte Reiterin war, schulte stets die Beweglichkeit ihres Sohnes. Später erkannten die Trainer im Leistungsstützpunkt Luckenwalde schnell Menzels Talent. Als Junge so gut wie keine Förderung erfuhr dagegen der ägyptische Tänzer Mahmoud Reda, Gründer der legendären Mahmoud Reda Troup. Mahmoud wuchs mit neun Geschwistern auf und interessierte sich zunächst gar nicht fürs Tanzen, sondern stattdessen für alle möglichen Sportarten. Als Schwimmer nahm er im Alter von 16 Jahren an den nationalen Schwimmmeisterschaften teil, danach versuchte er sich im Kunstspringen und anschließend im Kunstturnen, was ihn bis zur Olympiateilnahme führte. Richtig erfolgreich aber wurde der Ägypter erst als Tänzer.

Redas Lebensweg ist exemplarisch für die Bedeutung des Austestens bei mit mehreren Stärken gesegneten Menschen. Ob diese die richtigen Aufgaben gefunden haben, ob die Aufgaben wie für sie geschaffen sind, merken sie erst, wenn sie sich eine Zeitlang mit einer bestimmten Sache beschäftigt haben. Doch ob jemand nun erst ein paar Seitenpfade verfolgt wie Reda oder absolut geradlinig voranschreitet wie der Ringer Menzel: Immer ist irgendwann die kategorische Entscheidung für einen Weg, für ein Talent nötig! Und das heute mehr denn je, denn wir sind im Zeitalter des Talents angekommen.

Was im Sport schon immer galt, hat sich durch eine bessere Ausbildung in der Masse nun auch im Business durchgesetzt: Das Talent hat höchste Priorität. Firmenlenker wissen um die Brisanz der Talente ihrer Mitarbeiter. Talente sind das, was für

> **Begriffe wie »Belegschaft«, »Personal« und »Beschäftigte« gehören in die Mottenkiste, denn die Zukunft gehört den Talenten!**

den entscheidenden Vorsprung gegenüber Wettbewerbern sorgt. Für den Einzelnen ist daher nichts von so elementarer Bedeutung wie die Suche und Entwicklung seiner Talente, die ihm die Türen zur Karriere weit aufstoßen. Er muss sich darüber klar werden, auf welchem Gebiet er fantastisch, von welchen seiner Stärken er wahrhaft besessen ist. Nur in diesen Bereichen wird er seinen Job erheblich besser machen als der Durchschnitt.

Wolfgang Joop – preußischer Modezar mit Glamourfaktor

Wolfgang Joop ist in puncto Suche nach seinen herausragenden Talenten eher ein »Reda-Typ«. Auch bei ihm spielte das Ausprobieren eine große Rolle. Und auch bei ihm, einem der einflussreichsten Modedesigner des 20. und bisherigen 21. Jahrhunderts, führte erst das entschlossene Zupacken, der Glaube an die ihm plötzlich offenbarten Begabungen, zum Erfolg. Als Joop zusammen mit seiner Frau Karin gleich drei erste Preise bei einem Modewettbewerb der Frauenzeitschrift *Constanze* gewann, waren dies durchaus keine fest eingeplanten und erwarteten Siege. Der 1944 in Potsdam geborene Joop erkannte jedoch sofort, in welche Höhen ihn sein Interesse an künstlerischer Gestaltung und Design würde tragen können. Nach eigener Aussage ist er in die Modebranche gekommen wie die Jungfrau zum Kinde. Daraus ließe sich bereits seine Bestimmung, sein Auserwähltsein als einer der Stars am Modehimmel ablesen (auch wenn Joop das mit seiner Erklärung wohl nicht gemeint hat).

Vor dem fulminanten Auftritt beim *Constanze*-Wettbewerb war Wolfgang Joop bereits einige Irrwege gegangen. Das Studium der Werbepsychologie an der Technischen Hochschule Braunschweig hatte er bald abgebrochen, um sich danach mit Restaurationsarbeiten und anderen künstlerischen Tätigkeiten über Wasser zu halten. Später begann er ein Studium der Kunstpädagogik, beschäftigte sich mit Malerei und Bildhauerei, ohne etwas davon zum Abschluss zu bringen. Dann aber kamen die Auszeichnungen bei seiner ersten Teilnahme an einem Modewettbewerb und in der Folge widmete sich Joop zunächst nebenher und später ausschließlich dem Modedesign. Er entwickelte seine Mode- und Lifestyle-Kreationen kontinuierlich zu den Markennamen *JOOP!* und (später) *Wunderkind,* die ihm Anerkennung auf der internationalen Modebühne bescherten und zu einem der bedeutendsten Designer Deutschlands machten. In den USA gilt er als der »preußische Designer«, ein von der *New York Times* verliehener Ehrentitel.

Joop hegt und pflegt sein Image als Nonkonformist. Sein untrügliches Gespür für den Zeitgeist ließ ihn über viele Dekaden reüssieren, weil er Schönheit immer wieder neu definierte. So sind die Produkte der Marke *JOOP!* als mittelstandskompatibel beschrieben worden, während *Wunderkind* – nicht nur der enorm hohen Preise wegen – lediglich wenige zu tragen wagen. Joop sucht nicht das Glatte und Makellose, nicht die Perfektion von Otto-Normalverbraucher, und sein Glamour entbehrt nicht einer Spur Anarchismus. Obwohl auch Maler und Autor, Illustrator und Schauspieler, hat Joop doch mit dem Modedesign sein Spielfeld gefunden, auf dem er 99,9 Prozent der Menschen überlegen ist. Das will gerade bei ihm etwas heißen, weil er diese eine, alles überstrahlende Begabung aus einem riesigen Pool an Talenten herausfiltern musste. Wie ein vielseitig begabter Sportler, der sich nach der Phase des Ausprobierens für seine größte Stärke entscheidet, traf auch Joop seine Wahl und ging dann konsequent seinen Weg.

Sein Talent entdecken – ein Abenteuer in mehreren Akten

Begabungen sind zwar genetisch bedingt, werden aber auch vom sozialen Umfeld beeinflusst. Die Natur macht uns nur Angebote. Ob wir diese annehmen, das liegt an uns. Einmal entdeckt und richtig gefördert, avancieren Talente meist zur Erfolgsgarantie – nicht nur im Sport, sondern ebenso in der Wirtschaft, wo jedoch leider viele Menschen fernab ihres ureigenen Spielfelds tätig sind und deshalb ihre Talente verkümmern lassen. Ein Verhalten, das nicht nur die Zufriedenheit des Einzelnen schmälert, sondern auch den Erfolg der Unternehmen. Schließlich haben Wirtschaftsexperten das Humankapital als dasjenige Kapital identifiziert, mit dem gerade deutsche Unternehmen im globalen Wettbewerb punkten könnten. »Könnten«, denn aktuell ist es um diese wertvolle Ressource hierzulande schlecht bestellt, wie der Engagementindex 2006 des renommierten Meinungsforschungsinstitutes Gallup offenbart hat. Nach der für Deutschland repräsentativen Studie machen 68 Prozent der Arbeitnehmer nur Dienst nach Vorschrift und haben 19 Prozent die innere Kündigung bereits vollzogen.[1]

Ursache der lediglich physischen Anwesenheit im Job ist eine fehlende oder nur schwach ausgeprägte emotionale Bindung an das Unternehmen. Zu den Gründen für die geringe Identifikation mit dem Arbeitgeber wiederum zählt unter anderem die Erkenntnis, am aktuellen Arbeitsplatz nicht die den eigenen Fähigkeiten entsprechende Tätigkeit auszuüben, also auf dem falschen Spielfeld zu agieren. Welche Konsequenzen es hat, beruflich auf dem falschen Pferd zu sitzen, zeigen Gedankenexperimente: Wie wäre es wohl Wolfgang Amadeus Mozart ergangen, hätte er tagtäglich als Steinmetz arbeiten müssen? Und würde heute jemand den Namen Charles Darwin kennen, wenn er Klavierspieler geworden wäre? Mozart und Darwin erkannten und nutzten ihre herausragenden Talen-

Wolfgang Joop

te, was sie zu Weltruhm führte. »Ohne Talent läuft die Leistungsmotivation ins Leere«, sagt Julius Kuhl, Psychologieprofessor an der Uni Osnabrück. Wer zum Beispiel besonders viel Selbstdisziplin habe, der »ist dort erfolgreich, wo stark strukturiertes Arbeiten verlangt wird«.[2]

Was Talente sind und wie sie sich einteilen lassen

Was aber versteht man überhaupt unter Talenten und wie lassen sie sich erkennen? Von Begabung oder Talent wird gesprochen, wenn eine Person in einem bestimmten Gebiet über die Voraussetzungen zu überdurchschnittlichen Leistungen verfügt. Möglich sind dabei die verschiedensten Bereiche, beispielsweise aus der intellektuellen, künstlerischen oder sportlichen Sphäre. Zur Gruppe der kognitiven Begabungen gehören ein fotografisches Gedächtnis und logisches Denkvermögen. Unter Musik und Sprache fällt etwa die Anlage zum Entertainer. Organisationstalente verfügen über Extraklasse bei der Wahrnehmung von Führungsaufgaben, in der Politik oder im Management. Wer talentiert in der Koordination von Bewegungen ist, der kann diese Begabung unter anderem als Skifahrer oder Handwerker in die Waagschale werfen. Nach einer anderen Einteilung werden Talente im Umgang mit sich selbst (wie Frustrationstoleranz), im Umgang mit anderen (wie Führungsstärke) und in den Basiskompetenzen (Gewissenhaftigkeit, Flexibilität, Lern- und Leistungsbereitschaft) unterschieden.

In Studien wurden Menschen mit einer speziellen Begabung (außerhalb des körperlichen Bereichs) untersucht. Man fand dabei heraus, dass die korrespondierende Hirnaktivität und die entsprechende Hirnregion stärker ausgeprägt sind als beim Durchschnitt. Zu diesen Charakteristika kommt es allerdings nur dann, wenn die besonderen Fähigkeiten gefördert und stimuliert werden. Zwar wirkt sich eine möglichst frühzeitige Entwicklung von Talenten extrem positiv aus, aber es ist nie zu spät dafür. Längst glauben Wissenschaftler nicht mehr an ein Ende der Lernfähigkeit des Gehirns mit Abschluss der Pubertät. Der Entschluss, mit 55 Jahren noch Japanisch lernen zu wollen, ist also keineswegs abwegig – auch wenn sich vorhandenes Sprachtalent in diesem Alter nicht mehr zu ähnlicher Beherrschung des neuen Idioms entwickeln wird wie bei einem ebenso begabten Jugendlichen.

> »Das große Ziel des Lebens ist zu sein, wer wir sind, und zu werden, wozu wir fähig sind.«
>
> Jörg Löhr

Mittlerweile ist es Konsens, dass Talente stets neben der genetischen Komponente auch eine soziale haben. Zur letzteren zählen Facetten der Persönlichkeit, die familiären und schulischen Umstände sowie das Umfeld. Alle diese Faktoren können bei der Weiterentwicklung von Begabungen helfen oder aber zu deren Verschüttung beitragen. Um Letzteres zu verhindern, sollte sich jeder Mensch aktiv der Entdeckung seiner eigenen Talente widmen, denn die steht am Anfang des langen Wegs von der Begabung zur Stärke. Wie also erkenne ich, wer ich bin und was ich kann? Dabei helfen Tests und Checklisten, durch die tatsächliche oder potenzielle Stärken herausgefiltert werden. Wichtig: Ehrlichkeit ist bei solchen Analysen unerlässlich. Es gilt, dem realistischen, ungeschminkten Selbst auf die Spur zu kommen. Davon getrennt werden muss sowohl das Fremdbild, das durch den Blick eines externen Betrachters entsteht, als auch die Vision des Menschen, der man gerne wäre.

Das Problem bei der Fahndung nach unseren Talenten ist deren Einmischung in alle unsere Entscheidungen. Wir können sie nicht isoliert, quasi abstrahierend von unserem Leben betrachten, zu dem sie ganz selbstverständlich dazugehören. Um den Talenten dennoch auf die Schliche zu kommen, müssen wir uns deshalb genau beobachten. Aufschlussreich sind etwa spontane Reaktionen in bestimmten Situationen: Wann läuft alles spielerisch? Wann bin ich mit mir selbst

Talente beeinflussen alle unsere Entscheidungen.

im Reinen? Worin bin ich besser als andere? Was mache ich richtig gern? In der Mehrzahl dieser Situationen werde ich meine Begabungen nutzen!

Schwieriger wird es allerdings, wenn sich die Talente bereits tief in uns zurückgezogen haben, weil sie nie kultiviert wurden. Hier lohnt ein gedanklicher Ausflug in die eigene Kindheit: Welche Lieblingsbeschäftigungen hatte ich als Junge oder Mädchen? Was habe ich schneller gelernt als andere Kinder? Was hat mich damals immer wieder angetrieben? Der Spaß an einer und die Begeisterung für eine Sache sind zudem Indikatoren für die Beteiligung von Talenten, weil uns Freude macht, was uns leichtfällt.

Roland Berger – mit Selbstanalyse zum Millionär

Gefragt nach den Ursachen für seine Bilderbuchkarriere, spricht *Roland Berger* vom Zufall, ja sogar von einer Reihe von Zufällen. Doch er relativiert den Einfluss der nicht vorhersehbaren Ereignisse sogleich wieder. Dass er Unternehmensberater geworden sei, liege daran, dass er sich ziemlich genau durchleuchtet und gefragt habe, was er gut könne und was er gerne tue. Das Ergebnis dieser Selbsterforschung beschreibt Berger so: »Gut bin ich, wenn ich analytisch arbeite. Aber ich wollte nicht immer das Gleiche machen, wollte schnell etwas bewirken und Erfolg haben. Ich wollte interessante Persönlichkeiten treffen und – wenn's ging – keine Ochsentour.«[3] Die Auswahl seines Spielfelds harmonierte daher mit seinem Lebenskonzept.

Bergers Konzept ließe sich mit »Immer wieder etwas Neues« auf den Punkt bringen – und diesem Credo folgte er bereits in der Schule. Ihn interessierten alle Fächer, doch das normale Pensum forderte ihn offenbar nicht genügend. So lernte er parallel zum Unterricht Hebräisch sowie Russisch und las neben Karl May auch Biografien über berühmte Unternehmer wie den Hapag-Lloyd-Gründer Albert Ballin. Später studierte der 1937 geborene Berliner Betriebswirtschaft in Hamburg und München. Auch hier gab er sich nicht mit dem normalen Curriculum zufrieden, sondern baute parallel eine Wäscherei mit zuletzt 15 Angestellten auf. Nachdem er das Studium als Jahrgangsbester abgeschlossen hatte, ging er zu einer international tätigen Beratungsfirma, bevor er sich 1967 als Unternehmensberater selbstständig machte. Heute ist die Roland Berger Strategy Consultants eines der wohl renommiertesten und erfolgreichsten Unternehmen der Beratungsbranche.

»Bereits mit 13 Jahren schrieb ich einen Bericht über ein Handballspiel – vielleicht der erste Schritt zu meiner späteren Trainerlaufbahn.«

Heiner Brand

Berger verfolgte immer sein Ziel, das Leben selbstbestimmt leben zu können und niemals abhängig von anderen zu sein. Erreicht hat er dieses Ziel durch die klare Erkenntnis seiner besonderen Begabungen, seiner Stärken, seines Spielfelds. Übrigens: Obwohl intellektueller Überflieger, hat Berger stets auch der Sport fasziniert!

Sein Talent fördern – wie aus Begabungen Stärken werden

Nach Stufenmodellen der Talententwicklung sind die frühen Jahre von Spaß und Spielfreude geprägt. In der mittleren Phase folgt die Ausformung der Talente mit mehr Ernsthaftigkeit und einer Zunahme der spezifischen Aktivität. Den Abschluss bildet die Perfektionierung, durch die zuvor »nur« Talentierte zu Besessenen und zu Experten ihrer Disziplin werden. Aufmerksamkeit verdient auf jeder Stufe die Art und Weise der Beschreibung von Talenten. Sinnvollerweise werden sie mit Hilfe von Verben ausgedrückt, denn in der Regel sind es die Tätigkeiten, ist es das Handeln, das zu Höchstleistungen führt. An die Stelle der Formulierung »Ich bin neugierig« sollte daher beispielsweise »Ich finde gerne selbst heraus, wie etwas funktioniert« treten.

Um zu solchen Selbstbeschreibungen zu kommen, müssen die Suchenden ausgetretene Pfade verlassen, sprich: ihr bisheriges Leben hinterfragen. Selbst wenn beispielsweise ihr derzeitiger Job formal ihrer beruflichen Qualifikation entspricht und das Gehalt stimmt, sind sie möglicherweise dort eine Fehlbesetzung, weil ihre persönlichen Talente nicht gefordert werden. Als Folgen stellen sich Unzufriedenheit und innere Leere ein. Einen Anstoß zur Veränderung geben oftmals emotional stark aufwühlende Erlebnisse, die den Einsatz von Begabungen fordern und somit freilegen. So mancher wird beispielsweise durch dramatische Ereignisse auf sein Talent zur Konfliktbewältigung und zum Umgang mit Niederlagen aufmerksam. Ein anderer stößt während einer Krise seines Unternehmens auf sein Potenzial als Problemlöser.

Zusätzlichen Input für die Jagd nach den eigenen Talenten liefern die Beobachtungen anderer, insbesondere die der eigenen Familie, von Menschen aus dem engeren Freundeskreis und Arbeitskollegen. Dabei darf es nicht um Schmeicheleien gehen. Vielmehr sind ein kritisches Feedback und eine neutrale Einschätzung gefragt. Interessante Aufschlüsse liefert auch ein Vergleich der Talente, die jemand an sich selbst entdeckt, mit denen, die andere ihm zuschreiben. Gibt es klare Übereinstimmungen, steigt die Wahrscheinlichkeit auf eine realistische Erkenntnis und die betreffenden Talente sollten eingehender begutachtet werden. Und wenn weder die Selbstanalyse noch die Beurteilung durch andere zum Aufspüren von Talenten führen? Ein solcher Fall ist allenfalls theoretisch vorstellbar, denn die Erfahrung zeigt, dass jeder Mensch in manchen Bereichen besser ist als der Durchschnitt. Zwar wird nicht jeder ein einzigartiger Komponist, ein Spitzensportler oder ein berühmter Maler, aber die Voraussetzungen für ein erfolgreiches Leben sind so gut wie immer vorhanden.

> »Talent und Wille –
> das sind unabding-
> bare Eigenschaften,
> um ein ganz Großer
> zu werden.«
>
> **Heiner Brand**

Natürlich garantiert die bloße Existenz von Talent nicht bereits ein Leben jenseits des Mittelmaßes. Auch die Entdeckung der eigenen Begabung kann nur ein erster Schritt sein, dem weitere folgen müssen. Wie immer, wenn von Erfolgsfaktoren die Rede ist, kommt es auf das Handeln an. So müssen Talente ständig eingesetzt und trainiert werden, damit sie sich zu Stärken entfalten. Ein Talent ist lediglich eine Möglichkeit, eine Stärke aber verwirklichtes Potenzial. Auf dem Weg von einem zum anderen sind Wissen, Können und Wollen gefragt.

Fehlt einer dieser drei Faktoren, kommt es zu brachliegenden Begabungen und damit meist zu einem wenig befriedigenden Leben, weil Erfolg so gut wie immer auf der Kultivierung der eigenen Stärken beruht. Besonders häufig ist das Wollen unterbelichtet, so dass der talentierte Sportler nicht genügend Motivation zum wiederholten Training oder der begabte Schreiber nicht die nötige Disziplin zur konzentrierten Arbeit aufbringt. Manchmal fehlt die Zähigkeit auch denen, die um ihr Talent wissen. Zumeist aber liegt die Willensschwäche daran, dass die überdurchschnittlichen Fähigkeiten nicht klar erkannt wurden – was erneut die enorme Bedeutung der Talentsuche unterstreicht.

Stärken zu stärken führt zur Extraklasse

Nicht selten werden zwar die Talente identifiziert, aber statt sich ihrer Förderung zu widmen, arbeiten die Menschen an ihren Schwächen. Sie glauben, dort besser werden zu müssen, wo sie bisher den anderen hinterherlaufen, und verschwenden ihre gesamte Energie auf dieses Ziel. Meist geben sie dabei auf halber Strecke auf, im günstigsten Fall erreichen sie auf den Gebieten ihrer Schwächen gerade mal das Niveau des Durchschnitts. Wesentlich effizienter ist es, den Mangel einfach Mangel sein zu lassen oder ihn nur insoweit zu entschärfen, als er die Karriere limitiert. Vorrang sollte immer die Konzentration auf die starken Seiten haben, die in der Regel mit den Neigungen übereinstimmen. Hier lässt sich mit vergleichsweise wenig Aufwand ein wesentlich größerer Fortschritt erzielen. Ein Blick auf den Sport zeigt die Logik dieser Strategie: Nehmen wir etwa einen Fußballer, dessen Metier der Zweikampf ist, der aber nicht gerade über eine große Schussgewalt verfügt. Wird er Tag für Tag Fernschüsse und Freistöße trainieren? Nein, er wird sich auf das Verteidigen konzentrieren, seinen Körpereinsatz und den Umgang mit dem Ball in der direkten Konfrontation mit dem Gegner perfektionieren. »Verabschieden Sie sich von dem Bild, das Sie als generalistischer Alleskönner bessere Chancen haben als ein ›performanter‹ Spezialist«, rät Jens Ohle, Vorstand der access AG.[4] Das Arbeiten an Schwächen sei unproduktiv und ineffektiv, Talente dagegen ließen sich produktiv einsetzen.

Ein Sportler allerdings darf und muss seine Defizite in gewissem Umfang mildern – vor allem in Mannschaftssportarten. Im Handball etwa kann ein Topwerfer mit Problemen im Abwehrverhalten nicht darauf verzichten, seine Beinarbeit zu trainieren, um seine Fähigkeiten im defensiven Bereich zu verbessern. Das Beispiel des geborenen Verteidigers, der beim Versuch, ein Stürmerstar zu werden, nur Zeit vergeuden würde, zeigt dennoch: Die Maxime »Stärke deine Stärken« hat nicht nur für den Einzelnen Relevanz, sondern ebenso für die Gruppe. Ein Fußballtrainer hält jeden Spieler seiner Mannschaft dazu an, seine individuellen Talente zu trainieren, damit er eine schlagfähige Truppe aufbauen kann. So übt beispielsweise Christian Pander von Schalke 04 nach dem normalen Training in Extra-»Schichten« Freistöße, obwohl beziehungsweise weil seine Freistöße bereits in der ganzen Liga gefürchtet sind. Pander, der nach einer durch eine Knieverletzung

Christian Pander

erzwungenen 18-monatigen Pause zurückkam, konzentriert sich auf das, was er ohnehin bereits beherrscht. Unlogisch? Nein, denn: Nur in diesem Bereich hat er eine Chance, mit überschaubarem zusätzlichen Einsatz von einem »Sehr gut« zur Extraklasse aufzusteigen.

Analog dazu sollte ein Firmenchef oder ein Personalleiter die Stärken jedes einzelnen Mitarbeiters entdecken und gezielt fördern. So sind Teams dann ungewöhnlich erfolgreich, wenn sie unterschiedliche Talente in sich vereinen. Das Organisationsgenie etwa und den kreativen Ideengeber, den Analytiker und den kommunikativen Vermittler. Statt also alle in dieselben Seminare zu schicken, ist eine an den Begabungen orientierte Fort- und Weiterbildung sinnvoll, wie ja auch ein Torwart ein spezielles Torwarttraining absolviert. Und die Spezifizierung lohnt sich, denn Mitarbeiter, die sich ihrer Talente bewusst sind und die im Unternehmen entsprechend ihren Stärken eingesetzt werden, »lösen die Probleme der Kunden natürlich besser als die der Wettbewerber«, meint die unter anderem von *The Gallup Organization* unterstützte NaturTalent Stiftung. Durch das eigene Selbstbewusstsein dessen, was man gut kann und mag, seien der natürliche innere Antrieb und die Motivation sehr stark und führten zwangsläufig zur Spitzenleistung, »einhergehend mit Gesundheit, Zufriedenheit und Lebensfreude«. Nutze man seine Talente, laufe vieles von alleine ab. Die Lernbereitschaft und -geschwindigkeit seien extrem hoch. »Man lebt authentisch und strahlt natürliche Sicherheit, Kompetenz und Begeisterung aus. Erfolg ist unter diesen Voraussetzungen fast nicht zu verhindern.«[5]

Talente brauchen eine Richtung, Training und Disziplin

Ob der große Erfolg tatsächlich – wie die NaturTalent Stiftung glaubt – nicht zu verhindern ist, sobald man das eigene Spielfeld abgesteckt hat, darf bezweifelt werden. Die meisten Karrieren von Spitzensportlern und Champions im Business lehren etwas anderes: Wer sich konsequent seinen Stärken widmet, der kann überdurchschnittliche Leistungen erreichen, aber er wird dies nicht automatisch tun. Außer Begabung braucht man beim Weg an die Spitze ambitionierte und zugleich realistische Ziele, die den Stärken einen Kompass verleihen. Talent kann weder harte Arbeit ersetzen noch sich ohne Praxis auf hohem Niveau entwickeln. Der Erfolg bedingt Leidenschaft, Disziplin und innovative Konzepte. Von diesen Fähigkeiten, deren Effizienz sich wiederum besonders gut an Topathleten zeigt, handeln die folgenden Kapitel.

> **Zusätzlich zum Talent bedarf es realistischer Ziele.**

Das eigene Spielfeld entdecken

Die zwei Phasen auf dem Weg in ein stärkenorientiertes Leben

Dass ein Hochleistungssportler Talent braucht, um in seiner Sportart Höchstleistungen zu erbringen, ist keine Frage. Doch tun auch Sie wirklich das, was Sie am besten können? Schöpfen Sie Ihr individuelles Potenzial voll aus? Kennen Sie es überhaupt?

Erste Phase: Entdecken Sie bewusst Ihre individuellen Potenziale.

>>> Fragen Sie sich, was Sie besonders gut, was Sie gerne und mit Begeisterung tun.

>>> Erinnern Sie sich, was Ihnen schon als Kind leichtfiel und für welche Aufgaben Sie von Ihren Mitschülern stets ausgewählt wurden.

>>> Holen Sie sich Unterstützung bei der Analyse der eigenen Stärken – durch Freunde, Kollegen oder unabhängige Experten.

>>> Gleichen Sie Eigen- und Fremdbild ab und gewinnen Sie einen möglichst objektiven Blick auf das, was Sie können – und das, was Sie nicht können.

Zweite Phase: Nehmen Sie es als Ihre Lebensaufgabe an, Ihr individuelles Potenzial optimal auszuschöpfen.

Die Entscheidung für ein stärkenorientiertes Leben bedeutet häufig auch Abschied – Abschied von Gewohnheiten, von Fehleinschätzungen, von der Idee, aus einer Schwäche eine Stärke machen zu können. Gehen Sie diesen Weg dennoch mit Konsequenz.

» Höchstleistungen lassen sich nur auf der Basis individueller Talente erbringen. Geben Sie sich nicht mit faulen Kompromissen zufrieden – übernehmen Sie die Verantwortung für Ihr Leben.

» Verabschieden Sie sich von dem Gedanken, aus Schwächen Stärken machen zu können. Der Versuch würde unverhältnismäßig viel Zeit und Kraft kosten und nur zu Ernüchterung wie Enttäuschung führen.

» Fragen Sie sich ehrlich, ob Sie Ihre Stärken (privat oder beruflich) auch wirklich leben.

» Analysieren Sie, ob Sie Ihr Potenzial in Ihrer derzeitigen beruflichen Position einbringen können.

» Gehen Sie den Weg der Stärke: Suchen Sie nach Möglichkeiten, Ihre Talente im Beruf und Privatleben gezielt einzusetzen.

» Wenn Sie sich beispielsweise in Ihrem Beruf als Fehlbesetzung fühlen: Leiten Sie – Schritt für Schritt – Veränderungen ein, etwa durch einen Wechsel in eine andere Abteilung oder eine entsprechende Umschulung.

2. Leidenschaft und Begeisterung

Spaß und Selbstvertrauen fördern Höchstleistungen

> »Ich bin überzeugt, dass der Verstand, und sei er noch so hell erleuchtet, wenig ausrichtet, wenn er nicht mit Enthusiasmus gepaart ist.«
>
> Houston Stewart Chamberlain

Enthusiasmus, Leidenschaft, Besessenheit, Begeisterung – viele Begriffe, die alle eine intensive, sehr emotionale innere Beteiligung meinen. Ohne eine solche sind Höchstleistungen weder im Sport noch in anderen Bereichen möglich. Viele Experten halten sogar die Leidenschaft für den Championfaktor schlechthin. Sie sorgt für ein inneres Feuer, manchmal sogar für Ekstase und eine Art positiven Rauschzustand. Probleme und Schwierigkeiten werden locker überwunden oder hinweggefegt. Ergebnis ist eine sich immer wieder erneuernde Motivation, ohne die jedes Talent ins Leere liefe, Ziele immer nur Ziele auf dem Papier blieben und man schnell den Stillstand akzeptierte.

Spitzensportler wissen, dass Leidenschaft Flügel verleiht, und schaffen es immer wieder, sich für das wöchentliche Punktspiel oder die Highlights des Jahres zu motivieren. Die dafür nötigen mentalen Techniken lassen sich auf jeden Beruf übertragen und persönliche Olympias – sei es das wichtige Gespräch mit dem Personalchef zur Beförderung oder die Präsentation eines neuen Projekts vor einem potenziellen Großkunden – gibt es überall.

Spitzenleistungen sind kein Zufall, sondern die beinahe logische Konsequenz bestimmter Prinzipien, zu denen die Leidenschaft zwingend gehört. Zwar können auch ein höheres Gehalt oder ein neuer Firmenwagen anspornend wirken, aber in der Regel verfliegt deren Motivation schnell. Das liegt zum einen daran, dass wir uns rasch an einen neuen, höheren Standard gewöhnen, ihn

Leidenschaft verleiht Flügel, ist Magie, deren Zauber sich niemand entziehen kann.

also für selbstverständlich erachten und nicht mehr das Bedürfnis verspüren, dafür eine besondere Leistung zu erbringen. Zum anderen sind materielle Belohnungen immer nur mittelbar dafür geeignet, unser Glück, unsere Zufriedenheit oder unseren Spaß am Leben zu erhöhen. Wir können uns mit 1000 Euro mehr Gehalt einige Dinge leisten, die uns Freude machen, doch die Geldscheine selbst sind nicht »sexy«.

Anders sieht es aus, wenn die Belohnung eine innere ist. Genau darin liegt das Geheimnis der Leidenschaft, die uns Zuversicht und positive Emotionen schenkt – und damit nachhaltig wirksame Motivation. Um etwas Ungewöhnliches auf die Beine zu stellen, brauchen wir keine Macht oder hohe Position. Wir brauchen vielmehr vor allem *Leidenschaft,* die konzentrierte Energie ist und die uns eine faszinierende Präsenz verleiht!

Oliver Kahn – »Dauerbrenner« im Tor

Wohl das Paradebeispiel eines leidenschaftlichen, stets präsenten und immer top motivierten Spitzensportlers ist *Oliver Kahn,* die langjährige Nummer eins im Tor der deutschen Fußball-Nationalmannschaft. Obwohl er in seiner Karriere bereits so gut wie alles erreicht hat, mehrfacher Deutscher Meister und Pokalsieger, Champions-League-Gewinner und Vizeweltmeister war, will es Kahn immer wieder wissen. »Ich bin fast euphorisch, weil ich eine riesige Motivation spüre, noch einmal alle Titel anzugreifen«, verriet der Motivationskünstler vor seiner voraussichtlich letzten Saison.[6] Woher aber kommt seine viel bewunderte und von Gegnern wohl auch oft gefürchtete Fähigkeit, sich im Training und an jedem Spieltag aufs Neue in einem außergewöhnlichen Ausmaß zu motivieren? Woher kommt die Leidenschaft, mit der er seinen »Job« ausübt und die ihn zu Höchstleistungen treibt, obwohl er längst sich und anderen nichts mehr beweisen muss?

Im Falle von Oliver Kahn scheint die Leidenschaft angeboren. »Er hat mich sonntags früh aus dem Bett geworfen, damit ich mit ihm trainiere«, erzählte einmal Vater Rolf, selbst einst Bundesliga-Spieler.[7] Wenn Kahn dann später Ablehnung spürte, ja sogar Bananen aus Richtung der Anhänger der gegnerischen Mannschaft in seinen Strafraum flogen, dann bezog er daraus lediglich noch mehr Kraft. Dem Weltstar geht es nicht darum, den Fans sympathisch zu sein. Vielmehr will er einfach nur so erfolgreich wie möglich sein. Kahn lakonisch: »Ich will alles gewinnen.«[8] Und danach handelte er, wobei ihm manche Aktionen gegen Stürmer des Gegners, aber auch gegen Mitspieler aus dem eigenen Team, tatsächlich alles andere als Sympathien einbrachten. Ob er nun den einen zu beißen schien, den anderen ein bisschen würgte oder einen Dritten kräftig durchschüttelte: Vermutlich nicht immer steckte dahinter ein Ausraster, sondern manchmal auch eine durchdachte Handlung, welche das eigene Team motivieren und wachrütteln sollte.

Oliver Kahn konnte immer nur sehr schwer verlieren, und das änderte sich auch nach seinen vielen Erfolgen nicht. Identifikation und absoluter Wille waren stets die Grundlagen für seine Topleistung. Dank seiner Erfahrung wisse er genau, was er zu tun habe, bekannte der langjährige Star des Bundesliga-Erstligisten 1. FC Bayern München. »Ich trete auch mal eine Tür ein, wenn es die Situation verlangt. Solange ich diese Emotion spüre und brenne, ist das eine gute Voraussetzung«, so Kahn.[9] Der Moment, an dem alle Ziele so gut wie erreicht sind, wird für Typen wie ihn zum gefährlichsten und schwierigsten Punkt in ihrem Sportlerleben. Im Rückblick auf die für die Münchner Bayern wenig erfolgreich verlaufene Saison 2006/2007 kritisierte der Torwart seine – vielleicht bereits zu sehr zufriedenen und satten – Mitspieler mit klaren Worten: »Es fehlte mir, dass schon im Mittelfeld in bestimmten Situationen die Fetzen fliegen. Wir können nicht immer nur brav vor uns hinspielen.«[10] Was der vielleicht leidenschaftlichste deutsche Fußballer aller Zeiten vermisste, war eben dies: das Spiel mit Leidenschaft! Entsprechend hält (und motiviert sich) Kahn selbst dann am besten, wenn er seinen Emotionen freien Lauf lässt, brüllt und tobt.

Oliver Kahn

Vielleicht müssen gerade Torhüter als die Einzelkämpfer im Team eine Extraportion Leidenschaft besitzen. Ein ähnlicher Charakter wie Oliver Kahn ist der deutsche Handball-Nationaltorwart *Henning Fritz*. Auch er spielt nur dann überragend, hat nur dann die nötige Körperspannung, wenn die Glut in ihm heiß genug ist. Nur dann spiegelt seine Körpersprache seine Lust am Handball und seinen unbeugsamen Siegeswillen wider. Und genau das ist es, was die Siebenmeter-Schützen der Gegner wieder und wieder verzweifeln und verunsichert werfen lässt. Als »Teufelskerl« wird Fritz nach tollen Paraden oft gerühmt – ein Ausdruck, der von Respekt für den gebürtigen Magdeburger zeugt und der an die Bezeichnung »Hexer« für Andreas Thiel erinnert. Letzterer bestritt 256 Länderspiele für die deutsche Handball-Nationalmannschaft – und das wie Fritz im Tor!

Kazuo Inamori – Unternehmensgründer aus Leidenschaft

Bei erfolgreichen Sportlern wie Oliver Kahn und Henning Fritz hat Leidenschaft wohl immer eine kräftige Prise Aggressivität. In anderen Disziplinen äußert sich der Enthusiasmus weniger kämpferisch, ist aber im Kern derselbe, nämlich eine hundertprozentige Identifikation mit der ausgeübten Tätigkeit. *Kazuo Inamori* ist ein Beispiel für die Internationalität dieser These. Als Gründer und Vorstandsvorsitzender zweier äußerst erfolgreicher Unternehmen (Kyocera und KDDI) verknüpfte und verknüpft er Inspiration mit Geschäftssinn. Über seine Philosophie schrieb Inamori ein Buch mit dem Titel *Erfolg aus Leidenschaft*, der zugleich das Geheimnis seines Lebenswerks auf den Punkt bringt. Inamori erläutert, wie er einen brennenden Wunsch in sich wachsen ließ und wie er ihn nährte, bis er so stark wurde, dass er in sein Unterbewusstsein drang. Ebendiesen Zustand nennt der Japaner »Leidenschaft«, und er transportiert die Überzeugung, dass jeder, der voller Leidenschaft handelt, genauso erfolgreich werden könne wie er.

> »Der Spaß am Kampf ist es, der auch den vielleicht leistungsmäßig Unterlegenen siegen lässt.«
>
> **Heiner Brand**

Inamoris Lebensgeschichte zeigt, wie unbedeutend im Vergleich zu anderen Faktoren die Startbedingungen eines Menschen sind. Er begann in der Nachkriegszeit als armer Ingenieur, machte sich als 27-Jähriger ohne großes Startkapital selbstständig und brachte es zu einem der am meisten bewunderten Unternehmerpersönlichkeiten Japans. Viele Faktoren trugen zu Inamoris Erfolg bei: Seine Kreativität als Chemie-Ingenieur etwa, sein Instinkt für die Chancen neuer Märkte, sein Pioniergeist, sein unbeugsamer Leistungs-

und Erfolgswille. Alle diese Eigenschaften addiert ergeben bereits einen Siegertypen, doch die unvergleichlichen Erfolge des aus einer armen Familie stammenden Japaners sind nur durch den zusätzlichen Faktor Begeisterung erklärbar.

Die Leidenschaft von Inamoris Unternehmertum zeigt sich auch an seinem Sendungsbewusstsein. Um seine Erfahrungen und seine Managementideen weiterzugeben, initiierte er die Seiwa-Jukus-Schulen, in denen nach 1940 geborene kleine und mittelständische Unternehmer von seinem Wissen profitieren können. 1984 gründete er zudem die Inamori-Stiftung, welche die so genannten Kyoto-Preise für Höchstleistungen auf den Gebieten Hochtechnologie, Grundlagenforschung sowie Kunst und Philosophie vergibt. Diese Beispiele für das soziale Engagement von Inamori künden von seinem Verantwortungsbewusstsein für das Allgemeinwohl, was durchaus als Komponente seines leidenschaftlichen Strebens nach Erfolg begriffen werden kann. Allerdings muss dann Erfolg in einem weiteren Sinne definiert werden, in dem er sich nicht auf die Erreichung eines bestimmten Status und Einkommens beschränkt. Inamori selbst hat die harmonische Koexistenz der Natur und der Gesellschaft zur Basis aller seiner Geschäftsaktivitäten erhoben. Entsprechend seinem Credo soll ein Unternehmen nicht nur Produkte herstellen und Serviceleistungen anbieten, sondern sich auch sozial engagieren. Und genau das tat und tut Inamori – und zwar mit Leidenschaft.

> **Ein Unternehmen soll nicht nur Produkte herstellen und Serviceleistungen erbringen, sondern sich auch sozial engagieren.**

Energiequelle Emotionen – Leidenschaft fördert Leistung

Ob die aggressive Spielart wie bei Oliver Kahn oder die sanfte wie bei Kazuo Inamori: Die wahre Motivation, die uns ins Handeln bringt, kommt immer nur aus uns selbst! Wer seine Leidenschaften lebt, seiner Besessenheit Raum gibt, engagiert ist, an sich glaubt, der kann ungeheure Leistungen vollbringen, ohne sich dabei zu verausgaben. Er hat nicht das Gefühl sich anzustrengen, ist erfüllt von seiner Mission, spürt daher kaum Erschöpfung und verschiebt sein Limit in immer weitere Fernen. Leidenschaft ist daher sowohl für den Sportler als auch für den Manager eine ergiebige Energiequelle, die jedoch in Unternehmen und in der Gesellschaft noch viel zu wenig angezapft wird. Meist sind im Beruf leidenschaftliche Menschen auch in anderen Bereichen »voll dabei«. Sie sprühen vor Lebenslust, und bloße Zufriedenheit ist für sie ein Tick zu wenig. Was in der Wirtschaft oft vergessen wird: Leidenschaft und Begeisterung entzünden sich nicht an dem bereits Erreichten und ebenso wenig an dem, was sich leicht erreichen lässt. Es sind vielmehr die hochgesteckten Ziele, die das Feuer in uns zum Lodern bringen. Man muss also ein Stück weit Visionär und Träumer sein, um außergewöhnliche Leidenschaft entwickeln zu können.

Ein beeindruckendes Beispiel dafür ist die deutsche Handball-Nationalmannschaft der Männer, die im Januar und Februar 2007 in Deutschland Weltmeister wurde. Vor dem Turnier hatte das Team das »Projekt Gold« ausgerufen und auf seine T-Shirts drucken lassen. Ein nicht unerreichbares, aber angesichts von Verletzungspech und vermeintlich stärkeren Gegnern äußerst ambitioniertes Ziel. Hinzu kam im Vorfeld der WM ein spezielles Trainingsprogramm zu den mentalen Erfolgsfaktoren. Beides brauchte die Truppe, um die Leidenschaft zu entfachen, die unabdingbare Voraussetzung des späteren Erfolgs war. Enthusiasmus ist also keineswegs automatisch vorhanden, er lässt sich bewusst herbeiführen. Bei den Handballern erzeugte er einen Dominoeffekt, indem er das Selbstbewusstsein stärkte und damit die gegnerischen Mannschaften beeindruckte. Das funktionierte spätestens beim Sieg gegen den Topfavoriten Frankreich in der Hauptrunde. Von da an spielte sich das deutsche Team in einen Rausch, getragen von der eigenen Begeisterung und der der Zuschauer. Jetzt wirkte sich auch die intensive mentale Vorbereitung aus, bei der die Förderung des Glaubens an die eigene Stärke eine zentrale Rolle spielte.

> »Ich war sicher immer ein leidenschaftlicher Spieler. Ohne Leidenschaft ist Höchstleistung undenkbar.«
>
> **Heiner Brand**

Christian Schwarzer – Motivator und spielender Mythos

Eine der Schlüsselfiguren des deutschen WM-Teams war *Christian Schwarzer*, genannt »*Blacky*«. Der wegen der verletzungsbedingten Ausfälle nachnominierte »Oldie« hatte eigentlich schon nach den Olympischen Spielen 2004 den Abschied vom Auswahlteam genommen. Als er bei der WM im Vorrundenspiel gegen Polen nach 28 Minuten zu seinem ersten Einsatz kam, war es, als sei er niemals weg gewesen. Seine Leidenschaft für den Handball und »sein« Team drückte sich in einer ungeheuren Präsenz auf dem Spielfeld, aber auch in der Kabine aus, die den »spielenden Mythos« zu einem der entscheidenden Motivatoren der Mitspieler machte. Zwar konnte Schwarzer die Niederlage gegen Polen nicht verhindern, doch danach war

Christian Schwarzer

er es, der als Erster aufmunternde Worte an die Mannschaft richtete. Blackys Leidenschaft speiste sich sowohl aus seiner Freude am Spiel als auch aus seinem unbedingten Siegeswillen. Seine Spielweise zeigt exemplarisch, wie essenziell Leidenschaft als Basis für positive Aggression ist. Schwarzer beweist außerdem den engen Zusammenhang zwischen Enthusiasmus und Selbstvertrauen. Obwohl er lange nicht mehr in der Nationalmannschaft gestanden und bereits ein für den extrem schnellen Sport Handball hohes Alter erreicht hatte, mangelte es ihm nicht am Glauben an die eigene Stärke.

Ein gewisses Maß an Leidenschaft für das, was man tut, müsse man mitbringen, meint Schwarzer. Doch dieses »Geschenk« der Gene könne bewusst weiterentwickelt werden. »Ich habe das im Verlauf meiner Karriere getan und stellte fest, wie positiv es sich auf den Erfolg auswirkt«, sagt der in Braunschweig geborene Handballprofi. Leidenschaft lässt nach Schwarzers Erfahrung junge Spieler Ermüdung gar nicht spüren und befähigt ältere, sie zu ignorieren. Außerdem verringere Begeisterung die Gefahr von Misserfolgen, weil man diese schlicht nicht mehr ins Kalkül ziehe. »Ich denke gar nicht daran, dass etwas schiefgehen könnte.« Das gemeinsame Ziel »Projekt Gold« habe bei der WM die Leidenschaft wesentlich stärker befeuert als materielle Belohnungen. »Über Prämien haben wir nicht gesprochen, der gemeinsame Erfolg stand im Vordergrund.«

Gerade die Spitzenhandballer zeigen die Auswirkung von Leidenschaft und Selbstvertrauen auf die Spielstärke. Wenn positive Emotionen einen nach vorne treiben, gelingen die einstudierten Spielzüge und sinkt die Fehlerquote, weil man sich die Frage »Schaffe ich das überhaupt?« nicht mehr stellt. Die Vernunft ist im Sport – insbesondere beim intellektuell anspruchsvollen Handball – nicht ausgeschaltet, doch viele Spielzüge und Aktionen laufen automatisiert ab. Und: Jeder Gedanke an ein mögliches Scheitern wird verdrängt. Beim Transfer auf Unternehmen und deren Mitarbeiter ist das natürlich nicht eins zu eins übertragbar. Eine wichtige Präsentation etwa oder ein Gespräch mit einem potenziellen Kunden ist weniger programmierbar, und die Ratio spielt dabei eine größere Rolle. Aber auch hier erhöht Leidenschaft die Erfolgsquote, indem sie die Selbstzweifel minimiert. Je emotionaler ein Mensch agiert, desto kraftvoller, vitaler und unangreifbarer fühlt er sich. Wir alle suchen daher immer wieder die Bereiche, in denen wir emotional beteiligt sind, und keine außergewöhnliche Kundenbeziehung funktioniert auf Dauer ohne emotionale Bindung.

Unternehmen, deren Firmenphilosophie Leidenschaft in ihren Mitarbeitern auslöst, maximieren damit die Leistung ihrer Angestellten. Das gefürchtete Burn-out-Syndrom wird hier kaum zu finden sein, dafür umso häufiger eine echte Präsenz anstelle bloß physischen Vorhandenseins am Arbeitsplatz. Leidenschaft ist untrennbar mit Engagement verbunden und Enthusiasmus erzeugt Identifikation mit dem Unternehmen.

Christine Bortenlänger – auffallen durch Begeisterung

Wer einen Job gewählt hat, der sein Herz schneller schlagen lässt, der absolviert nicht Dienst nach Vorschrift, sondern der mischt sich ein. Dabei warten die erfolgreichen Menschen nicht bis zu ihrer ersten Anstellung mit dieser aktiven Beeinflussung des Geschehens. Sie waren meist bereits in der Schule Gestalter statt Mitläufer, beispielsweise in der Funktion als Schülersprecher. Das setzt allerdings voraus, auf positive Art aus der Menge herauszuragen. »Ich bin aufgefallen, weil ich Dinge mit Begeisterung tue«, meint *Christine Bortenlänger,* heute Vorstand der *Bayerische Börse AG.*[11] Die Betriebswirtschaftlerin hat es geschafft, dass sich die Börse München gegen die scheinbare Übermacht Frankfurts behaupten konnte. Nicht umsonst wurde sie bereits als Doktorandin von etlichen europäischen Börsenchefs empfangen. Eine ungewöhnliche Karriere, die *Bortenländer* selbst zu großen Teilen auf ihre Leidenschaft für das Finanzwesen zurückführt: »Mich fasziniert die Börse«. Während ihrer Ausbildung zur Bankkauffrau erwarb sie ihre ersten Aktien und seither hat sie das Thema Börse nicht mehr losgelassen. Es sei einfach spannend zu sehen, »wie schnell hier Informationen verarbeitet werden und sich in den schwankenden Aktienkursen ausdrücken«.[12]

> »Wir wollen bewusst und unbewusst Spaß und Lust erleben. Diese Triebkraft bringt uns ins Handeln.«
>
> **Jörg Löhr**

Bortenlängers Enthusiasmus für das Börsenwesen war es auch, der sie ihre schwierige Aufgabe in München meistern ließ. Nach Ansicht vieler Experten rettete sie die deutsche Regionalbörse vor allem mit ihren Innovationen. Ihre wohl wichtigste Triebkraft, nämlich ihre Leidenschaft, führte Bortenlänger zudem zur Förderung des finanziellen Allgemeinwissens der Deutschen. Sie wirkte unter anderem bei einem »Ideenlabor« einer großen deutschen Bank mit, mit Hilfe dessen das Finanzwissen der Deutschen erforscht und im Anschluss daran ein »Kanon der finanziellen Allgemeinbildung« aufgestellt wurde. Im Autorenteam mit einer Fachjournalistin schrieb Bortenlänger das Buch *Kompass Geldanlage – Ihr Weg zu Vermögen und finanzieller Sicherheit.* Für die geborene Münchnerin sind diese Aktivitäten kein PR-Instrument zur Untermauerung ihres Expertenstatus. Sie möchte die Menschen in die Lage versetzen, die von der Politik immer nachhaltiger eingeforderte Eigenverantwortung übernehmen zu können. Und dazu gehört offenbar ihrer Überzeugung nach ein solides Grundwissen in Sachen Geldmärkte und Geldanlage. So ist Christine Bortenlänger auch ein Beleg dafür, dass keineswegs ein Megagehalt und der Status allein besonderes Engagement auslösen, sondern der Spaß an der Sache und die Überzeugung von deren Wichtigkeit.

Die Lust an der Herausforderung und der Schaffensrausch

Ob es einen Christian Schwarzer mit fast 40 Jahren noch einmal in ein großes Turnier treibt oder eine Börsenchefin ihr Wissen unters Volk bringt – immer spielen die Lust an der Herausforderung und die Hoffnung auf Anerkennung eine große Rolle, wenn Menschen weit jenseits der Norm Liegendes vollbringen. Sie leisten erheblich mehr als der Durchschnitt, obwohl sie längst ihr Ausnahmekönnen unter Beweis gestellt haben und oft materiell mehr als abgesichert sind. Man könnte auch von einem Suchtfaktor sprechen, denn Erfolgstypen suchen immer wieder neue Ziele und geben sich nicht mit dem bereits Errungenen zufrieden. Der ungarische Psychologe Mihaly Csikszentmihalyi nennt das lustbetonte Gefühl des völligen Aufgehens in einer Tätigkeit *Flow,* was etwa Schaffensrausch meint. Einst entwickelt für Risikosportarten, wird die Flow-Theorie heute auch für andere Sportarten und geistige Aktivitäten angewandt.

Zum Flow kommt es nach Csikszentmihalyi dann, wenn zumindest einige der folgenden Bedingungen gegeben sind:

- Wir sind der Tätigkeit gewachsen.
- Wir sind fähig, uns auf unser Tun zu konzentrieren.
- Die Aktivität hat deutliche Ziele.
- Die Aktivität hat eine unmittelbare positive Rückkopplung.
- Wir haben das Gefühl, unsere Aktivität zu kontrollieren.
- Unsere Sorgen um uns sind nicht mehr spürbar.
- Unser Gefühl für Zeitabläufe verschwindet.

Wortwörtlich »im Flow« waren der Schweizer Bertrand Piccard und der Brite Brian Jones, als sie 1999 als erste Menschen die Welt in einem Ballon umrundeten. Grundsätzlich ist der Flow etwas anderes als ein kurzfristig wirksamer Kick, wie ihn etwa ein isoliertes Lob des Trainers oder des Vorgesetzten auslöst. Flow ist vielmehr ein Zustand, in dem die Anforderung an einen Menschen mit seinen Fähigkeiten und seinen Zielen optimal zusammenpassen, was zu einer produktiven Harmonie führt. Jemand, der weiß, was er wie tun muss und dass er dies auch tun kann, der ist in der Lage, sich voll und ganz auf diese Tätigkeit einzulassen. Er widmet seine ganze Aufmerksamkeit der aktuellen Aufgabe und lässt sich nicht durch Gedanken an die Reaktionen anderer oder gar einen möglichen Misserfolg ablenken. Seine Lust steigert seine Anstrengung und damit seine Leistung, was ihn wiederum mit neuem Flow belohnt. Typischerweise treten solche Erlebnisse genau dann auf, wenn die Tätigkeit den Menschen weder über- noch unterfordert.

> »Wenn man bei einer Tätigkeit völlig das Zeitgefühl verliert, so ist das ein gutes Indiz für Begeisterung.«
>
> Jörg Löhr

Die deutschen Handball-Weltmeister des Jahres 2007 waren sicherlich während des Turniers ab dem Sieg gegen Slowenien, mit dem sie fulminant in die Zwischenrunde starteten und die Niederlage gegen Polen vergessen machten, im Flow-Zustand. Sie spielten nach eigenem Bekunden immer wieder in einer Sphäre jenseits von Zeit und Raum, hatten keine Angst vor Verletzungen, waren sich ihres Könnens bewusst und konnten sich voll auf ihre aktuelle Aufgabe konzentrieren. Hinzu kam die sofortige Belohnung jeder gelungenen Aktion und jedes Sieges in Form des frenetischen Jubels der Zuschauer und natürlich des Weiterkommens im Turnier. Und nicht zuletzt war da das eindeutig formulierte und greifbare Ziel: der Weltmeistertitel. Die Folge: Schwarzer und Co. spielten Handball wie im Rausch, und das trug sie letztlich zum Gewinn der Weltmeisterschaft.

Der Rausch des Handballteams ist übertragbar auf die Situation des Managers, des Mitarbeiters in einem Unternehmen bei einem wichtigen Ereignis wie dem Abschluss eines sehr lukrativen Geschäfts. Auch der Arzt, der Agentur-Chef, der Schauspieler sind stets – bewusst oder unbewusst – auf der Suche nach dem Flow. Erlebbar wird er, wenn die Anforderungen zu den Talenten passen und ein klares Ziel hinzukommt, denn dann stellt sich das lustbetonte Gefühl ein, das nur die Bewältigung anspruchsvoller Aufgaben erzeugen kann. Lernen lässt sich in diesem Zusammenhang vom Spitzensport unter anderem die Konzentration auf ein Projekt. Demgegenüber sind heute viele Menschen Tag für Tag gezwungen, ihre Aufmerksamkeit auf zahlreiche »Baustellen« zu verteilen. Sie haben demnach immer viele »Schubladen« offen, müssen ihre Gedanken ständig neu fokussieren und geraten so niemals in den Flow, der allein für wirklich produktive Leistung sorgt. Jeder, der sich einmal von allem anderen abschottet, Prioritäten setzt und auf nur ein Vorhaben konzentriert, weiß, welche Eigendynamik sich dann entwickelt.

> **Jeder ist auf der Suche nach dem Flow.**

Vitali und Wladimir Klitschko – Gewinner dank mentaler Stärke

Meister der Destillation der Leidenschaft durch die Konzentration auf ein Projekt sind die Brüder *Vitali* und *Wladimir Klitschko*. »Wir gewinnen unsere Kämpfe zuerst im Kopf und erst danach im Ring«, erläutern die ukrainischen Weltklasseboxer ihre Erfolgsstrategie in ihrem *Fitnessbuch*.

Lamon Brewster und Wladimir Klitschko

Ohne mentale Stärke könne man sein Konzept nicht umsetzen, äußerte der damals 31-jährige *Wladimir* vor seinem Kampf gegen Lamon Brewster. Anschließend nahm er in sechs Runden, nach denen Brewsters Betreuer resigniert das Handtuch warfen, eindrucksvoll Revanche für seine drei Jahre zuvor erlittene Niederlage gegen den Amerikaner. Natürlich hatte diese Revanche auch eine intensive Vorbereitung in Form harten Trainings erfordert, doch letztendlich gab vermutlich die Prise mehr an Leidenschaft den Ausschlag. In wohl kaum einem Sport ist Sieg oder Niederlage so sehr von den Emotionen abhängig wie im Boxen. Nur mit Selbstvertrauen und Begeisterung kann ein Boxer eine Körpersprache sprechen, die dem Gegner Respekt einflößt. Und nur mit Enthusiasmus vermag er die permanente hundertprozentige Konzentration aufrechtzuerhalten, die ihn vor dem sofortigen Knockout schützt.

Der Kampf zwischen Wladimir Klitschko und Lamon Brewster bot vom ersten Gong an Leidenschaft und Dramatik pur. Nicht selten geht Enthusiasmus mit äußerster Spannung einher, weil klare Verhältnisse, also ein um Längen überlegener Gegner etwa, die Leidenschaft schnell auslöschen können. Nicht von ungefähr waren bei der WM 2007 die engen Spiele der deutschen Handball-Nationalmannschaft auch die, in welcher die Hingabe des Teams an seine Aufgabe am intensivsten spürbar war. Paradebeispiel dafür ist das nur hauchdünn und nach zweimaliger Verlängerung gewonnene Match gegen Frankreich im Halbfinale. Aber auch im Finale gegen Polen sorgten das verletzungsbedingte Ausscheiden des ersten Torhüters Henning Fritz in der zweiten Halbzeit und die darauf folgende Schwächephase der deutschen Mannschaft für ein erneutes Aufflammen der Leidenschaft. Plötzlich stand der bereits fast sicher geglaubte WM-Sieg auf der Kippe, es war Höchstleistung gefordert und die Spieler zeigten sie. So können sich Dramatik und Leidenschaft auch gegenseitig aufschaukeln.

Ambitionierte Ziele sind der Kompass

Die eigenen Stärken sind entdeckt, die Würfel für einen Beruf gefallen. Er ist mehr Berufung denn Job, weil Enthusiasmus das tägliche Arbeiten bestimmt. Was aber treibt Spitzensportler und Spitzenmanager an, wenn sie wesentlich leidenschaftlicher zu Werke gehen, als der Kreisklassefußballer oder der normale Angestellte das tut? Es sind ihre Ziele, sei es nun die Erringung des Weltpokals oder die Steigerung der Rendite. Damit diese Ziele wirksam sind, müssen sie ambitioniert sein, denn für einen fünften Platz oder ein bisschen mehr Gehalt lohnt sich ein ungewöhnlicher Einsatz nicht. Ohne ehrgeizige Ziele würde auch der größte Elan irgendwann erlahmen, denn wer sich anstrengt, der braucht eine Antwort auf das Wofür. Hohe, aber nicht unerreichbar fern hängende Trauben spornen den Arbeitseifer an und intensivieren die Leidenschaft. Die Ziele müssen allerdings mit den eigenen Werten und persönlichen Überzeugungen harmonieren. Im Idealfall sind die Visionen Teil eines begeisternden Lebenskonzeptes, und nur mit ihnen ist in der Regel Zielklarheit erreichbar.

Mit Begeisterung zur Höchstleistung

Zwei Phasen auf dem Weg in ein leidenschaftliches Leben

Talent allein genügt nicht, um Höchstleistungen zu erbringen. Wie ein Topathlet vor einem großen Turnier, so müssen auch Sie das Feuer der Begeisterung in sich tragen, um Besonderes leisten zu können.

Erste Phase: Entdecken Sie den Champion-Faktor für sich!

➤➤ Fragen Sie sich, ob Ihre Vision, Ihre Ziele klar und motivierend genug sind, um in Ihnen Leidenschaft zu wecken.

➤➤ Wenn nicht: Überdenken Sie Ihre Ziele! (Siehe auch Kapitel 3.)

➤➤ Die Quelle, aus der sich Ihre Begeisterung speist, ist die Sinnhaftigkeit Ihres Tuns. Geben Sie Ihrem Handeln einen persönlichen Sinn!

➤➤ Fragen Sie sich, was Sie erreichen wollen und warum Sie es unbedingt erreichen wollen. Fragen Sie sich, ob Ihr Ziel mit Ihren persönlichen Werten in Einklang steht.

➤➤ Fixieren Sie schriftlich, was Sie an Ihrem Ziel so begeistert und warum Sie den Weg dorthin schaffen werden.

Zweite Phase: Geben Sie alles und noch mehr ...

➤➤ Tun Sie auch das Gewöhnliche mit ungewöhnlicher Begeisterung – wenn es Sie Ihrem erklärten Ziel ein Stück näher bringt. Verbannen Sie Halbherzigkeiten aus Ihrer Gedankenwelt.

➤➤ Hindernisse im Weg? Sehen Sie Hürden als Herausforderungen und kämpfen Sie für Ihre Ziele!

➤➤ Lassen Sie Emotionen zu: Nutzen Sie positive Energie, um andere mitzureißen. Aber auch Ärger und Wut können Sie voranbringen – wenn Sie die freigesetzte Energie konstruktiv einsetzen, um Rahmenbedingungen zu verändern, um Hindernisse aus dem Weg zu räumen oder aus Fehlern zu lernen.

➤➤ Konzentrieren Sie sich ganz auf Ihr Ziel, machen Sie keine Kompromisse mehr. Wenn Sie sich entscheiden, etwas zu tun, dann tun Sie es mit vollem Einsatz. Geben Sie Ihr Bestes, geben Sie 110 Prozent.

3. Das Zielfoto im Kopf

Realisierbare Visionen sind der Treibsatz zum Erfolg

»Nur keine kleinen Pläne machen; sie können die menschliche Seele nicht bewegen.«

Daniel Hudson Burnham

Gymnasiast Manuel paukt ausdauernd französische Vokabeln und büffelt die Grammatik, während er in den übrigen Fächern bisher keineswegs als Streber auffiel. Ein Fall von Begeisterung für eine bestimmte Sache, durch die harte Arbeit zum Spaß wird? Ja, doch das ist nur die halbe Wahrheit. Zwar ist Manuel tatsächlich von der Sprache Frankreichs fasziniert, aber sein ungewöhnlicher Einsatz hat noch einen anderen Grund: Im nächsten Sommer will er seine Brieffreundin in Marseille besuchen und nach dem Abi ein Jahr in Paris verbringen. Voraussetzung dafür sind jedoch sehr gute Sprachkenntnisse. Der Schüler Manuel hat also ein Ziel, für das er richtig powert.

Was für ihn die Trips nach Frankreich sind, das sind für Leistungssportler Weltmeisterschaften, erste Plätze in der Rangliste oder Deutsche Rekorde. Nur ein klares Ziel gibt der Begeisterung dauerhaft Nahrung und lässt den Trainingsfleiß nicht erlahmen. Auf den Punkt gebracht: Erfolg beginnt im Kopf.

Der Vorteil im Sport im Vergleich zum Business: Über die Ziele braucht sich hier niemand Gedanken zu machen, weil sie klar definiert sind, ihre Zahl begrenzt ist und die Mannschaftskameraden, aber auch die Konkurrenten meist dasselbe anstreben. Außerdem lassen sich sehr leicht Zwischenziele definieren, wie der Gewinn eines Vorbereitungsspiels oder das Erreichen einer Qualifikationsweite, -höhe, -zeit. Komplexer ist die Lage bei Mitarbeitern und Managern von Unternehmen. Sie müssen erst einmal in sich gehen und ihren wahren Zielen auf die Spur kommen. Gefahndet werden sollte nach Visionen, die – wenn auch nur mit überdurchschnittlicher Anstrengung – realisierbar und erfüllbar sind.

Träumte ein 17-Jähriger, der schon von der Statur her nicht für den Dauerlauf prädestiniert ist und der noch nie in seinem Leben einen Waldlauf bestritten hat, vom olympischen Gold über die 10 000-Meter-Strecke, so würde ihn jeder belächeln. Nimmt sich sein Freund, der immer schon der beste Leichtathlet der Schule war, für das nächste Sportfest vor, im internen Vergleich seiner Klasse unter die ersten fünf zu kommen, so wird er sich deshalb wohl kaum groß ins Zeug legen. In der Mitte zwischen diesen Extremen, der Utopie und dem Selbstverständlichen, liegt die Vision. Von einer Utopie spricht man dann, wenn die Unmöglichkeit ihrer Verwirklichung feststeht, während im Schlaf erfüllbare Leistungen von vornherein als gegeben betrachtet werden. Bei Visionen dagegen sind Schwierigkeiten vorprogrammiert, muss mit Gegenkräften und Rückschlägen gerechnet werden,

Erfolg beginnt im Kopf.

nicht jedoch mit prinzipiell unüberwindbaren Hindernissen. Der Erfolg (beziehungsweise Misserfolg) ist dann im Wesentlichen das Produkt der eigenen Anstrengung (beziehungsweise des Müßiggangs). Niemand ist für die Realisierung einer Utopie verantwortlich, aber jeder für das, was aus seinen Visionen wird.

Florian Kehrmann – nur hohe Ziele motivieren

Die deutsche Handball-Nationalmannschaft hatte die Vision, Weltmeister 2007 zu werden. Obwohl Experten dem Team allenfalls die Chance aufs Viertel- oder vielleicht Halbfinale einräumten, war das »Projekt Gold« doch keine Utopie. Im Jahr zuvor hatte Deutschland bei der Europameisterschaft mit Platz fünf und nur einer Niederlage gezeigt, wie nahe es an der Weltspitze war – und das trotz großer Personalprobleme. Zudem wussten die Spieler genau, wie sehr sie sich seit der EM weiterentwickelt hatten, und das Wissen um den Heimvorteil gab ihrem Selbstbewusstsein weiteren Auftrieb. »Natürlich haben wir uns nicht einfach hingesetzt und gesagt: Jetzt holen wir Gold!«, erzählt *Florian Kehrmann* im Rückblick. Der oft als weltbester Rechtsaußen Bezeichnete weiter: »Wir haben uns die Ausgangsposition hart erarbeitet und überlegt, was wir erreichen können.« Das Ergebnis war das »Projekt Gold«, an dessen Vollendung Kehrmann – nicht zuletzt als »Ersatz-Kapitän« nach der Verletzung von Markus Baur – großen Anteil hatte.

Der sowohl als »Artist« als auch als »Arbeiter« bezeichnete »Flo« Kehrmann schwört auf das Maximieren der Ansprüche. Er setze seine Ziele gerne etwas höher an, denn ansonsten erreiche man sie zu schnell, erzählt der Führungsspieler. Außerdem würden die Ziele mit der Entwicklung immer ehrgeiziger, und natürlich habe er nicht bereits nach dem ersten Training als Junge Nationalspieler werden wollen. »In der E-Jugend war immer nur der Sieg im nächsten Spiel und vielleicht der Gewinn eines Freundschaftsturniers wichtig.« Später seien die Bäume weiter und weiter in den Himmel gewachsen, wobei man sich nie vom Realismus verabschieden dürfe. »In Maßen träumen und hohe Ziele setzen – das ja. Aber es muss erreichbar sein, was man sich vornimmt.« Kontraproduktiv sei in jedem Fall Genügsamkeit. »Sobald man an-

> »Mit der Ausrufung des ›Projekts Gold‹ setzten sich die Spieler selbst unter Druck, was für die Ernsthaftigkeit ihrer Ambitionen sprach.«
>
> **Heiner Brand**

Florian Kehrmann

fängt, mit etwas zufrieden zu sein, geht es schnell bergab.« Das vermittelt Kehrmann auch seinen Mitspielern. Als Integrationsfigur und Führungsspieler sei er mitverantwortlich dafür, das Team mit der Sehnsucht nach hohen Zielen anzustecken, betont der geborene Neusser.

Vision kommt vom lateinischen »videre«, was »sehen« bedeutet. So sind Visionen immer – anders als Utopien – visualisierbar und beschreibbar. Florian Kehrmann und Co. haben sich, vermutlich bereits als das Projekt Gold entstand, in der Kölnarena jubeln und den Weltpokal in die Höhe recken sehen. Sie hatten ihre Vision sogar in Form eines Aufdrucks auf ihren T-Shirts visualisiert. Genauso handelt ein Architekt, wenn er ein beeindruckendes Bauwerk erstellen möchte. Bevor er mit dem Zeichnen und Rechnen anfängt, entwirft er sein Gebäude im Kopf und erstellt ein Modell. Erst wenn seine Fantasie sich ausgelebt hat, weiß er, wohin er will. Leider fühlen sich die meisten Menschen im Hamsterrad gefangen und meinen, viel zu beschäftigt zu sein für die Visualisierung ihrer Ziele. Das ist jedoch ein Irrglaube, denn für jeden von uns ist ein anderes Leben möglich. Niemand muss das für ihn falsche Leben bis ans Ende seiner Tage fortführen. Zielfotos helfen beim Verlassen eingefahrener Gleise!

Natürlich müssen die Bilder im Kopf attraktiv sein. Nur wer sich sagt: »Dieses Bild will ich unbedingt wirklich vor mir sehen«, der wird alles tun, um es zu realisieren. Gerade weil die deutschen Handballer hohe Ansprüche hatten, schafften sie es, diese zu erfüllen. »Hätten wir vor der WM gesagt, wir wollen Fünfter werden, dann wären wir wohl auch Fünfter geworden«, glaubt Christian Schwarzer. Ähnlich argumentiert Kehrmann: »Zu sagen, wir wollen nur ins Halbfinale kommen, wäre blödsinnig gewesen.« Der Glaube an einen Finalsieg sei auch ein Ergebnis der Erfahrung gewesen. »Wir haben immer wieder erlebt, wie eng es an der Spitze zugeht und dass jeder, der ins Halbfinale kommt, auch Erster werden kann.« Ähnlich muss Jürgen Klinsmann gedacht haben, als er der deutschen Fußball-Nationalmannschaft die Vision »Weltmeister 2006« einhämmerte und während des Turniers eine ganze Nation mit dem Glauben an diese Vision infizierte.

Von der Vision zu konkreten Zielen

Man könnte auch den Vorsatz »Wir wollen die Besten sein« als Vision betrachten. Dann wäre der Gewinn der WM das Ziel, also die Konkretisierung der Vision. In diesem Sinne ist die Festlegung von Zielen das Festnageln der in einer unbestimmten Zukunft siedelnden Vision in einem exakt definierten Zeitraum. Zumeist sind dafür Zwischenschritte nötig, weil man sich anfangs die Erreichung von Fernzielen nicht für ein bestimmtes Jahr, einen bestimmten Monat vornehmen kann. Christian Schwarzer erläutert

> »Es gilt, sein Ziel genau festzulegen,
> den dafür nötigen Preis zu bestimmen –
> und dann diesen Preis zu zahlen.«
>
> Jörg Löhr

das so: »Als Handballer will man zunächst bis zu einer bestimmten Saison in die 2. Liga kommen, dann in die 1. Liga und sich dort bis zu einem bestimmten Zeitpunkt einen Stammplatz erkämpfen. Später nimmt man sich vor, bis zum Jahr x Nationalspieler zu werden. So geht das Schritt für Schritt. Man gewinnt Titel und möchte immer mehr.«

Auf jeder Entwicklungsstufe sind die Ziele für die augenblickliche Situation ambitioniert, aber durchaus realistisch. Und: Für jedes Teilziel ist ein zeitlicher Rahmen nötig, bis zu dem es »abgehakt« sein soll. Nur durch relativ präzise Termine wird nämlich das Handeln beschleunigt, werden die Energien gebündelt und die zielgerichteten Aktivitäten forciert. So gibt es im Sport die ewigen Nachwuchshoffnungen und andere, die Jahr für Jahr neue Leistungsgipfel erklimmen. Im Business ist das nicht anders: Der eine liefert immer wieder Beweise seines Könnens, doch der andere klettert auf der Karriereleiter einfach an ihm vorbei. Nicht selten liegt ein solch unterschiedliches Tempo daran, dass der eine sich seine Geschwindigkeit, mit der er aufsteigen will, exakt vorgibt, der andere aber nur von einem »Irgendwann« spricht.

Christian Schwarzers Auflistung seiner Ziele inklusive selbst definierter Zeithorizonte klingt nach dem Höher-schneller-weiter-Gen, das Claudia Langer sich selbst zuschreibt. Ein halbes Jahr vor dem Abitur stellte sie mit einem Freund die Messe *Avantgarde* für junge, unbekannte Modedesigner auf die Beine. Finanziell stand das Projekt zunächst am Abgrund, da die jungen Initiatoren einige wichtige Kostenfaktoren übersehen hatten, doch künstlerisch wurde die Messe ein voller Erfolg. Langers Ziel war es gewesen, dem Establishment zu zeigen, dass sehr wohl funktioniert, was jeder für unmöglich hält. Dasselbe Ziel trieb sie an, als sie später gemeinsam mit ihrem Partner die Werbeagentur *Start* gründete. Mit 14 oder 15 Jahren sei ihr Traumjob Papst gewesen, bekannte Langer einmal, weil dieser zu den wenigen Menschen gehöre, welche »die Welt verändern können, wenn sie wollen«.[13] Natürlich sind die Vorstellungen der übrigens in einem protestantischen Elternhaus aufgewachsenen Langer von einer »Karriere« als katholischer Oberhirte eine Utopie gewesen, doch ihre (späteren) Ziele hat sie dafür umso zielstrebiger verwirklicht.

Lewis Hamilton und Roger Federer – die Nummer eins als einziges Ziel

So war es auch bei *Lewis Hamilton,* dem Formel-1-Piloten aus Hertfordshire nahe London. Als er elf Jahre alt war, soll Hamilton bei einer Motorsportgala zu Ron Dennis, dem Chef des Formel-1-Teams von McLaren Mercedes gesagt haben: »I'm going to race for you one day … I'm going to race for McLaren.« Viele Firmenchefs wären begeistert von ähnlich tickenden Mitarbeitern, die ihnen beim Vorstellungsgespräch bei der Frage nach ihren Zielen »Ich will Vertriebschef werden« antworten. Ron Dennis wird vielleicht über den Knirps Lewis gelächelt haben, doch zwei Jahre später unterschrieb Hamilton einen Vertrag bei McLarens Entwicklungsprogramm und 2007 wurde er Formel-1-Pilot bei McLaren Mercedes. Als Debütant legte er eine Serie hin, die bis dahin noch kein Neuling geschafft hatte. Hamilton wollte von Anfang an mehr: »Für mich ist das Leben ein Wettbewerb. Ich gehe nicht mit Erwartungen an Aufgaben heran, sondern mit einem Ziel.«[14] Und dieses Ziel hieß von Anfang an, der Schnellste zu sein.

Klare Konturen hatte auch das Zielfoto im Kopf des jungen *Roger Federer,* begnadetes Schweizer Tennisass. Erst drei Jahre alt war dieser, als er erstmals ein Tennisracket in der Hand hielt. Mit acht Jahren schloss er sich einem Verein an und als 15-Jähriger verließ er sein Elternhaus nahe Basel, um seinem Sport im Leistungszentrum des Schweizer Verbands bei Lausanne noch intensiver nachgehen zu können. Später wurde er für lange Jahre die Nummer eins in der Welt – erstmals mit 22 Jahren im Februar 2004 –, und er gewann bisher unter anderem fünfmal in Folge das Turnier in Wimbledon. Das Interessante dabei: Federer hatte sich selbst offenbar sehr frühzeitig richtig eingeschätzt. Exemplarisch dafür ist folgende Geschichte[15]: Als 15-Jähriger sollte Roger im Tennisinternat seine sportlichen Ziele zu Papier bringen. Während die anderen Jugendlichen Dinge wie »Berufsspieler werden« oder »Unter die ersten hundert der Weltrangliste vorstoßen« notierten, schrieb Federer: »In die Top Ten kommen und dann die Nummer eins werden.« Knapp zehn Jahre nach dem Verfassen dieser Zeilen resümierte der Schweizer das bisher Erreichte: »Ich stehe auf Platz eins. Das zeigt mir, dass ich mich richtig organisiert habe als Profi, dass ich mein Potenzial ausspiele.«[16]

Ron Dennis und Lewis Hamilton

Etappenziele führen von Aktionismus zum gerichteten Handeln

In jedem Fall gut organisiert war auch Claudia Langer. Während ihres *Avantgarde*-Projekts hatte sie damit zu kämpfen, dass einem jeder Tag nur 24 Stunden spendiert und sich die Schlafdauer nicht auf null reduzieren lässt. Bis 13 Uhr drückte sie die Schulbank, danach und vermutlich bis 1 Uhr kam ihr Messevorhaben an die Reihe. Auch etablierte Manager arbeiten so gut wie alle unter permanentem Zeitdruck und deshalb oft eher aktions- als zielorientiert. Das birgt die Gefahr, zu kurzfristig zu denken und die langfristigen Ziele aus den Augen zu verlieren. Ein gutes Gegenmittel ist die Definition von Etappenzielen, wobei ein Auswahlkriterium stets der

Drive in Richtung der übergeordneten Ziele ist. Darüber hinaus sollten die Zwischensteps dazu geeignet sein, den Blick für das wirklich Wichtige zu schärfen, und vom bloßen Aktionismus zum gerichteten Handeln führen.

Vor allem aber sollte die Erreichung der Etappenziele ausschließlich in der Hand des Einzelnen oder der Gruppe liegen, die sich diese Ziele geben. Ob ein Vorsatz der Art »Ich werde bis Ende dieses Monats zehn Kunden unsere neue Maschine persönlich vorstellen« gehalten wird oder nicht, das liegt allein an dem, der ihn gefasst hat. Ob allerdings das neue Produkt bis Ende des Jahres der Renner wird, hängt neben dem eigenen Einsatz auch vom Bedarf der Kunden und dem Verhalten der Wettbewerber ab. Oft ist daher die Fokussierung auf die Handlungen, die weitestgehend der eigenen Kontrolle unterliegen, erfolgversprechender als die Orientierung an Fernzielen wie der Übernahme der Marktführerschaft. »Ich werde den Umsatz mit meiner Gruppe um 10 Prozent steigern« ist fördernder als die Losung: »Ich will mehr Verantwortung übernehmen.« Beruhigenderweise tritt oft Letzteres ein, wenn man Ersteres dank entsprechenden Einsatzes schafft. So war es auch bei Handballstar Florian Kehrmann, als er sich kurz vor der WM 2007 die Hand brach. »Ich setzte mir das Ziel, alles zu tun, um bei der WM wieder voll belastungsfähig zu sein«, erzählt der als Kämpfertyp bekannte Profi. Das tat er dann auch, wurde rechtzeitig wieder fit und durfte den Finaltriumph in Köln als Leistungsträger auf dem Feld erleben.

> »Wie beim Autofahren per Navigationssystem führen uns auch im Leben nur genaue Zieldaten dahin, wohin wir wollen.«
>
> Jörg Löhr

Leistungsziele als Basis für Erfolgsziele

Spitzensportler wie Roger Federer können relativ gut einschätzen, welcher Einsatz, welche professionelle Einstellung und welche Maßnahmen bereits in der Vorbereitungsphase wichtig sind, um ein Turnier erfolgreich zu absolvieren. Sie werden weniger leicht von anderen Dingen abgelenkt

Roger Federer

>>**Ein hochgestecktes Ziel wie der Weltmeistertitel erzeugt einen enormen Siegeswillen, den auch der Gegner spürt.**<<

Heiner Brand

als Führungskräfte, die im Berufsalltag immer wieder mit Nebensächlichkeiten konfrontiert werden und sich häufig unnötig damit aufhalten. Zwar haben Topmanager wie Topathleten meist eindeutige Karriereziele im Kopf, aber bei Ersteren fehlen nicht selten die dafür nötigen Zwischenziele. Das führt letztlich zur Verzettelung der Kräfte und kann auch das anfangs klarste Endziel aufweichen, schwammig werden lassen. Der Physiologe und Sportwissenschaftler Klaus Baum, verantwortlich für das Fitnesstraining der deutschen Handball-Nationalmannschaft: »Man sollte natürlich sein Ziel im Auge behalten, aber auch das, was einen diesem Ziel näher bringt – und wenn es noch so unangenehme Dinge sind wie das Dehnen nach dem Training.« Wie auch die Bedeutung von Disziplin und Teamgeist könne man die der Definition von Zielen eins zu eins aus dem Sport auf das Geschäftsleben übertragen. Baum, selbst Sportler und Unternehmer, sieht folgerichtig »das, was ich tun muss, stets auch als sportliche Herausforderung« (siehe Einwurf von Klaus Baum, S. 110).

Eine intelligente Form der Beschäftigung mit Zwischenzielen wählte die deutsche Hockey-Nationalmannschaft der Frauen vor den Olympischen Spielen in Athen 2004. Jede Spielerin schrieb zu Beginn der Vorbereitung auf den einen Zettel ihre Erfolgsziele und auf den anderen ihre Leistungsziele. Bei den Erfolgszielen wurden etwa das Erreichen des Halbfinales oder aber des Treppchens genannt. Diese »Visionen« waren angesichts der Ausgangslage – das deutsche Team hatte beispielsweise gegenüber den Niederlanden, Argentinien und Australien einen absoluten Außenseiterstatus – ziemlich irrelevant, zumal auch kein Heimvorteil wie bei den Handballern 2007 den Glauben an den Finalsieg hätte erzeugen können. Viel spannender fand der damalige Trainer Markus Weise die zu Protokoll gegebenen Aussagen in puncto Leistungsziele wie »Ich will kaputt vom Platz gehen« oder »Ich will alles reingeben, keine Ökonomie«.[17] Bei diesen Vorsätzen hätten sich die Spielerinnen höchstens selbst im Wege stehen können. Kein Einfluss von außen war in der Lage, sie ihnen zu vermasseln. Resultat: Die meisten erreichten ihre Leistungsziele, und es passierte noch viel mehr: Das Team

Die deutsche Hockey-Nationalmannschaft der Damen

wurde Olympiasieger, obwohl dies zuvor keiner als sein Erfolgsziel notiert hatte. Je erfolgreicher also die Zwischensteps absolviert werden, desto höher die Wahrscheinlichkeit für den Gesamterfolg.

Den Sehnsüchten folgen und Verantwortung übernehmen

Managern offenbart das Studium einer Erfolgsgeschichte wie der des deutschen Handball-Männerteams oder der deutschen Hockey-Damenauswahl unter anderem zwei Wahrheiten: Erfolgs- und Leistungsziele entfalten nur dann eine Magnetwirkung, wenn sie aus dem eigenen Inneren kommen, aus den eigenen Sehnsüchten geboren werden. Außerdem müssen sie im Bereich des Möglichen liegen, dürfen also keine Luftschlösser sein. Zudem muss der Sportler oder der Mitarbeiter, müssen die Mannschaft oder das Team die Verantwortung für die Erreichung der Ziele übernehmen. Das funktioniert am besten mit einer Basis aus Etappenzielen, die als Stufen der Leiter zum Erfolg dienen. Von außen aufgepfropfte, utopische oder außerhalb des eigenen »Machtbereichs« liegende Ziele leisten dies nicht. Sie spornen nicht genug an, führen zur Resignation oder zum bloßen Hoffen ohne jede Aktivität. Sie lähmen die Begeisterung und den Ehrgeiz. Unter diesen Umständen wird die Latte mit Sicherheit gerissen.

Die Latte überspringt, wer seine ureigenen, herausfordernden und im Bereich seiner Möglichkeiten liegende Ziele anpeilt.

Der 19-jährige Abiturient kann die Wünsche seiner Eltern erfüllen und Jura studieren, um einmal in die Kanzlei seines Vaters einzutreten. Wenn er aber mit Paragrafen nichts am Hut hat, dafür umso mehr mit der Werbebranche, dann ist das Fach Mediendesign wesentlich sinnvoller. Mit der Abschlussarbeit sollte der junge Mann nicht gleich die erfolgreichste Idee einer Staragentur toppen wollen, aber vielleicht seine Kommilitonen, denen er immer überlegen war. Zwischenziele für die Karriere könnten eine Traineezeit bei der bekanntesten Agentur der Stadt und dann das erste eigene größere Projekt sein. Die Lehre aus dem Sport: Läufer werden niemals gleich Goldmedaillengewinner, sondern erst einmal Kreissieger – und auch das nur, wenn wirklich das Laufen ihr Lebenselixier ist und sie es nicht nur aufgrund von Zufällen tun. Zielklarheit korreliert positiv mit der Zufriedenheit bei der Arbeit und die wiederum mit Freude, Spaß und Durchhaltevermögen.

Ziele analysieren und filtrieren

Wie aber sieht der Weg zu der für den Erfolg und die Ausdauer so wichtigen Zielklarheit im Berufsalltag aus? Wie können aus verschiedenen, sich vielleicht sogar widersprechenden Visionen diejenigen herausgefiltert werden, deren Anpeilung sinnvoll ist? Und wer oder was bestimmt, was sinnvoll ist? Im Sport ist die Lage meist recht übersichtlich. Der Tennisspieler will einmal Wimbledon gewinnen und der Abfahrtsläufer den Weltcup oder zumindest die *Streif* in Kitzbühel. Doch in der Wirtschaft muss jedes Ziel, bevor es ernsthaft angepeilt wird, auf Herz und Nieren geprüft werden. Warum will ich gerade dieses Ziel erreichen, obwohl es so viele andere gäbe? Welchen Nutzen bringt es mir, wenn ich dieses Ziel erreiche? Ist dieses Ziel so verlockend, dass ich die Probleme, den Schweiß und die Rückschläge auf der Reise dorthin lösen, ertragen, verkraften werde? Ziele, für die sich die ersten beiden Fragen nicht erschöpfend beantworten und die letzte Frage nicht eindeutig bejahen lässt, taugen nicht als Fixpunkte auf dem Weg zum Erfolg.

Für die Zielerreichung ist die Wortwahl ihrer Beschreibung entscheidend.

Entlarvend ist bereits die Wortwahl bei der Beschreibung eines Ziels. Bewertungen der Art »Es wäre nicht schlecht, wenn wir diesen Auftrag bekommen würden« zeigen, wie wenig der betreffende Mitarbeiter oder das Team wirklich hinter diesem Kunden her sind. Viel mehr Erfolg ist in der Regel demjenigen beschieden, der sagt: »Dieser Auftrag ist wichtiger als alle anderen, weil er uns enorm viele Türen öffnet. Wir werden ihn bekommen.« Hinter solchen Aussagen steckt eine klare Erkenntnis der Priorität des angesprochenen Projekts. Daraus wiederum erwächst eine dauerhafte und kräftig sprudelnde Energiequelle, die eine spontane, nicht ausgegorene Idee niemals hervorbringen würde. Bei vielen Menschen, die schnell zu begeistern sind, erlischt das Feuer ebenso schnell wieder. Zielklarheit aber – die nie das Produkt von wenigen Minuten ist, sondern erarbeitet werden will – konzentriert und mobilisiert langfristig Energien. Sie schafft die Basis für Glück und Ausgeglichenheit, weil sie die Frage »Wie will ich leben?« beantwortet.

Klare, konstant strahlende Ziele sind daher kaum jemals das Ergebnis einer rein emotionalen Entscheidung. Kein Sportler entscheidet sich nur »aus dem Bauch« heraus für eine Profikarriere mit den damit verbundenen Zielen. Er wird immer auch sein Potenzial für diesen Lebensweg unter die Lupe nehmen, die Umstände prüfen, sein Umfeld abtasten. Analog ist im Job immer ein rationaler Diskurs, ist eine Diskussion – mit sich selbst und mit anderen – nötig, wenn Ziele festgelegt werden sollen. Dabei geht es um die prinzipielle Machbarkeit (Visionen, nicht Utopien sind gesucht!) und ebenso um die Sinnhaftigkeit der Ziele. Lassen sie mir genügend Zeit für meine Familie, meine Hobbys? Passen sie zu meinen Werten, zu meiner Vorstellung vom Leben? Das allem übergeordnete Zielfoto im Kopf ist immer das eigene Lebenskonzept. Dieses haben die Menschen meist ab einem gewissen Alter für sich definiert. Ihre Ziele müssen sich in den so vorgegebenen Rahmen einpassen und – sind es keine Zwischen-, sondern übergeordnete Ziele – diesen sogar stabilisieren. Wer beispielsweise nach größtmöglicher Freiheit strebt, der wird sich Ziele setzen, die ihn der Unabhängigkeit näher bringen. Da kann das Projekt, das ihm ein zusätzliches Jahresgehalt einbringen würde, dennoch verworfen werden, weil ein anderes Projekt mehr zeitliche Freiheit oder die berufliche Selbstständigkeit ermöglicht.

Ziele erreichen im Team – Champions machen Champions

Selbstbezogene Ziele wie das der beruflichen Unabhängigkeit von anderen entfalten eine viel stärkere Motivationsdynamik als die Vorgabe bestimmter Aufgaben, die zu erfüllen sind. Das wurde nicht zuletzt in der sozialistischen Wirtschaft deutlich, in der es vielen Menschen nicht viel einbrachte, sich mehr als der Durchschnitt anzustrengen. Dennoch sind auch kollektive Ziele wirkmächtig, wenn alle in der Gruppe dasselbe wollen und alle es mit derselben Intensität anstreben. Im Sport zeigen das immer wieder die Erfolge starker Mannschaften wie der deutschen Handball-Nationalmannschaft der Männer oder der deutschen Fußball-Auswahl der Frauen, die 2007 Weltmeister wurde – zum zweiten Mal nacheinander, was zuvor noch keinem Team gelungen war. In beiden Fällen liefen die Zielsetzung von Trainern und Spielern parallel, brauchten die Coaches also ihre Teams nicht erst zu ehrgeizigen Visionen zu »verführen«.

In der Wirtschaft müssen sicher die Führungskräfte Ziele vorgeben, es aber auch schaffen, dass ihre Mitarbeiter sich diese Visionen zu Eigen machen. Dazu gehört wesentlich mehr als eine hohe monetäre Belohnung im Erfolgsfall. Um das Zielfoto in den Köpfen zu verankern, muss der Chef bei seinen Mitarbeitern attraktive Bilder erzeugen, sie für die angestrebten Projekte begeistern und ihnen den Glauben an ihre Stärken einimpfen. Letzteres hat den Hintergrund, dass viele Menschen nicht wissen, über welche Potenziale sie verfügen – und damit die Mittel zur Erreichung ihrer Ziele nicht kennen. Champions unter den Teamleadern sind

Kollektive Ziele sind wirkmächtig, wenn alle an einem Strang ziehen.

sich dieses Mankos bewusst und beseitigen es. Sie machen so auch aus ihren Mitarbeitern Champions, die ihre ganze Arbeitskraft, ihre Kreativität und ihren Ehrgeiz in den Dienst der Ziele stellen, die sowohl ihre eigenen als auch die der Gruppe sind.

Nur Training ebnet den Weg ans Ziel

Wie im Spitzensport, so auch in der Wirtschaft: Hoch, aber nicht unerreichbar fern hängende Trauben spornen den Arbeitseifer an und intensivieren die Leidenschaft. Unter diesen Voraussetzungen sollten die süßen Früchte leicht zu pflücken, der Erfolg nur eine Frage der Zeit sein, könnte man meinen. Doch das ist ein Irrglaube, denn es gibt eine Menge hochbegabter und enthusiastischer Handballer und Weitspringer, Rechtsanwälte und Architekten. Um ganz nach oben zu kommen, muss etwas Weiteres hinzukommen: systematisches Training, dessen Wirksamkeit der Spitzensport auf lehrreiche Art demonstriert.

Die Strategie der Weltmeister:
Mit klaren Zielen zum Erfolg

Jeder Hochleistungssportler träumt davon, einmal ganz oben auf dem Treppchen zu stehen. Die Olympischen Spiele, die Weltmeisterschaft – das ist Vision und Motivation zugleich. Auch Sie müssen Ihre Mannschaft, Ihr »Projekt Gold«, vor Augen haben.

Erste Phase: Entwickeln Sie Ihre persönliche Vision!

>>> Wovon träumen Sie? Was wünschen Sie sich am meisten? Wofür würden Sie alles geben? Was wollen Sie in Ihrem Leben noch erreichen?

>>> Trennen Sie einmal Utopie von Vision: Welche wenn auch hochgesteckte Vision können Sie aus eigener Kraft erreichen? Wie sieht sie aus, Ihre individuelle Vision von einem erfüllten Leben?

>>> Halten Sie Ihre Vision fest – vor Ihrem geistigen Auge oder besser noch auf Papier.

>>> Emotionalisieren Sie Ihr Zielfoto im Kopf mit allen Farben und Details.

>>> Nutzen Sie Ihre Vision als Leitlinie und Entscheidungshilfe, wann immer Ihnen Zweifel kommen.

Zweite Phase: Ziele formulieren und angreifen

Aus Ihrer Vision lassen sich konkrete Ziele und Etappenziele ableiten. Teilziele, deren Erreichen Sie immer wieder motivieren, Ihren Weg weiterzugehen. Für einen Topathleten können das die Qualifikationen für Turniere, aber auch Freundschaftsspiele oder kleinere Meisterschaften sein, anhand derer er sein aktuelles Leistungsniveau und seinen bisherigen Weg überprüfen kann.

>>> Formulieren Sie, abgeleitet von Ihrer Vision, Ihre Ziele.

>>> Überprüfen Sie dabei noch einmal Ihre Voraussetzungen. Haben Sie das Potenzial, Ihre Ziele aus eigener Kraft zu erreichen?

>>> Fragen Sie sich, in welchen Bereichen Sie Ihr Potenzial weiter kultivieren können und müssen – durch Weiterbildung, Seminare und Training.

>>> Fragen Sie sich, inwieweit berufliche und private Ziele miteinander in Einklang stehen. Eine herausragende berufliche Karriere erfordert ein hohes Maß an (zeitlichem) Einsatz. Welchen »Preis« sind Sie bereit dafür zu zahlen?

>>> Welche Etappenziele sind auf dem Weg zu erreichen?

>>> Wer kann Sie beim Erreichen Ihrer Ziele unterstützen?

>>> Legen Sie einen konkreten Aktionsplan fest und geben Sie sich einen realistischen Zeitrahmen vor.

>>> Sehen Sie vor Ihrem inneren Auge immer wieder, wie Sie Ihre Ziele erreichen. Sie erhöhen dadurch Ihr Verlangen sowie Ihre Überzeugung und aktivieren Ihr Unterbewusstsein.

>>> Verschieben Sie die Verwirklichung Ihrer Ziele nicht länger, fangen Sie mit den ersten Schritten der Umsetzung am besten sofort an!

4. Training für Körper und Geist

Mit Systematik und mentaler Stärke auf den Punkt topfit

> »Wer dem Lernen ergeben, gewinnt täglich.«
>
> **Laotse**

Früher wurde mehr oder weniger regelmäßig trainiert; ein paar Wochen vor einem Großereignis – wie beispielsweise einer Weltmeisterschaft – drückte der Trainer dann ein wenig aufs Tempo. Man tat montags etwas für die Schnelligkeit und hatte vielleicht dienstags Lust auf Krafttraining. Eine Pause wurde eingelegt, wenn man glaubte, dafür sei nun die Zeit gekommen. Heute dagegen beschäftigen sich gleich mehrere Experten mit der Entwicklung des optimalen Trainings für eine Spitzenmannschaft oder einen Topathleten. Die körperliche und mentale Arbeit in den Vereinen ist auf die Saison ausgelegt; in den Nationalteams kommt die Vorbereitung auf die Höhepunkte des Jahres, also die großen Turniere, hinzu. Der Status quo der Spieler wird permanent in Form langer Datenreihen erfasst und dokumentiert. Statt nach Gefühl oder gar nach Laune zu trainieren, wird so systematisch alles Notwendige getan, damit jeder auf den Punkt genau topfit wird.

Eine Vorgehensweise, die in der Wirtschaft noch sehr wenig verbreitet ist, obwohl auch hier in jedem Geschäftsjahr bestimmte Highlights anstehen, die das Maximum der Leistungsfähigkeit erfordern. Vom Sport zu lernen heißt also, das ideale Jahr inklusive der Urlaubszeiten, den idealen Monat, die ideale Woche und den idealen Tag exakt vorauszuplanen. Alle

Aktivitäten sollten der Einhaltung dieser Pläne dienen; bei der Umsetzung helfen mentale Techniken. Von zentraler Bedeutung ist es zudem, genügend Zeit für die Weiterbildung vorzusehen. Während der Spitzensportler vielleicht 95 Prozent seiner »Arbeitszeit« mit Training verbringt, wenden in der Wirtschaft viele gerade mal ein paar Stunden pro Jahr für ihre Fortbildung und ihr Training auf. Siegertypen dagegen machen es wie der Topathlet, der Virtuose, der Sänger: Sie lernen, trainieren und üben Tag für Tag, Monat für Monat, Jahr für Jahr!

> **Beim Training wird nichts dem Zufall überlassen.**

Handball – für jede Situation den richtigen Spielzug

Was eine ausgeklügelte Vorbereitung bewirkt, ließ sich während der Handball-WM 2007 studieren. Während bei den normalen Lehrgängen überwiegend die eigenen Spielzüge angesprochen und weiterentwickelt werden, ist das im Turnier anders. So wurde im Verlauf der WM insbesondere bei der Einstimmung des deutschen Teams auf den jeweils nächsten Gegner nichts dem Zufall überlassen. Videoaufnahmen verrieten die Spielweise der Brasilianer, der Tunesier, der Spanier und der Franzosen – und exakt auf diese Spielweise hin wurden die taktischen Maßnahmen aus dem vorhandenen Repertoire (über 50 Spielzüge!) ausgewählt, wieder und wieder einstudiert sowie teilweise auch abgewandelt.

Obwohl Handball ein von den Regeln her einfacher Sport ist, erfordert er in der Ausführung eine Menge an Intelligenz. Um einem Mitspieler die entscheidenden Sekundenbruchteile an Vorsprung beim Torwurf zu verschaffen, müssen die Laufwege exakt aufeinander abgestimmt werden und muss jeder wissen, was der den Ball führende Mann als Nächstes tut. Vor allem aber gilt es, sich auf die aktuellen Anforderungen einzustellen, sprich: den kommenden Gegner genau zu analysieren. Gelingt es, eine auf einer Videoaufzeichnung entdeckte Schwachstelle mit einem dazu passenden Spielzug zu nutzen und damit zwei Tore mehr zu werfen als ohne dieses Wissen, so kann das ein Spiel entscheiden. Vor dem Halbfinale gegen

Trainer Heiner Brand erläutert Pascal Hens den nächsten Spielzug

Frankreich wurde beispielsweise im Abschlusstraining die Abänderung eines Spielzugs einstudiert, was zu drei entscheidenden Toren durch Holger Glandorf führte.

Die Arbeit mit der Handball-Nationalmannschaft konzentriert sich im Wesentlichen auf Taktik und mentale Vorbereitung. Möglich ist das, weil die Spieler im Idealfall technisch fertig ausgebildet und körperlich fit aus den Vereinen kommen, die damit für einen Großteil des planmäßigen Trainings verantwortlich sind. Und das hat es in sich, denn Spitzenhandballer müssen geradezu Modellathleten sein. Sie vereinen mit enormer Grundschnelligkeit, Ausdauer, Kraft und Koordination nahezu alle Fähigkeiten, die ein Sportler haben kann. Nötig sind ferner ein überdurchschnittliches Raum-, Zeit- und Formationsgefühl, Wahrnehmungs-, Reaktions- und Anpassungsvermögen. Alles dies lässt sich systematisch trainieren. Genau das passiert heute in Topmannschaften, die einen ganzen Stab an Experten einsetzen – vom Konditions- und Torwarttrainer über Physiotherapeuten und Ärzte bis hin zu Ernährungsberatern und Sportpsychologen.

Demgegenüber ist die Betreuung der Mitarbeiter in Unternehmen oft nicht der Rede wert. Zwar gibt es hier und da sporadisch eine Fortbildung, ein Mitarbeitergespräch, eine Teambesprechung, aber mit systematischer Planung – wie sie etwa im Bereich der Produktentwicklung selbstverständlich ist – hat all das wenig zu tun. Wer deshalb von den positiven Erfahrungen im Sport profitieren will, der muss in Eigeninitiative die dort entwickelten Konzepte studieren. Gefragt sind ein Programm zur ständigen geistigen Erneuerung und lebenslanges Lernen. Zur Weiterbildung gehört

> **»Mentales Training muss wiederholt, zweckgerichtet, planmäßig und kontrolliert erfolgen.«**
>
> Jörg Löhr

die Verbesserung vorhandener Fähigkeiten, wie ja auch im Spitzensport permanent an den Techniken gefeilt wird und bestimmte Muskelgruppen gestählt werden. Aber es geht in der Wirtschaft auch um die Entwicklung von Unternehmergeist in jedem einzelnen Mitarbeiter, der im Idealfall zur Ich-AG der positiven Art wird.

Champions wie die Vorstandsvorsitzende des Internet-Auktionshauses Ebay, Meg Whitman, lernen ständig dazu und sind ihrer Zeit oftmals voraus. So hat Whitman zwar nicht das Ebay-Prinzip erfunden, aber aus einer kleinen Firma ein weltweit agierendes und florierendes Unternehmen mit mehreren tausend Mitarbeitern gemacht. Nach mehreren Führungspositionen und der Beschäftigung mit Marketing sowie Markenaufbau reizte sie die Magie des Neuen und die damit verbundene Herausforderung. Im Zeitalter der Dominanz des intellektuellen Kapitals ist Whitman eine Galionsfigur und Ebay ein Symbol der neuen Ära: Während billige Mikroprozessoren immer mehr Routinearbeiten übernehmen, hat Erfolg, wer es wagt zu agieren, während andere noch zaudern.

Für den geordneten Aufbau der Karriere wichtig ist der eigene Input als Gestalter, denn im Berufsleben gibt es im Regelfall niemanden, der die systematische Planung für andere übernimmt. Karriere kommt vom französischen »carrière«, was Laufbahn bedeutet. Darin steckt mit dem Verb »Laufen« das schnelle Vorwärtskommen und mit dem Substantiv »Bahn« die zielorientierte Ausrichtung. Wer Karriere macht, der entwickelt sich mit Hilfe seiner vorhandenen Fähigkeiten und seines erworbenen Wissens stetig weiter, wobei in 99 Prozent der Fälle nicht Glück oder Zufall den Ausschlag für den Erfolg geben. Wie im Spitzensport ist auch im Betrieb systematisches Training angesagt, das unter anderem Abläufe automatisiert, mehr Routine bringt, Fertigkeiten auf die Probe stellt, die Gewandtheit erhöht, aus Talenten echte Stärken macht.

> »Erfolg oder Misserfolg lassen sich programmieren, denn jeder Gedanke hat die Tendenz, sich zu verwirklichen.«
>
> Jörg Löhr

Bernhard Langer – automatisierte Abläufe auf dem Green

Der Effekt planvoller Selbstorganisation und konstruktiver Verhaltensweisen ist eine Kanalisierung der Energie in Richtung des definierten Ziels – sei das nun der Sieg beim nächsten Rennen für den Leichtathleten oder der angestrebte Posten als Personalchef. Bei *Bernhard Langer*, dem erfolgreichsten deutschen Golfspieler aller Zeiten, war das Ziel das Mitmischen in der Weltspitze. Erreicht hat er es nicht zuletzt durch konsequentes Training nach Plan, und das führt der heute über 50 Jahre alte Topgolfer fort, um auch in Zukunft konkurrenzfähig zu bleiben. Wenn Langer zu Hause in Florida ist, bewegt er sich fünf Tage die Woche jeweils zwischen zwei und fünf Stunden auf der Driving-Range und dem Putting-Green. Hinzu kommen tägliches Dehnen und Stretchen und jeden zweiten Tag intensives

Bernhard Langer

Arbeiten für die Fitness. Außerdem spielt Langer zwischen 20 und 22 Turniere im Jahr, während deren er jeweils mindestens sechs Tage lang sieben bis zwölf Stunden auf dem Platz ist – ein Rhythmus, der dem Schwaben nicht schwerfällt, hat er doch sein Leben bereits vor Jahrzehnten dem Golf auf extrem hohem Niveau verschrieben.

Neben dem aktiven Sport ist Langer auch Geschäftsmann und betreibt unter anderem Firmen, die Golfturniere veranstalten und Golfplätze bauen. Er lebt also seine Leidenschaft auch auf wirtschaftlichem Gebiet aus, doch immer noch hat das Golfen auf dem Platz Vorrang. Langer: »Vertragsgespräche und Ähnliches sind Aufgaben meines Bruders und meiner Berater. Ich verbringe meine Zeit lieber mit Training.«[18]

Auf dem Golfplatz »heimisch« war Langer bereits mit knapp neun Jahren als Caddie, der sich ein paar Mark verdiente. Mit 15 Jahren ließ er sich zum Golflehrer ausbilden und noch vor seinem 20. Geburtstag startete er seine Profikarriere. Fortan trainierte er systematisch und meist ziemlich hart. Im fortgeschrittenen Golferalter hat sich sein Training zwar verändert, schlägt er nicht mehr Hunderte Bälle am Stück. Geblieben ist jedoch die Einstellung, nichts dem Zufall zu überlassen. Entsprechend viel hält Langer von Statistiken, weil diese dem *Professional* seine Stärken und Schwächen offenbaren.

> »Durch mentales Training werden Spielzüge schneller erlernt, präzisiert und stabilisiert.«
>
> **Heiner Brand**

Mit dem Alter vermutlich immer wichtiger wird die mentale Vorbereitung. Ohne diese ist ein Bestehen unter Druck nicht möglich, wie Bernhard Langer weiß: »Man muss sich schon beim Üben auf dem Putting-Green einreden: Das ist jetzt der Putt, mit dem ich das Turnier gewinne. Die ganzen Bewegungen vor dem Schlag müssen zu einer Routine werden.«[19] Ähnlich kommentierte der Golfprofi die Notwendigkeit der Simulation von Bewegungsabläufen im Kopf: »Ganz oben können alle gut spielen, haben alle eine gute Technik. Am Ende gewinnt der, der mental besser ist.«[20]

Ergo: Die nötigen Abläufe während des Spielens müssen zuvor im Kopf erlebbar gemacht, systematisiert und körperlich verankert werden. Weil unser Gehirn nicht zwischen äußerer Wahrnehmung und innerer Vorstellung unterscheidet, sind Imaginationsübungen so effektiv. Sie bringen die gleichen Hirnareale in Wallung wie die tatsächliche Handlung! Putten auf dem Green plus Putten in Gedanken ist deshalb der reinen Schulung des Körpers überlegen, wie Sportwissenschaftler ermittelt haben. Lernen, präzisieren, stabilisieren heißt der Dreischritt des planmäßigen, zweckgerichteten, wiederholten und kontrollierten Körper-Geist-Trainings. Nur damit ist er erreichbar: der magische Moment im Spiel, an dem alles zusammenpasst und sich das Denken einfach abschaltet.

Erfolgsfaktor mentales Training im Business

Ideale Abläufe mental zu trainieren, würde auch beim Verkaufen oder Präsentieren helfen. Es genügt jedoch keineswegs, beispielsweise die Situation eines Vortrags vor einem wichtigen Kunden lediglich am Abend zuvor einmal kurz durchzuspielen. Sportler machen es vor, dass nur die Wiederholung zu befriedigender Wirksamkeit und Sicherheit führt, doch diese Kontinuität ist es, die im Bereich der Wirtschaft oft fehlt. Zwar werden Führungskräfte und solche, die es werden wollen, zu Seminaren geschickt, doch meist existiert kein längerfristiger Plan, der diese Maßnahmen koordiniert. Dabei geht es letzten Endes auch bei Managern um ein – im übertragenen Sinne – Schneller, Höher und Weiter, was systematisches mentales Training unabdingbar macht. Die Maßnahmen zur Optimierung der individuellen mentalen Stärke können direkt vom Sport übernommen werden:

- Realistische und motivierende Ziele definieren
- Formelhafte Vorsätze niederschreiben
- Wichtige Vorgehensweisen visualisieren
- Wiederkehrende Abläufe (Trigger) entwickeln
- Negative Gedanken und Vorstellungen in positive verwandeln
- Effektive Entspannungstechniken erlernen (zum Beispiel autogenes Training, bewusste Atmung, spezielle Musik etc.)

Die Kombination von physischem, technischem und psychologischem Training führt nicht nur im Sport, sondern auch in der Wirtschaft zu Höchstleistungen. In beiden Bereichen muss immer wieder die Balance gefunden werden zwischen Über- und Untermotivation. Fehlen die Ziele oder mangelt es an Routine bei täglichen Abläufen, nehmen leicht Versagensängste überhand oder aber man konzentriert sich nur noch auf die Technik beziehungsweise das rein Fachliche. Steht dagegen das Endziel zu sehr im Vordergrund, fällt die Fokussierung auf die aktuelle Tätigkeit schwer. Mentale Techniken schaffen hier ebenso ein Gleichgewicht wie beim Ausgleich zwischen zu hoher und zu niedriger Risikobereitschaft, zu unüberlegtem Handeln und zu wenig Entscheidungsfreude, zu geringem Selbstvertrauen und Selbstüberschätzung, zu viel und zu wenig Aggressionspotenzial. Bei zu viel Stress durch ein zu hohes Aktivierungsniveau kann mentales Training dämpfend wirken, bei zu geringer Erregung dagegen aktivierend. Die Sportpsychologin Deborah Graham hat festgestellt, dass bei Topgolfern diese und andere Wesensmerkmale in der Phase der Hochform *(Peak-Performance)* stets im Gleichgewicht vorliegen. Eine Erkenntnis, die vermutlich bei einer Analyse von Topführungskräften ähnlich ausfallen würde.

> **»Ein hoher Prozentsatz eines Spielablaufs ist geistiger Natur. Entsprechend wichtig ist das mentale Training bei der Vorbereitung.«**
>
> Heiner Brand

Psychische Leistungen von Sportlern und Managern gleichen sich

Die enge Verwandtschaft von Sport und Business lehrt auch ein Blick auf die psychischen Leistungen, die ein Ausnahmeathlet erbringt. Dazu gehören die Fähigkeit der Antizipation, also der gedanklichen Vorwegnahme künftigen Geschehens, sowie Aufmerksamkeit und Wahrnehmung auf einem hohen Level. Der Sportler muss schnell korrekt entscheiden und Probleme lösen können, stressresistent sein, Selbstbewusstsein und Ehrgeiz an den Tag legen. Seine Konzentrationsfähigkeit ist höher als beim Durchschnitt der Bevölkerung, seine Fähigkeit, sich zu erholen, ebenso.

Spezielle psychologische Trainingsmethoden fördern die Leistung auf allen Gebieten.

Um diese Leistungen zu fördern, wurden psychologische Trainingsmethoden entwickelt, die sich – bei Überschneidungen – in vier Gruppen einteilen lassen:

- Kontrolltechniken zur Spannungsregulation und Körperorientierung,
- Kontrolltechniken zur Bewegungsregulierung,
- Kontrolltechniken von Motivations- und Willensprozessen sowie
- Kontrolltechniken von Gedanken, Gefühlen und Stimmungen.

Anwendbar sind diese Methoden ebenso auf den Sportler wie auf den Manager, denn die erwähnten Fähigkeiten sind bei beiden gefordert.

Eine zentrale Rolle unter den Kontrolltechniken spielen die Selbstgespräche. Bei Sportlern sind sie oft an den Bewegungen der Lippen beispielsweise vor einem entscheidenden Lauf oder Sprung zu sehen. Bei ihnen verstehen wir den Sinn an sich selbst gerichteter Botschaften wie »Jetzt überspringe ich die Latte, wie ich das schon hundertmal getan habe« sofort. Bei Managern dagegen kommt so manchem eine Selbstansprache albern vor, was sie durchaus nicht ist. Führungskräfte etwa müssen sich in ihrem Alltag ganz überwiegend mit der Außenwelt, also Mitarbeitern und Kunden, beschäftigen. Gerade sie benötigen daher den Zugang zu ihrer eigenen Innenwelt, um nicht sich und ihre ureigenen Ziele im Dickicht fremder Ansprüche zu verlieren. Die Aufmerksamkeit für das eigene Ich, den eigenen Körper und die Psyche, die vertiefte Selbstbeobachtung also, kann trainiert werden.

Die extrem effektiven Selbstgespräche sollten immer konstruktiv verlaufen. Das bedeutet: Prognosen der Art »Das packe ich jetzt nicht mehr« sind während einer Aktion tabu, weil sie sich oft nach Art der selbsterfüllenden Prophezeiung durch negative Rückkopplungen bewahrheiten. Im Umkehrschluss sind selbstmotivierende innere Dialoge wie »Ich kann das.

Positive Selbstgespräche müssen trainiert werden.

Das habe ich oft genug bewiesen« dazu geeignet, sich selbst aufzubauen, was die Leistungsfähigkeit steigert. Solche positiven Selbstgespräche müssen systematisch trainiert, ja erst einmal durch Filtrierung der automatisch erfolgenden Konversation mit sich selbst gewonnen werden. Hat man nach dem Aussieben Sätze gefunden, die einen ermuntern und aufputschen, sollte man diese durch ständige Wiederholung in Fleisch und Blut übergehen lassen. Nur so sind sie im Ernstfall einer großen Herausforderung oder Stresssituation sekundenschnell anwendbar. Zu beachten ist jedoch die Gefahr, positive Gedanken mit Autosuggestion zu verwechseln. Das heißt: Eine Selbstansprache der Form »Ich schaffe das« muss auf einer realistischen Einschätzung der eigenen Fähigkeiten beruhen.

90 Prozent geplant und 10 Prozent Glück

Ob Training des Körpers oder der Psyche wie bei den Selbstgesprächen: Die Systeme werden immer individueller und immer komplexer. Umso unverzichtbarer ist eine Prüfung der Wirksamkeit, wobei sich zwischen Sport und Wirtschaft Unterschiede offenbaren: Während bei Athleten zahlreiche Möglichkeiten bestehen, den aktuellen Zustand und die Entwicklung zu kontrollieren, ist das bei Managern (noch) schwierig. Es fehlen die Pendants zur Herzfrequenz und zu den Laktatwerten, also die Parameter für die Leistungsdiagnostik im Job. Dennoch lässt sich in beiden Bereichen die Leistungsfähigkeit methodisch, zielgerichtet und kontinuierlich verbessern. Und in beiden Sphären ist eine Ausrichtung des Übens an den Höhepunkten der Saison beziehungsweise des Jahres möglich. Der Beitrag Fortunas wird sicher nie gegen null tendieren, aber planmäßiges Training minimiert ihn, wie nicht nur das Boxass Wladimir Klitschko weiß: »Man muss mit sich selbst arbeiten. Vor allem mit dem Kopf. Mit einem Plan kann man sich zu 90 Prozent physisch und psychisch vorbereiten, 10 Prozent bleiben immer

Torsten Jansen

Glück.«[21] Er sei lange Zeit in den Ring gestiegen, ohne nachzudenken, ohne irgendeinen Plan, ohne sich etwas zu überlegen. Anfangs hatte Klitschko damit viel Erfolg, doch mit 22 Jahren verlor er gegen Ross Puritty. Das ukrainische Boxidol analysierte diesen Wendepunkt so: »Ich war zu selbstbewusst und zu siegessicher. Meine Gedanken waren woanders. Das war kein Pech, das war ein Fehler, und ich habe daraus gelernt.«[22]

Torsten Jansen – der Trainings-Tüftler

Vermutlich weniger als 10 Prozent Glück waren im Spiel, als der deutsche Handball-Nationalspieler *Torsten Jansen* in den Schlussminuten des WM-Viertelfinales den entscheidenden Strafwurf gegen Spanien verwandelte. Als er an die Siebenmeterlinie ging, schien er das Tosen in der Halle nicht wahrzunehmen. Die Zuschauer kreischten und johlten, doch »Toto« wirkte seelenruhig. Er täuschte an, dann zwirbelte er den Ball links am spanischen Torhüter mit einem Aufsetzer zum 26:24 für Deutschland ins Netz. – Wie ist eine solche Coolness im vielleicht wichtigsten Moment der Karriere möglich? »Ich habe wenig gedacht und intuitiv gehandelt«, analysiert Jansen. Er hatte im selben Spiel zuvor bereits drei Strafwürfe verwandelt, war aber auch mit einem gescheitert. War dieses Negativerlebnis blockierend vor dem letzten, dem wichtigsten Siebenmeter? Jansen verneint. »An Misserfolge denke ich in so einem Moment überhaupt nicht. Dabei half mir sicher, dass wir im Training solche Situationen immer wieder simulieren.«

Der Linksaußen »Toto« Jansen gilt als einer der Trainings-Tüftler im Weltmeisterteam. »Ich probiere immer wieder neue Sachen aus. Auf keinen Fall sage ich mir: ›Jetzt bist du 30 und kannst alles.‹ Das wäre absoluter Unsinn.« Auch bei den Trainingsinhalten sei er Neuem gegenüber stets aufgeschlossen, höre es sich an und versuche es umzusetzen. Als Jugendlicher warf er auf nur 50 Zentimeter große Ziele, um ein Feeling für den Wurf auf das von der Außenposition recht klein erscheinende Tor zu bekommen. Damals wie heute sind für Jansen im Training nur 100 Prozent Einsatz möglich. Selbst während der WM, als hauptsächlich Taktik und wenig im physischen Bereich trainiert wurde, zog er an den Tagen vor den Spielen sein persönliches Kraftprogramm durch.

Veränderte Bedingungen erfordern Innovationen

So sehr auch ein Trainingskonzept beziehungsweise eine Karriereplanung ihre Effizienz bewiesen haben – müssen sie deshalb nun Jahr für Jahr strikt befolgt werden? Torsten Jansen würde das verneinen und niemals unbegrenzte Gültigkeit für sein Trainingssystem reklamieren. In einer Welt des Stillstands wäre das einmal als richtig Erkannte auch morgen und übermorgen richtig. Wir aber erleben immer rasantere Veränderungen, die jeden überrollen und zurückfallen lassen, der ausschließlich am Altbewährten festhält. Vor 30 Jahren wurde ein Angriff im Handball oft so langsam und bedächtig aufgebaut, dass ein Spieler locker vor dem Wechsel von der Abwehr in die gegnerische Hälfte ein wenig mit seinem Trainer plauschen konnte. Heute wäre das undenkbar, und längst wurde das Training an die neuen Verhältnisse angepasst. Dasselbe gilt für andere Sportarten und ebenso fürs Business, in dem es keinen Erfolg mehr ohne lebenslanges Lernen gibt. Stillstand wird unweigerlich zu Rückschritt. In beiden Bereichen haben daher solche Athleten und Manager, Teams und Unternehmen die Nase vorn, die innovative Konzepte entwickeln oder schneller als andere anwenden.

Topfit für Topleistung

Perfekt vorbereitet: In drei Phasen zur »Höchstleistung«

Für Spitzensportler ist es eine Selbstverständlichkeit, im Business eher die Ausnahme: auf die wichtigsten Ereignisse des Jahres konsequent hinzutrainieren.

Erste Phase: Gliedern Sie Ihr Jahr in Phasen der An- und der Entspannung.

>>> Gliedern Sie Ihr Jahr: Welche wichtigen beruflichen Ereignisse lassen sich bereits einplanen (Messen, Produkteinführungen, Umstrukturierungen)? In welchen Monaten werden Sie beruflich besonders stark gefordert? Welche privaten Ereignisse werden in diesem Jahr wichtig sein?

>>> Planen Sie nach Phasen großer Anspannung von vornherein Urlaubszeiten bzw. Entspannungsphasen ein. Ackern Sie nicht ohne Pause durchs Jahr – Sie laufen sonst Gefahr auszubrennen. Die Folge: Sie sind nicht mehr in der Lage, Spitzenleistung zu erbringen.

>>> Planen Sie im Vorfeld wichtiger beruflicher Ereignisse konsequent eine individuelle Vorbereitungs- und Trainingsphase ein. Entlasten Sie sich in dieser Phase von zu vielen anderen Verpflichtungen. Erklären Sie auch Ihrem Partner, Ihrer Familie, warum das Ereignis wichtig ist und warum Sie sich gut darauf vorbereiten müssen.

Zweite Phase: Entwickeln Sie Ihren persönlichen Trainingsplan.

Jeder Spitzensportler feilt im Vorfeld der Saison oder eines großen Turniers an Technik, Fitness, Kondition; trainiert immer und immer wieder Bewegungsabläufe, baut gezielt bestimmte Muskelgruppen auf. Ähnlich konsequent können auch Sie sich auf Ihre Highlights des Jahres vorbereiten. Nur wenn Sie sich sicher und selbstbewusst fühlen, können Sie Topleistung abrufen.

>>> Fragen Sie sich: Welches Wissen, welches Können benötige ich dazu? Wie und wo kann ich dies erlernen?

>>> Welche Bücher, Audioprogramme, Seminare können mir weiterhelfen?

>>> Welche Personen kenne ich, von denen ich lernen kann?

>>> Welche Trainer oder Coaches bringen mich voran?

>>> Wie häufig sollte oder muss ich trainieren?

>>> Woran erkenne ich, dass ich meine Wissens- und Trainingsziele erreicht habe?

>>> Wann erstelle ich meinen persönlichen Trainingsplan? (Wer? Was? Bis wann?)

>>> Und dann: Trainieren Sie Ihre Fähigkeiten und Fertigkeiten, die Sie für Ihre beruflichen Ereignisse benötigen. Verbessern Sie zum Beispiel vor einer internationalen Messe Ihr Businessenglisch oder optimieren Sie vor einem wichtigen Vortrag Ihre Rhetorikkenntnisse.

Dritte Phase: Bereiten Sie sich mental auf Ihre persönlichen »Jahreshighlights« vor.

Für Topathleten im Wettkampf ganz entscheidend ist ihre mentale Verfassung. Mittels verschiedenster Techniken lernen Spitzensportler heute, vor und während des Turniers etwa Anspannung ab- bzw. aufzubauen, Misserfolgserlebnisse kurzfristig zu kompensieren, sich durch Selbstansprachen zu regulieren. Diese Techniken sind auch in vielen anderen Bereichen nutzbar.

- Schwelgen Sie nicht in Selbstmitleid und negativen Erlebnissen. Erinnern Sie sich Ihrer Erfolge!

- Werden Sie ein Optimist mit einer »Alles-ist-machbar-Einstellung«. Lassen Sie nicht zu, dass negative Gedanken sich einnisten. Sie ersticken Ihr Selbstvertrauen.

- Visualisieren Sie. Trainieren Sie systematisch, starke positive geistige Bilder in sich hervorzurufen und zu verstärken. Spielen Sie im Geiste den Ernstfall und mögliche Eventualitäten durch.

- Überlegen Sie, mit welchen Selbstgesprächen Sie sich motivieren oder beruhigen können.

- Entwickeln Sie ermutigende Glaubenssätze und Überzeugungen, um Ihr mögliches Potenzial zu nutzen. Jede Form der inneren Zerrissenheit und des Konflikts ist Gift für Ihre Spitzenleistung.

- Nutzen Sie positive Anker (Musik, Bewegungen etc.), die bei Ihnen wünschenswerte Zustände und Gefühle hervorrufen.

- Ignorieren Sie nicht die Signale Ihres Körpers – versuchen Sie, damit umzugehen. Erlernen Sie Techniken, mit denen Sie auf Gefühle wie Angst, Stress und Ärger reagieren können (Atem- und Entspannungstechniken etc.).

■ Einwurf: Abrufbare Handlungsmuster und klare innere Bilder

Prof. Dr. Hans Eberspächer über die Bedeutung mentaler Fertigkeiten

Prof. Dr. Hans Eberspächer ist Psychologe und Diplom-Sportlehrer. Einst aktiver Leichtathlet und Handballer, genießt er heute, gerade durch seine hervorragende Arbeit an der Universität Heidelberg, einen exzellenten Expertenruf. Sein Forschungs- und Arbeitsschwerpunkt ist der Hochleistungssport.

Herr Prof. Eberspächer, wie stark beeinflussen mentale Prozesse und Zustände – wie zum Beispiel Erwartungen, Erfahrungen, Ziele und Bewertungen – das Geschehen im Sport?

Prof. Dr. Hans Eberspächer: »Mit diesen Begriffen wird die mentale Landschaft von Menschen umrissen, die ja meist erwartungsgesteuert und abhängig von ihren persönlichen Erfahrungen handeln. Die Ziele bestimmen dabei nicht nur die Koordinaten der Richtung und Motivation, sondern auch die Energie, mit der Menschen zu Werke gehen. Dies gilt natürlich für den Sport genauso wie für jedes andere Handlungsfeld, etwa den Beruf, das Alltagsleben, die Freizeit.«

Welche Rolle nimmt heute im Spitzensport die mentale Vorbereitung ein?

Eberspächer: »Trainer und Athleten, die auf Topniveau konkurrieren, müssen sich ohne Wenn und Aber mental vorbereiten – und sie tun dies auch.

Ob dies immer professionell effizient und effektiv geschieht, bleibt dahingestellt. Aber die Leistungsdichte in den meisten Sportarten ist heute so hoch, dass es sich empfiehlt, alle Komponenten, von denen unser Handeln abhängt, in die Vorbereitung mit einzubeziehen.«

Setzt sich bei Spitzensportlern immer mehr die Erkenntnis durch, dass die Leistung durch mentales Training verbessert werden kann?

Eberspächer: »Davon gehe ich aus, und es gibt eine Vielzahl von Beispielen. Man braucht nur an die deutschen Fußball-, Handball- und Hockeymannschaften bei den Weltmeisterschaften 2006 und 2007 zu denken. Bei der Arbeit von Trainern und Athleten hat das mentale Training offensichtlich einen hohen Stellenwert gehabt. Nicht übersehen sollte man allerdings, dass andere Nationen bei der Integration mentaler Trainingsverfahren in die Trainingspraxis inzwischen viel weiter sind als wir. Wir in Deutschland haben also im internationalen Vergleich erheblichen Entwicklungsbedarf; aber wir sind auf einem guten Weg.«

> **»Mentale Stärke ist trainierbar.«**
>
> **Hans Eberspächer**

Welche Einstellung und Voraussetzungen müssen Athleten mitbringen, wenn sie mentales Training für sich nutzen wollen?

Eberspächer: »Eine erste Grundvoraussetzung für die Wirksamkeit aller Trainingsansätze, nicht nur der mentalen, sehe ich in der vorbehaltlos positiven Einstellung dazu. Auf dieser Basis wird dann mit einem tauglichen Konzept planvoll systematisch und kontrolliert gearbeitet. Mentale Stärke ist trainierbar. Sehr hilfreich ist dabei die Einsicht, dass Training immer eine Eigenleistung ist, die nicht delegiert werden kann: Jeder muss selber sein Pensum trainieren und leisten – je nach individuellen Voraussetzungen mal mehr, mal weniger.«

Wie erreichen es Sportler, dass sie nicht nur »Trainingsweltmeister« sind?

Eberspächer: »Sie können ihr Potenzial auch im Wettkampf abrufen, wenn sie mentale Beanspruchungen und Herausforderungen systematisch ins Training einbauen und dort simulieren. Es gibt für mich beispielsweise keine wichtigen oder unwichtigen Spiele. Zweckmäßig ist es auch zu verstehen, dass keine Handlung wiederholbar ist, auch nicht im Training. Erwartungsdruck, um ein weiteres, gern zitiertes mentales Beanspruchungsmoment zu nennen, muss auch ins Training eingehen. Denn im Wettkampf abrufen lässt sich nur, was man trainiert hat. Wer körperlich, aber auch mental nur in der Komfortzone trainiert, wird im harten Wettkampf sein blaues Wunder erleben.«

Wichtig für die Bewältigung höchster Anforderungen ist auch die Imagination. Was versteht man darunter?

Hans Eberspächer

Eberspächer: »Das ist vergleichbar einem inneren Navigationssystem. Das Erarbeiten innerer Bilder durch Imagination oder Visualisierung spielt eine zentrale Rolle im mentalen Training. Mentale Fertigkeiten sind grundlegende Voraussetzungen, um gut zu sein, wenn es darauf ankommt. Aber man muss sie eben trainieren! Viele, auch Trainer und Athleten, unterschätzen den dazu nötigen Aufwand. Sie könnten bei erfolgreichen Kollegen lernen, dass sich die investierte Zeit lohnt und durchaus Früchte trägt.«

Soll man den Kopf ausschalten, wenn es kritisch wird?

Eberspächer: »Jedes Training zielt auf die Entwicklung von Automatismen ab: Trainierte Experten und Profis können schnell, sicher und zielführend auf Handlungsmuster zugreifen, ohne lange zu überlegen. Dabei geht es nie darum, etwas auszuschalten oder sich abzulenken, sondern darum, sich genau auf das und nur auf das zu konzentrieren, was einen unterstützt.«

Wie lässt sich mentales Training auf das Berufsleben transferieren?

Eberspächer: »Der Transfer des mentalen Trainings aus dem Spitzensport funktioniert eins zu eins. In beiden Bereichen werden hohe Anforderungen jenseits der Routine gestellt. Es gilt, unter Wettbewerbsdruck anspruchsvolle Ziele anzusteuern, obwohl im Falle eines Misserfolgs schädigende Konsequenzen drohen. Oft hat man dabei auch kaum die Chance eines zweiten Versuchs.

Leistungsträger in solchen Anforderungslandschaften suchen dann von Handlungs- und Erfahrungsfeldern zu lernen, in denen neue und weiterführende Erfolg versprechende Trainingsmethoden angewendet werden. Dabei stoßen sie sehr schnell auf den Spitzensport, in dem ja modellhaft Bedingungen wie Wettbewerbs- und Erfolgsdruck, Zielsetzung, Motivation, persönlicher Einsatz und Training zum Alltag gehören. Die angesprochenen Ansätze und Inhalte des mentalen Trainings sind in den letzten Jahren von uns z. B. übertragen worden auf Bereiche wie Chirurgen- oder Pilotenausbildung, Astronautentraining oder Personalentwicklung in Unternehmen. Interessant ist unser Anwendungsfeld auch bei der Rehabilitation von Patientinnen und Patienten nach Operationen.«

5. Innovative Konzepte entwickeln

Kreativität und Mut eröffnen neue Horizonte

»Nicht weil es schwer ist, wagen wir es nicht, sondern weil wir es nicht wagen, ist es schwer.«

Seneca

Bewährte Trainingskonzepte konsequent umzusetzen, führt vielleicht einmal zu einer guten Platzierung oder einem »Sehr schön« des Chefs. Für einen außergewöhnlichen und dauerhaften Erfolg aber sind das Bewährte, das Normale und das Schöpfen aus den Erfahrungen anderer meist zu wenig. Nur zu imitieren, führe in die kreative Impotenz, sagt Kjell Nordström von der *Stockholm School of Economics*. Gefragt seien heute jedoch das Originelle, das Außergewöhnliche.[23] Entsprechend zeichnen sich im Sport wie in der Wirtschaft Siegertypen durch eine enorme Kreativität und Innovationskraft aus.

Mutige Trainer gehen neue Wege, mutige Manager auch. Das bedeutet nicht, jede Tradition über Bord werfen zu müssen, wohl aber die Verabschiedung von Bereichen ohne Zukunft und von überlebten Konzepten. Immer wieder müssen frische Ideen her, um die sich ständig verändernden Anforderungen besser als der Durchschnitt bewältigen zu können. Diese Ideen nicht nur im Kopf mit sich herumzutragen, sondern sie auch in konkrete Projekte umzumünzen, ist ein Charakteristikum von Erfolgsmenschen. Sie zeigen Mut, weil sie wagen, was auch schiefgehen kann. Und sie scheuen nicht die Auseinandersetzungen mit den Traditionalisten. Sie sind bereit, ihr

Leben lang zu lernen, und sie nehmen Anregungen auch aus branchenfremden Bereichen auf. Bei Spitzensportlern kann die Innovation beispielsweise in einer neuen Trainingseinheit oder einer kreativen Spielweise liegen, in der Wirtschaft in der Entdeckung und Besetzung einer Marktnische oder der Entwicklung einer neuen Managementmethode.

Innovatoren sind oft Querdenker. Statt das Gewohnte bis zum Exzess zu wiederholen, brechen sie mit der Regel und verlassen die eingefahrenen Gleise. Grundsätzlich muss bei einem solchen Aufbruch zunächst einmal jedes mögliche Resultat zugelassen werden, um nicht von Beginn an das Denken zu stark zu kanalisieren und damit einzuschränken. Am besten funktioniert das, wenn verschiedene Komponenten am Prozess beteiligt werden, also beispielsweise sowohl die Logik als auch Emotionen. Unverzichtbar ist zudem das spielerische Element, das für nicht-lineares Denken sorgt und damit Ergebnisoffenheit garantiert. Damit aber das Brainstorming nicht ins Leere läuft, darf es nie als Selbstzweck betrieben werden, was letztlich der Kreativität Grenzen setzt. Am Ende zählt nur der Erfolg, und so muss jede Idee auf ihr Potenzial abgeklopft werden, einen Beitrag zu diesem Erfolg zu leisten. Mehr noch: Sie sollte den Erfolg wahrscheinlicher machen, gegenüber dem Verharren im bisherigen Schema einen Vorteil erbringen. Innovationen im Sport taugen nur dann, wenn sie den Einzelkämpfer oder das Team dem Sieg, der Höchstleistung näher bringt. Neue Wege bei Managern und Unternehmen sind wertvoll, wenn sie zu mehr Wachstum, größerer Konkurrenzfähigkeit und positiven Alleinstellungsmerkmalen führen.

> **»Viele Trainingsweltmeister des Business sprühen vor Ideen – die Siegertypen setzen ihre Kreativität auch noch um.«**
>
> **Jörg Löhr**

Markus Baur und Christian Zeitz – Kreativgenies auf dem Feld

Kreativität ja, aber sie muss sich dem Erfolg unterordnen. Das gilt auch im Handball, wobei sich gerade die deutsche Auswahl durch eine hohe Spielkultur sowie innovatives Denken auf dem Feld und in der Vorbereitung auszeichnet. Trotz aller Systematik und der einstudierten Spielzüge bleibt Platz für überraschende Ideen. Typisch sind solche Aktionen für *Markus Baur*, dem während der WM 2007 etatmäßigen Spielmacher. Bei ihm hat die In-

Markus Baur

tuition, das Handeln »aus dem Bauch heraus«, eine große Bedeutung. Was allerdings gemeinhin als »Geistesblitz« bezeichnet wird – etwa ein für den Gegner unerwartetes Zuspiel, das zum Torerfolg führt –, ist kein Geschenk des Himmels. Vielmehr schaffen es kreative Spieler wie *Schorsch« Baur,* die aktuelle Situation in Sekundenbruchteilen zu erfassen und darauf ebenso schnell die richtige Antwort zu geben. Ohne bewusste rationale Analyse agieren sie dank instinktiven Erfassens und verarbeiten dabei viel mehr Informationen, als dies das Bewusstsein in derselben Zeit leisten könnte.

Nicht nur den Gegner, sondern manchmal auch die Mitspieler und den Trainer in Erstaunen versetzt *Christian Zeitz.* Ein Spieler wie er braucht Freiräume und auch mal eine größere Toleranz bei Fehlern. Würde er zu sehr eingeengt und zu absoluter taktischer Disziplin verpflichtet, beraubte man ihn damit eines Großteils seiner Stärken. Auf der anderen Seite gilt natürlich auch für »*Zeitzi*« die Verpflichtung, zum Erfolg der Mannschaft beizutragen. Nach vielleicht sechs Fehlwürfen innerhalb einer Viertelstunde ist deshalb eine Auswechslung nötig. Das kommt jedoch selten vor, denn in der Regel hat Zeitz eine hohe Trefferquote, was vor allem auf seine gute Vorbereitung zurückzuführen ist. Eben das macht einen echten Kreativen aus!

Konstruktive Ideen sind keine Zauberei. Sie beruhen zwar oft auf plötzlichen Eingebungen, doch ihre Basis wird im Training gelegt. Bei Handball-Auswahlspielern sind hier neben der Nationalmannschaft vor allem die Vereine und deren Trainer gefragt. Letztere sollten ihre Spieler etwa neue effektive Spielzüge und Trainingsmethoden oder ungewöhnliche Wurfvarianten und Anspiele ausprobieren lassen. Zum einen muss bei der Anwendung im Spiel die Technik beherrscht werden, und zum anderen fördert das Erlebnis eigener Kreativität die Bereitschaft, diese weiter auszuschöpfen. Entsprechend sind vor allem die Spieler innovativ, die bereits in ihrer Jugend viele verschiedene Spielformen trainiert haben und nicht frühzeitig auf bestimmte Systeme festgelegt wurden. Schließlich muss, wer Gold will, auch mit unplanbaren Ereignissen umgehen und improvisieren können.

Dem verblüffenden Wurf und dem unerwarteten Abspiel im Handball entsprechen in der Wirtschaft beispielsweise völlig neue Produkte oder eine Umstellung der Produktionsprozesse. Weil sich aber kein Manager nach ein paar Fehlversuchen (oder bereits nach dem ersten) auswechseln lassen will, ist hier zumindest in den Führungspositionen die Orientierung an der Machbarkeit von Beginn an höher. So werden während eines kreativen Prozesses bereits in der Impulsphase die für die Idee wichtigen Trends beobachtet und mögliche Technologien identifiziert. In der Bewertungsphase steht die Frage »Was taugt diese Idee wirklich?« im Vordergrund. Eine Verlagerung der Antwort nach dem Motto »Probieren wir es doch einfach mal aus!« ist nur sehr eingeschränkt möglich, denn beim Transfer in die Praxis herrscht hoher Erfolgsdruck. Vom Spitzensport zu lernen

> **»Kreativität ist kein Vorrecht der Genies, sondern kann systematisch trainiert und gefördert werden.«**
>
> Jörg Löhr

heißt in diesem Zusammenhang, die Kreativität trotz der geringeren Fehlertoleranz nicht zu verlieren. Grundvoraussetzungen dafür sind Neugier, ein permanenter Blick über den Tellerrand und die Fantasie, sich die hinter dem Offensichtlichen schlummernden Möglichkeiten auszumalen. Außergewöhnliche Ideen sind meist eine Produktion aus exakter Beobachtung der Realität und der Fähigkeit, sich eine andere Welt vorstellen zu können.

Claus Hipp – Vorreiter der Biobranche

Keine Probleme mit der Vorstellung einer anderen Welt hatte *Claus Hipp*. So tat und tut er das Seine, um die Realität ein Stück weit seinen Visionen anzunähern. Der promovierte Jurist und Hersteller von Babynahrung begegnete den Billigpreisen einiger Wettbewerber auf seine Weise: Er konzentrierte sich auf allergenarme Babykost und setzte konsequent auf Rohstoffe aus biologischem Anbau. Um die Qualität seiner Produkte zu überprüfen, baute er eigens eines der wohl europaweit besten Labore für Lebensmittelkontrollen auf. Mehrere tausend Bauern arbeiten für Hipp und bewirtschaften ihr Land nach den Richtlinien der Öko-Landwirtschaft. Seit Claus Hipp den Betrieb 1967 von seinem Vater Georg Hipp übernahm, hat er immer wieder innovativ gedacht und war seiner Zeit oft voraus. Und das nicht nur in seiner Produktpolitik, sondern auch beim Umgang mit seinen rund 1100

Mitarbeitern. Wer bei Hipp arbeitet, der kann für seine Kinder eine kostenlose Nachmittagsbetreuung nutzen und erhält für ökologisch orientierte Mobilität Fahrtkostenzuschüsse. Es gibt Mitfahrbörsen, Gesundheitstage und die Möglichkeit, Essen aus dem Betriebsrestaurant mitzunehmen. In der Begründung für die Verleihung des Deutschen Gründerpreises 2005 in der Kategorie Lebenswerk an Claus Hipp wurde seine Mitarbeiterführung als »mustergültig« gepriesen sowie die Kombination von Gewinnorientierung mit sozialen und ökologischen Zielsetzungen gelobt.

Die Innovationskraft Hipps beweist seine vorausschauende Ausrichtung des Betriebs an ökologischen Kriterien. Wie bei vielen erfolgreichen Innovatoren harmonierte dabei die innere Einstellung – Hipp ist praktizierender Christ und setzt sich auch privat für ethisch korrektes Handeln ein, wobei er ein außerordentliches Gespür für große wirtschaftliche Chancen beweist. Der 1938 geborene Münchner war nie ein Träumer oder Fantast, sondern bei allem Idealismus immer ein Vollblutunternehmer, für den die Machbarkeit seiner Ideen absoluten Vorrang hatte. Das Gespür für gesellschaftliche Veränderungen hat also sicherlich bei Hipps Entscheidungen mitgewirkt. Er wollte und will die Welt zum Positiven verändern, aber der Umsatz muss trotzdem stimmen. Und weil er das tut, kann sich der umtriebige fünffache Vater nebenbei als Maler betätigen, dessen Werke in New York, Paris und Kiew ausgestellt wurden. Ach ja: Als Reiter gewann er bei internationalen Sprung- sowie Militaryturnieren, und heute züchtet Hipp Turnierpferde. Die enorme Vielseitigkeit des Claus Hipp dürfte eine Quelle seiner Kreativität im Hauptberuf sein. Daneben basiert die Innovationsstärke auf innerer Unabhängigkeit, wie sie viele Champions im Sport und in der Wirtschaft an den Tag legen. Siegertypen ficht es nicht an, wenn andere ihre Methoden ablehnen oder gar über ihre Ziele lächeln. Ihnen genügt es, wenn sie selbst von ihrem Tun überzeugt sind, wobei sie zwar durchaus Ratschläge annehmen, doch letzten Endes den Mut zur Entscheidung beweisen.

> **»Die eigenen Systeme gehören immer wieder auf den Prüfstand, und eine Veränderung darf nie ein Tabu sein.«**
>
> **Heiner Brand**

Jürgen Klinsmann – visionärer Projektmanager mit Charisma

Ein typisches Beispiel für mit Autonomie gepaarte Innovationskraft ist *Jürgen Klinsmanns* Mission »Fußball-WM 2006«. Dem ehemaligen Spitzenspieler *Klinsmann* wurde das Amt des Fußball-Bundestrainers angetragen, als sich die deutsche Elf in einer beklagenswerten Situation befand. Er nahm an, holte Joachim Löw als Persönlichkeit im Hintergrund an Bord und begann sofort, ziemlich alles umzukrempeln und mit alten Strukturen zu brechen. Statt über die offensichtlichen Schwächen seiner Truppe zu diskutieren, konzentrierte sich der immer optimistische Schwabe auf die Förderung von Stärken, Spaß und Motivation. Er nahm bewusst die Konflikte mit den tonangebenden Größen des Deutschen Fußballbundes in Kauf, ertrug die Debatte um seinen Wohnsitz und führte ungewöhnliche Trainingsmethoden ein. Sepp Maier, der für unangreifbar gehaltene Torwarttrainer, wurde verabschiedet, skeptische Äußerungen von »Wir sind nur Mittelmaß« bis zu »Wir haben zu wenig Spielerpotenzial« ignoriert.

Mit einem Stab an Mitarbeitern, der in dieser Größenordnung im deutschen Fußball noch nie da gewesen war, setzte Klinsmann seinen Masterplan um. Er nahm sich nicht nur die Körper der Spieler vor, sondern auch deren Köpfe. Seine Kabinenansprachen sind mittlerweile legendär und viele Kicker kamen in der Ära Klinsmann erstmals mit einem Mentaltrainer in Berührung. Die Vision lautete: temporeicher Angriffsfußball über 90 Minuten! Und mit Akribie wurden dafür die Voraussetzungen geschaffen. Dabei kam Klinsmann sein Charisma zugute, durch das er Widerstände außerhalb der Mannschaft brach und die Herzen seiner Spieler eroberte.

Klinsmanns Methoden waren nicht grundsätzlich neu, sondern in anderen Ländern und anderen Sportarten teilweise sogar Standard. Für den Bereich des deutschen Fußballs allerdings wurde er zum Innovator, der ohne Scheu vor dem Establishment seine Ideen umsetzte. Kreativität bewies er auch beim Umgang mit den Schwächen der deutschen Mannschaft. Nachdem das Testspiel gegen Italien vor der WM die Defizite in der Abwehr offenbart hatte, setzte Klinsmann nicht etwa alles an eine Verbesserung der Verteidigung, sondern er stärkte stattdessen das ohnehin bereits gute Mittelfeld. Statt also der überkommenen Maxime »die Null muss stehen« zu huldigen, wurden Fehler akzeptiert und dafür den Vorzügen und Stärken mehr Aufmerksamkeit gezollt – eine Philosophie, die vielen Unternehmen als Erfolgsstrategie bei der Führung ihrer Mitarbeiter zu empfehlen ist.

Mit Mut zur Veränderung erfolgreich

Klinsmann hat den Deutschen nicht nur ihr »Sommermärchen« und eine wochenlange Welle der Euphorie beschert. Von seinem »System« können Führungskräfte und Entscheider einiges lernen, z. B. Orientierung an Visionen, Zielklarheit, Motivation der Mitarbeiter und Beharrlichkeit. Vor allem aber ist es »Klinsis« Mut zur Innovation, der als Blaupause auch für die Wirtschaft taugt. Mut und Unerschrockenheit oder – etwas altmodisch ausgedrückt – Tapferkeit und Kühnheit sind Eigenschaften, ohne die jeder noch so außergewöhnliche Esprit ins Leere liefe. Um noch einmal auf das Beispiel Handball zu kommen: Die Idee für einen verblüffenden Wurf haben vielleicht andere auch dann und wann, aber Christian Zeitz wirft tatsächlich. Dazu gehört Mut,

> Siegeswille heißt: trotz der Gefahr einer Niederlage unbeirrbar seinen Weg gehen.

der auf Selbstsicherheit beruht, auf dem Wissen um das eigene Können. Hier hat der Sportler einen Vorteil gegenüber vielen Managern, weil bei ihm der Mut zum Risiko oftmals mit einem sofortigen Erfolgserlebnis belohnt wird – oder er einfach den nächsten Versuch starten kann.

Trainer wie Klinsmann oder Löw stehen – so betrachtet – irgendwo zwischen dem Sportler und dem Manager. Er kann Fehler korrigieren, aber allzu viele kosten ihn seinen Job. Trotz der Gefahr der Niederlage seinen Weg zu gehen, zeugt von unbeugbarem Siegeswillen. Im Sport ist dieser bei den Erfolgreichen oft stärker ausgeprägt als in der Wirtschaft, was an der wesentlich simpleren Definition des Erfolgs beim Laufen, im Autorennen oder beim Skifahren liegt. Es zählt so gut wie nur der erste Platz, der Zweite ist bereits ein Verlierer. Unterliegen aber will niemand, ist doch der Mensch das einzige Lebewesen, das sich ohne Not dem Wettkampf stellt und das

Jürgen Klinsmann

nur um der Ehre willen Erster zu werden versucht. Bei Unternehmen und dem Einzelnen in der Wirtschaft gelten keine so leicht zu fassenden Zuordnungen. Wer ist hier der Gewinner? Vom Sport zu lernen heißt, für sich selbst Definitionen zu finden. Worin will ich besser sein als die anderen, was genau ist für mich ein Sieg, was Erfolg? Wer für sich festgelegt hat, wohin er unbedingt will, dessen Bereitschaft, Wagnisse einzugehen, steigt – und die Kraft, mit Ablehnung fertig zu werden, ebenfalls.

Während beim *business as usual* kaum große Widerstände auftauchen, sind diese bei Aktionen jenseits der Norm geradezu vorprogrammiert. Nur mit Mut, mit Schneid und Beherztheit können sie überwunden werden, was sowohl für die Vorbehalte von außen als auch für die selbst produzierten Hürden gilt. Der Gegendruck, die Nörgeleien, die Schwarzmalerei der »Das haben wir doch noch nie so gemacht«-Fraktion müssen teilweise genauso ignoriert werden wie die warnenden Stimmen im eigenen Inneren. Zu unterscheiden ist das daraus folgende Handeln jedoch von Harakiri-Aktionen, die jeder rationalen Grundlage entbehren. Als psychische Bestimmtheit, die zu unerschrockenem, aber überlegtem Verhalten in gefährlichen Situationen führt, definiert denn auch das Lexikon Mut. Und gefährlich, nämlich mit dem Risiko des Scheiterns behaftet, sind letztlich alle Innovationen.

Wenn gewöhnliche Menschen ungewöhnliche Dinge tun

Die Möglichkeit des Misslingens müssen nicht nur innovative Toptrainer wie Klinsmann und Konzernchefs einkalkulieren, sondern auch jeder Sportler und jeder Mitarbeiter. Damit sich Kreativität dennoch entfalten kann, müssen entsprechende Anreize und eine den Mut sowie die Eigenständigkeit fördernde Atmosphäre geschaffen werden. Klinsmann beispielsweise ließ auch junge Ersatzspieler Ansprachen an das Team halten und der Unternehmer Claus Hipp baute ein außergewöhnliches Vorschlagswesen auf, über das Mitarbeiter Verbesserungsvorschläge machen können. Jack Welch, ehemaliger alleiniger Geschäftsführer von General Electric, schuf in seinem Unternehmen eine Atmosphäre, in der Mitarbeiter Neues wagen konnten. Der 1935 als Sohn eines Eisenbahnschaffners und einer Hausfrau geborene

Für die Entfaltung von Kreativität ist eine geeignete Atmosphäre erforderlich.

Welch wollte erreichen, dass viele gewöhnliche Menschen viele ungewöhnliche Dinge tun – und genau an diesem Ziel, der Ausschöpfung der Innovationskraft, richtete er seine Strategien zur Mitarbeiterführung aus. Wie bei der Produktpolitik, wo er ständig neue Wachstumsmärkte aufspürte und dafür stagnierende Bereiche abstieß, handelte er auch beim Umgang mit seinen Mitarbeitern: flexibel! Ein vorgefertigtes Konzept eigne sich nicht zur Auseinandersetzung mit dem unabhängigen menschlichen Willen und der Entfaltung der realen Welt, soll Welch einmal gesagt haben.

> **Kreative Ideen schweben nicht aus dem Nichts herbei, sie wachsen vielmehr aus dem Boden des Bekannten.**

Was Welch stets berücksichtigte: Im Prinzip ist jeder Mensch kreativ. Er muss nur daran glauben, die eigenen Grenzen überwinden, mal jenseits der gewohnten Schablonen denken – und die Latte manchmal auch ein wenig tiefer hängen. Gefragt sind nämlich nicht etwa absolute Neuheiten, die es nur sehr selten gibt. Innovationen entstehen beispielsweise, wenn die Erfahrungen, die wir alle in den verschiedenen Bereichen unseres Lebens gemacht haben, neu kombiniert werden. Ein neuer Ansatz, eine neue Perspektive eröffnet neue Chancen.

Um bei einem konkreten Problem zu überraschenden Lösungen zu kommen, lassen sich folgende Kreativitätstechniken anwenden (siehe auch Tipps am Ende dieses Kapitels):

- Zum *Brainstormingprozess* werden mehrere kreative Personen eingeladen sowie Leiter und Protokollführer bestimmt. Die zu bewältigende Herausforderung wird in eine Frage umformuliert. Aufgabe ist es, innerhalb von 15 bis 45 Minuten möglichst viele Ideen, Antworten und Lösungen zu finden. Dabei sollten alle Vorschläge kritiklos zugelassen werden.
- Beim *Mindstorming* gilt es, auf einem Blatt Papier die Frage beziehungsweise das Problem möglichst konkret zu notieren. Anschließend sind 20 Antworten oder Ideen dazu gefordert. Die beste darunter wird ausgewählt und innerhalb von 72 Stunden umgesetzt.

- Bei jeder Suche nach einer neuen Lösung helfen eine entspannte Atmosphäre, das Vertrauen auf die Intuition und viel Raum für die Fantasie.
- Vorurteile müssen bewusst beiseitegeschoben, Routinen infrage gestellt, der Spaß und die Lust an einer Sache kultiviert werden.
- Zwischendurch sollte das Problem auch eine Weile »ruhen« dürfen, denn in Pausen schaltet sich das Unterbewusstsein ein und leistet seinen Beitrag zur Lösung.

Beim Kreativitätstraining sollten auch innovative Formen und Angebote mehr Beachtung finden. Beispielsweise das Manager-Bergsteigen: Hier lernen die Teilnehmer während einer schwierigen Gipfelbesteigung, auch dort Lösungen zu finden, wo es auf den ersten Blick keine zu geben scheint. Sie werden zum »Manager am Berg«, denn nur wer die richtige Entscheidung im richtigen Moment trifft, bezwingt den Gipfel. Weiterer Effekt des Alpinismus auf Zeit ist die Erfahrung, sich Angst einzugestehen, mit diesem Gefühl fertig zu werden und es durch den Erfolg zu überwinden. Die Grenzsituationen am System Berg erschließt zudem völlig neue Welten, wie Psychologen analysiert haben. Gute Grundlagen für einen mutigen Umgang mit innovativen Ideen im Berufsalltag!

Jan Boklöv – Skispringer und Erfinder des V-Stils

Beispiel für eine besonders mutige Umsetzung einer Innovation im Sport ist der Skispringer *Jan Boklöv,* auch wenn bei ihm die Neuerung nicht das Ergebnis einer herausragenden Kreativität war. Vielmehr kam dem Schweden der Zufall – unterstützt von einer systematischen Suche nach Verbesserungen – zu Hilfe und machte aus einem zuvor mittelmäßigen Sportler einen Gewinner. Zu Beginn seiner Weltcup-Teilnahmen im Jahr 1987 musste sich Boklöv stets mit mittleren Plätzen begnügen. Er hatte zweifelsohne Talent zum Skispringen, aber das reichte nicht aus, um vordere Plätze zu erreichen. Dann folgte jenes Missgeschick im Training, durch das ein neuer Sprungstil kreiert wurde. Boklöv hatte sich einfach mit dem Oberkörper weiter nach vorne gedrückt, und da passierte es: Die Skier gingen auseinander. Und der V-Stil war geboren. Der Schwede flog mit dieser innovativen Technik viel weiter als zuvor, auch wenn er sich das noch nicht physikalisch erklären konnte. Erst Windkanaltests zeigten, warum der V-Stil (so genannt nach der V-förmigen Stellung der Skier) der bis dahin üblichen parallelen Skiführung überlegen war. Luftwiderstand und Auftrieb, die beide für einen weiten Flug (und entsprechend hohe Punktzahlen) nötig sind, werden durch die V-Spreizung der Skier dank des dabei entstehenden Luftpolsters größer. Nah beieinanderliegende Bretter dagegen erwiesen sich im Windkanal als aerodynamisch gesehen nachteilig. Zu diesen Ergebnissen kam das Institut für angewandte Trainingswissenschaft in Leipzig.

Skisprung im V-Stil

Als Boklöv mit seiner Variante an die Öffentlichkeit ging, soll die Konkurrenz überwiegend erheitert gewesen sein. Den Erfinder beeindruckte das kaum, und er ließ sich nicht entmutigen. Mit Erfolg, denn am 10. Dezember 1988 gewann Jan Boklöv in Lake Placid sein erstes von fünf Weltcupspringen. Zwar musste der Skandinavier Abzüge bei den Haltungsnoten hinnehmen, doch das machte Boklöv mit seinen teilweise erheblich größeren Weiten wett. Sein geringes Ansehen unter den ästhetisch orientierten Kampfrichtern kommentierte Boklöv mit einem Achselzucken: »Wenn ich mich beschwert hätte, dann hätten die mir wahrscheinlich noch mehr Punkte abgezogen. Aber ich sprang ja weit genug, um am Ende den Gesamt-Weltcup zu gewinnen. Also war mir das vollkommen egal.«[24] Das Ende dieser Saison, die den V-Mann ganz oben auf das Treppchen katapultiert hatte, war auch der Anfang vom Ende des Parallel-Stils. Immer mehr Topleute stellten auf das V um und – Ironie des Schicksals – schon bald waren Boklövs Schüler viel besser als ihr Lehrmeister und der Schwede konnte keine weiteren großen Erfolge mehr feiern. Endgültig gaben die Traditionalisten erst 1992 klein bei – Punktabzug wegen V-förmig gespreizter Skier war fortan kein Thema mehr.

Boklöv blieb die Genugtuung, eine Sportart revolutioniert zu haben und auf ewig in deren Geschichte eingegangen zu sein. »Wenn ich mir die Springer im Fernsehen anschaue, sehe ich in jedem einen kleinen Boklöv mitspringen«, freute er sich nach dem Ende seiner Karriere. Andere hätten nach einem ähnlichen Malheur im Training alles daran gesetzt, eine Wiederholung des Anormalen zu vermeiden. Sie hätten versucht, die von allen akzeptierte Technik zu vervollkommnen, nicht aber einen Stilbruch riskiert. Boklöv tat genau das: Er ignorierte die Konventionen, wandte sein neues Wissen konsequent an, verfeinerte seinen neuen Stil und setzte ihn gegen alle Widerstände durch. Diese Fähigkeit, das als richtig Erkannte zu verteidigen und damit volles Risiko einzugehen, ist typisch für einen geborenen Innovator. Boklöv hatte keine überlegenen Begabungen als Skispringer, doch er wurde zum Erneuerer seines Sports.

> Von Boklöv lernen heißt, an die eigenen Ideen glauben lernen – mögen diese auch zunächst noch so verrückt erscheinen.

Richard Douglas Fosbury und Steve Wozniak – anders sein als die anderen

Eine ähnliche Geschichte wie der V-Stil im Skispringen hat der Flop oder Fosbury-Stil im Hochsprung. 1968 überquerte *Richard Douglas Fosbury* in Mexiko-Stadt zum ersten Mal die Latte rücklings und holte mit 2,24 Metern olympisches Gold. Weil er niemals mit dem Scherensprung und dem Straddle (»Bauchwälzer«) klargekommen war, hatte Fosbury experimentiert und so die für ihn ideale Technik gefunden. Doch selbst nach dem Gewinn der Goldmedaille durch sein Teammitglied warnte Payton Jordan, Trainer der US-Olympia-Mannschaft der Leichtathleten: »Wenn Kinder versuchen, Fosbury zu imitieren, wird er eine ganze Generation von Hochspringern auslöschen, weil sie sich alle das Genick brechen werden.«[25] Doch Fosbury hielt unbeirrt an seiner Innovation fest. Und der Flop wurde zum Hit!

Auch wenn in der Wirtschaft in der Regel Innovationen stärker gesiebt werden als im Sport, weil hier ein Fehler oft zu hohen Verlusten führt, gibt es Ausnahmen von dieser Regel. Manchmal braucht es allerdings ei-

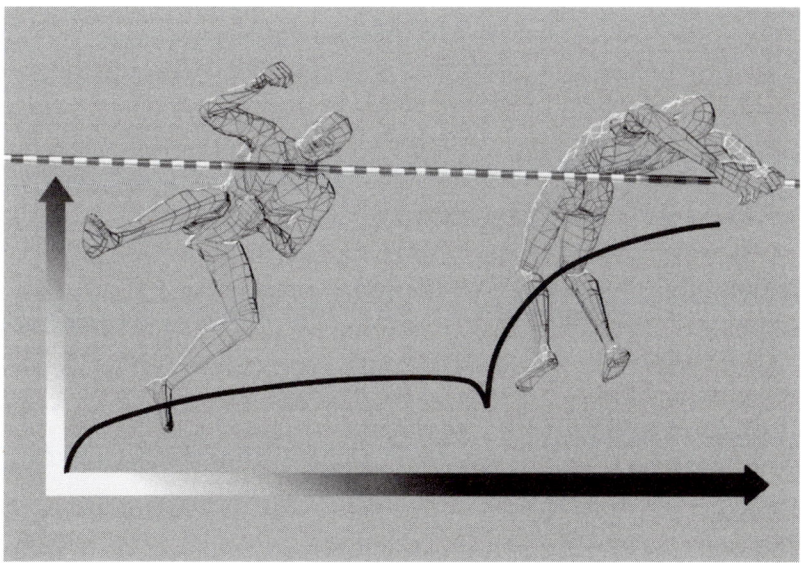

Vom Straddle (links) zum Fosbury-Flop (rechts)

nen langen Atem, bis sich kreative Ideen auszahlen. In einem alljährlich vom US-Magazin *Business Week* und der Boston Consulting Group veröffentlichten Innovationsranking landete Apple Inc., Hersteller von Kult-Computern und Unterhaltungselektronik, im Jahr 2007 auf dem ersten Rang. Steve Wozniak, einer der beiden Apple-Gründer, sagte dazu, er habe immer schon alles anders machen wollen als die Mehrheit. So entwickelte er vor gut 30 Jahren im Alleingang den ersten Kleincomputer der Welt, ohne dass er sich damals die Folgen auch nur vorstellen konnte. »Man kann erfolgreich sein, selbst wenn die tollsten Doktoranden, die berühmtesten Universitäten und Unternehmen nicht einmal im Traum an dein Projekt glauben«, so Wozniak.[26] Seine Karriere, die Laufbahn eines der wohl kreativsten Ingenieure aller Zeiten, hat die Richtigkeit dieser These bewiesen!

Ständige Weiterentwicklung – Machen statt nur Weitermachen!

Apple hat später mit dem iPod und dem iPhone in puncto Kreativität nachgelegt. Andere Kreativgenies sind die Softwareentwickler bei Google oder die Gründer von Ebay. Doch die Entwicklung neuer Produkte und Geschäftsideen ist nur ein Aspekt der Weiterentwicklung. Wie Boklöv, Fosbury und wie die deutschen Handballer muss auch jeder Nichtsportler ständig physisch, psychisch und technisch-taktisch voranschreiten. Das reicht von der Einstellung auf die aktuellen Konkurrenten bis zur permanenten Weiterbildung, die hierzulande immer noch sträflich vernachlässigt wird. Nur aus einem durch lebenslanges Lernen »gedüngten« Boden können Innovationen sprießen – und die entscheiden letztlich sowohl über die Zukunftsfähigkeit eines Unternehmens als auch über den dauerhaften Erfolg des Einzelnen.

Die Beispiele dafür nehmen zu und sie haben unser Leben bereits grundlegend verändert. Früher wurde unflexibel an Plänen festgehalten, während heute das Testen und Experimentieren Priorität haben. Machen statt bloß Weitermachen, lautet die Devise! Aus dem lebenslang festen Job bei einem Arbeitgeber sind längst ständige Wechsel, oft über Ländergrenzen hinweg, geworden. Eine Arbeitsplatzsicherheit, wie sie die letzten Generationen kannten, ist bereits *perdu*. Wer nach oben will, der muss sogar die Branche wechseln können, wenn der Trend kippt. Veränderungen werden aber auch leichter, weil sich die Struktur der Wirtschaft wandelt. Die modernen Unternehmen schmieden Allianzen, statt sich von anderen abzuschotten. Personalchefs schätzen Lebensläufe mit Kurven anstelle der einst hoch gelobten geraden Karrierestraßen. Denn: Abweichungen von der Norm deuten auf innere Unabhängigkeit hin – und die ist gefragt, weil sie die Fähigkeit zum Um-die-Ecke-Denken und damit Innovationen verspricht.

Der Plan ist nur die halbe Miete oder: Das Lob der Disziplin

Hipp und Wozniak, Klinsmann und Boklöv sind hochgradig autarke Typen, die sich wenig um die Skepsis und Vorbehalte anderer scherten und scheren. Auch die innovativsten, kreativsten, mutigsten Menschen scheitern aber, wenn sie glauben, ihre tollen Ideen und ihre Unerschrockenheit würden ihnen den Erfolg garantieren. Die bekannte Gleichung, nach der Erfolg zu 10 Prozent der Inspiration und zu 90 Prozent der Transpiration geschuldet ist, stimmt tatsächlich. Spitzensportler wissen das. Ja, sie können es gar nicht ignorieren, weil sie sonst nie über den Amateurbereich, die Oberliga, hinauskämen. In der Wirtschaft sieht es kaum anders aus, nur dass sich hier im Gegensatz zum Sport in dem zur Oberliga äquivalenten mittleren Managementbereich auch ganz passabel leben lässt. Das gilt jedoch nur für den, der sich mit Mittelmaß zufriedengibt oder der glaubt, damit zufrieden zu sein. Wer mehr will, und das sind bei ehrlicher Selbstanalyse wohl 95 Prozent der Menschen, der braucht Disziplin, Ausdauer, Beharrlichkeit. Wie die Schwimmer »Kacheln zählen«, so muss auch der Manager in seinem Bereich üben, üben, üben.

Die Innovationskraft der Spitzensportler ...
... und was Sie daraus lernen können

Toptrainer und Spitzensportler machen es vor: neue Trainingsformen, veränderte Techniken, ungewöhnliche Fitnesseinheiten. Innovationsfähigkeit ist zu einem wichtigen Erfolgsfaktor geworden. Das gilt natürlich ebenfalls für die Wirtschaft. Auch hier bedingt Erfolg mehr denn je ständige Weiterentwicklung. Mitarbeiter müssen ermutigt werden, gedanklich neue Wege zu gehen, Ideen einzubringen – selbst wenn sie im ersten Moment auch noch so verrückt klingen mögen. Denn Stillstand ist in unserer schnelllebigen Zeit häufig Rückschritt – und das kann sich heute kein Unternehmen mehr leisten.

Vor unseren Tipps steht diesmal eine Checkliste, mit der Sie die eigene Innovationsfähigkeit auf die Probe stellen können:

> ⟫ Haben Sie Angst vor Neuerungen oder stehen Sie Neuem grundsätzlich positiv gegenüber?

> ⟫ Nehmen Sie sich regelmäßig Zeit fürs Querdenken?

> ⟫ Beobachten Sie Trends und Innovationen?

> ⟫ Trauen Sie sich, auch einmal verrückte Vorschläge zu machen?

> ⟫ Fallen gute Ideen von Kollegen und Mitarbeitern bei Ihnen auf fruchtbaren Boden?

Ihr Weg zu mehr Mut und Kreativität

Vielen wurden sie schon in frühen Jahren abtrainiert: die Kreativität und der Mut, neue Wege zu gehen. Anpasssen statt aufmucken – zwar lässt sich mit diesem Motto oft unauffällig leben, zu Spitzenleistungen treibt uns diese Einstellung aber selten an. Echte Champions zeichnen sich dadurch aus, dass sie Neues ausprobieren, sich mit Bewährtem nicht zufrieden geben und auch mal ungewöhnliche Maßnahmen ergreifen.

➤➤ Versuchen Sie, mehr auf Ihre Intuition, Ihr Bauchgefühl, zu hören. Das bedeutet nicht, die Ratio komplett auszublenden – doch sollten Sie verrückte Ideen ruhig zulassen und weiterspinnen.

➤➤ Arbeiten Sie in Ihrem Unternehmen – entsprechend Ihren Möglichkeiten – daran, Innovationskultur zu schaffen. Haben Sie ein offenes Ohr für gute Ideen. Setzen Sie sich für gute Ideen auch an höherer Stelle ein. Seien Sie – im Interesse der Kunden – bemüht um innovative Lösungen.

➤➤ Lassen Sie sich von erfolgreichen Menschen und deren Biografien inspirieren. Stellen Sie Bewährtes von Zeit zu Zeit auf den Prüfstand. Wagen Sie neue Wege. Denn Sie können niemanden überholen, wenn Sie nur in seine Fußstapfen treten.

➤➤ Geben Sie Ihrer Fantasie und Kreativität entsprechenden Raum!

➤➤ Klopfen Sie Ihre verrückten Ideen aber – in einem zweiten Schritt – auch auf ihr Umsetzungspotenzial hin ab, bevor sie darüber mit anderen kommunizieren.

▪ Einwurf:
Auch Manager brauchen
ein »Konditionstraining«

Prof. Dr. Klaus Baum zur Arbeit mit der Handball-Nationalmannschaft

Prof. Dr. rer. nat. Klaus Baum studierte Biologie und Sport an der Universität zu Köln und der Deutschen Sporthochschule in Köln, promovierte in Naturwissenschaften und habilitierte sich in Physiologie. Seit 2000 leitet Baum ein Trainingsinstitut in Köln. Baum ist u. a. verantwortlich für den Fitnesszustand der deutschen Handball-Nationalmannschaft vor großen Turnieren wie der Weltmeisterschaft 2007.

Herr Prof. Baum, Sie kamen bereits als Zehnjähriger zum Leistungssport, waren später Volleyballer in der Sportkompanie Warendorf. Wie sah damals das Training aus?

Prof. Dr. Klaus Baum: »Ende der 60er-Jahre fand noch vor dem Unterrichtsbeginn in der Schule das klassische Zirkeltraining statt. Wahrscheinlich hat es keiner von uns richtig gemacht. Ich jedenfalls litt mit 18 unter Hexenschuss und saß mit 30 kurzzeitig im Rollstuhl, weil ich motorische Ausfälle hatte. Früher wurde also fürchterlich hart trainiert, aber auch fürchterlich falsch. Erst nach einem langen Prozess in den 80er-Jahren begann das Training vernünftig zu werden.«

Was hat sich bis heute geändert?

Baum: »Vor allem zwei Dinge: Die Gesundheit der Athleten steht im Vordergrund, und das Training ist heute viel spezifischer. Früher haben wir – verallgemeinernd gesagt – im eigenen Saft gekocht, übernahmen als Trainer das, was wir selbst als Aktive erlebt hatten. Mittlerweile ist das Training an der jeweiligen Sportart ausgerichtet. Jürgen Klinsmann zum Beispiel machte vor dem ›Sommermärchen‹ mit einem Konditionstrainer-Stab aus Amerika und neuen Trainingsformen außerhalb des klassischen Repertoires Furore, aber im Handball hatten wir das bereits zwei, drei Jahre zuvor praktiziert.«

Was sind Ihre Aufgaben während der Vorbereitung des Handball-Nationalteams?

Baum: »Ich beginne mit der Diagnostik des Leistungsstands, die Grundlage für die Trainingsplanung ist. Bei Lehrgängen der Nationalmannschaft habe ich für den konditionellen Part die ersten 20 bis 30 Minuten des Trainings. Nach dem Balltraining mit Heiner Brand folgen dann entweder spezifische Übungen für die Koordination oder

Klaus Baum

ein Cool-down. Die Spieler haben natürlich am liebsten das Bällchen in der Hand, schließen das Training gern mit einem lockeren Siebenmeterwerfen ab, vielleicht gefolgt vom Alibi-Dehnen am Torpfosten. So sollte es aber nicht sein.«

Welche neuen Ideen bringen Sie ein?

Baum: »Keiner von uns wird das Rad neu erfinden. Man muss einfach nur über den Tellerrand schauen können. Deshalb ist es wohl auch ganz gut, dass ich aus einer anderen Sportart komme. Insgesamt gilt es, die vorhandenen Elemente möglichst flexibel einzusetzen. Viele meiner Übungen schulen das Gleichgewicht und die Koordination. Die Spieler müssen nicht auf dem Seil tanzen, aber bei einem Angriff des Gegners dennoch ihren Sprungwurf abschließen und danach vernünftig landen können. Es gibt also zwei Ziele: Erfolg und Verletzungsprophylaxe. Letzterem dient auch das intensive

Dehnen. Heute sehe ich mit Freude, dass die Mannschaft nach den Spielen ausläuft und Dehnübungen macht.«

Die Spieler haben also offenbar die »betreute Selbstverantwortung« verinnerlicht?

> »Die Spieler brauchen Anleitung, aber nur sie selbst führen die Anweisungen aus.«
>
> **Klaus Baum**

Baum: »Die Leute brauchen Anleitung, aber nur sie selbst führen die Anweisungen aus. Das gilt auch für die Vorbereitung auf das nächste große Turnier: Wir können spezifizieren und Pläne aufstellen, aber die Spieler müssen es umsetzen. Dabei handelt es sich ja um etwas Zusätzliches, was sie neben dem Vereinstraining realisieren müssen. Bei der derzeitigen Struktur der Nationalmannschaft sehe ich keinen Akteur, der dabei vielleicht schludert. Jeder bringt einen eisernen Willen, eine große Portion an Selbstdisziplin mit.«

Wie wichtig ist der Realismus bei der Konzeption des Trainings?

Baum: »Der ist unverzichtbar. Man darf nie den gesamten Kontext aus den Augen verlieren. Die Jungs müssen teilweise zweimal am Tag mit dem Verein trainieren. Ihnen dann noch vier oder fünf aus meiner Sicht wichtige Einheiten pro Woche anzuraten, ist nicht realistisch. Meine Aufgabe ist es, das Maximum zwar zu sehen, dann aber systematisch das Optimum umzusetzen.«

Sportler haben mehr Spaß am Training, wenn sie es mit einem Leistungsziel verbinden. Gilt das auch in der Wirtschaft?

Baum: »Absolut. Ich selbst bin Unternehmer und sehe das, was ich da tue, ein Stück weit als sportliche Herausforderung. Mir macht es geradezu Spaß, die Dinge, die ich tun muss, tatsächlich zu tun. Der Gedanke an die monetäre Belohnung ist dabei keineswegs der alles überragende. Disziplin, Teamgeist, Visionen – alles das kann man aus dem Sport deckungsgleich auf das Geschäftsleben übertragen. Man sollte natürlich sein Ziel im Auge haben, aber auch das, was einen diesem Ziel näher bringt – und wenn es noch so unangenehme Dinge sind wie das Dehnen nach dem Training.«

Was kann der Nichtsportler, der Manager oder der Mitarbeiter, aus Ihren Maßnahmen und Erkenntnissen übernehmen?

Baum: »Ich möchte vor allem die Harmonie in einer Mannschaft nennen. Leider wird der Teamspirit im Berufsalltag zu wenig thematisiert. Oder als Zweites der Grundsatz, Dinge zu erledigen, von denen ich weiß, dass sie wichtig sind oder sein könnten, die ich aber nur ungern angehe. Hier halte ich eine Art von Coaching für wichtig.«

> **»Der Teamgeist sollte auch im Berufsalltag eine größere Rolle spielen.«**
>
> **Klaus Baum**

Wie sieht also ein »Konditionstraining« im Berufsalltag aus?

Baum: »Es gilt, in alle Abläufe eine gewisse Regelmäßigkeit zu bringen. Um ein Beispiel zu nennen: Immer zu bestimmten Zeiten die E-Mails abrufen und dann auch gleich beantworten! Und man sollte sich stets als Teil einer Mannschaft verstehen. Die Kernaufgabe eines Trainers wie eines Unternehmers ist es, die ›Komposition‹ zu schaffen, in der alles zusammenpasst und funktioniert.«

Lehren für Manager

1. Beantworten Sie sich die Fragen »Wo bin ich?« und »Wo will ich hin?«!
2. Streben Sie nicht nach dem Maximum, sondern nach dem Optimum!
3. Setzen Sie sich Erfolgsziele, aber auch Etappenziele!
4. Machen Sie nicht bloß »viel«, sondern das Richtige!
5. Packen Sie unangenehme, aber wichtige Dinge sofort an!
6. Erledigen Sie wiederkehrende Aufgaben planmäßig!
7. Holen Sie sich Anregungen von außen!
8. Leiten Sie Ihre Mitarbeiter an!
9. Fördern Sie die Selbstverantwortung Ihrer Mitarbeiter!
10. Sorgen Sie für Harmonie im Team!

6. »Kacheln zählen«

Ausdauer und Disziplin als Meistermacher

»Nicht das Beginnen wird belohnt,
sondern das Durchhalten.«

Katharina von Siena

Sicher war Albert Einstein genial, doch die Relativitätstheorie ist ihm trotzdem nicht im Schlaf eingefallen. Dahinter steckt vielmehr harte Arbeit; vermutlich wird der vielleicht bekannteste Physiker so manche Nacht über seinen Formeln gebrütet haben. Mehr am Tage, aber dafür genauso intensiv, arbeiten Sportler, die es nach ganz oben schaffen wollen. Schwimmer beispielsweise »zählen Kacheln«, wenn sie Bahn für Bahn durch das Becken pflügen. Sie müssen ihre Kondition aufbauen und auf hohem Niveau erhalten, technische Abläufe erlernen sowie in Fleisch und Blut übergehen lassen. Dafür brauchen sie Ernsthaftigkeit, Fleiß, Ausdauer und Selbstdisziplin, ja manchmal auch eine Spur Ignoranz, um im Training über Schmerzgrenzen gehen zu können. Dasselbe gilt für Mitarbeiter und Führungskräfte in Unternehmen, doch hier ist das Bewusstsein für die Relevanz des regelmäßigen Übens noch viel weniger ausgeprägt. So mancher kann sich eine Scheibe vom Spitzensport abschneiden, indem er sich seinen individuellen Trainingsplan erstellt. Hinzukommen sollten Geduld, Organisation und Zeitmanagement, wobei auch in diesen Bereichen der Leistungssport als Vorbild dient.

Von der Langhantel bis zum Space-Curl

Gerade in einem Spiel wie Handball hat der Satz »ohne Fleiß kein Preis« seine Berechtigung. Fleißarbeit war daher ein wesentlicher Bestandteil der Vorbereitung auf die WM 2007, was sowohl für die Spieler als auch für den Trainer galt. Während die einen auf dem Feld, im Kraftraum, beim Laufen und Biken schwitzten, bewies der Coach Ausdauer etwa beim Studium von Videos der gegnerischen Mannschaften. Bei der Vorbereitung auf ein großes Turnier ist der Kader mehrere Wochen zusammen, so dass nicht – wie vor anderen Spielen – im Wesentlichen »nur« Taktik trainiert, sondern die Fitness systematisch aufgebaut wird. »Systematisch« bedeutet, dass jeder Spieler eben nicht nach Lust und Laune trainiert, sondern diszipliniert seinen Plan erfüllt. Dieser beinhaltet unter anderem allgemeines Ausdauertraining mit einer leicht dosierbaren Belastungsintensität, handballspezifische Trainingseinheiten, Spiele sowie Einheiten für Kraft, Schnelligkeit und Koordination.

> »Ein Sportler muss sich quälen können, wenn er Spitzenleistungen erzielen will.«
>
> **Heiner Brand**

Vor allem die drei zuletzt genannten Fähigkeiten sind beim Handball ausschlaggebend für den Erfolg – und gerade sie erfordern eine enorme Disziplin, weil nur die ständige Wiederholung zu Fortschritten führt. Das gilt für die Kniebeugen mit der Langhantel wie für Steigerungsläufe und Strecksprünge oder die Gleichgewichtsübungen mit Heavy Balls und im Space-Curl, dem »Weltraum-Ring« für Bewegungstraining in jeder Richtung. Die Muskeln Pectoralis, Quadrizeps und Co. wollen immer wieder gefordert werden, wenn sie Höchstleistungen erbringen sollen. Darüber hinaus werden die verschiedenen Spielzüge durch mentales Training so verinnerlicht, dass sie im Spiel sofort abgerufen werden können und nicht erst rational konstruiert werden müssen. Auch für diese Art der Vorbereitung ist eine enorme Ausdauer nötig. Der Fleiß der Handball-Nationalspieler war die Voraussetzung für das über 60 Minuten hervorragende Abwehrverhalten und den temporeichen Angriffshandball der deutschen Truppe – und damit letztlich eine wichtige Stufe, die auf dem Weg zum Gewinn der Weltmeisterschaft erklommen werden musste. »Wenn es drauf ankommt, gebe ich

Henning Fritz beim Krafttraining

auch im Training tausend Prozent, denn sonst kann ich das im Spiel nicht umsetzen«, so der nachnominierte Christian »Blacky« Schwarzer: »Wer nur larifari trainiert, der spielt auch nur larifari!«

Ausdauertraining stärkt Körper und Selbstbewusstsein

Trainingstheoretiker und Sportwissenschaftler definieren Ausdauer als physische und psychische Widerstandsfähigkeit des Organismus gegen Ermüdung bei andauernder Belastung. Spitzensportler trainieren die Widerstandskraft ihres Körpers und ihrer Psyche, doch um ebendies durchzuhalten, müssen sie bereits über Ausdauer verfügen. Die Ausdauer im Training ist ein Merkmal, das Siegertypen von ewigen Verlierern unterscheidet. Sie sorgt oftmals für die Hundertstelsekunde Vorsprung beim Sprint oder für das Quäntchen mehr an Spritzigkeit in den letzten fünf Minuten eines Handballspiels.

In der Wirtschaft geht es nicht um Sekundenbruchteile oder Zentimeter, wenn es gilt, sich gegen Wettbewerber durchzusetzen oder andere von den eigenen Ideen zu überzeugen. Aber nichtsdestotrotz spielen auch bei einer Präsentation oder einem Verkaufsgespräch die Intensität der Vorbereitung und das kontinuierliche Arbeiten oft entscheidende Rollen. Ob nun der Präsentator besonders viele aussagefähige Zahlen und Fakten zusammengetragen hat oder sich der Verkäufer vor dem wichtigen Termin beim potenziellen Kunden mit Informationen über dessen Betrieb »gefüttert« hat: Beider Erfolgschancen steigen durch die inhaltliche Verbesserung ihrer Präsentation, was im Sport der technischen und physischen Leistung entspricht. Sie steigen aber auch durch wachsendes Selbstbewusstsein als indirekte Wirkung des ausdauernden Trainings. Wie der Marathonläufer weiß, dass er die gut 42 Kilometer aufgrund vieler Hunderter Trainingskilometer bewältigen kann, so ist sich der Manager gewiss, auf jeden Einwand eine passende Antwort parat zu haben.

Sir Rocco Forte – Marathon-Mann im Sport und im Business

In puncto Ausdauer vom Spitzensport zu lernen führt zu Fleiß im eigenen Bereich, aber es führt auch zum Sporttreiben neben dem Job. Ein Beispiel für beides ist *Sir Rocco Forte,* britischer Hotelmagnat mit italienischen Wurzeln. Fleiß, Zusammenhalt und gute Gene hätten seine Familie schon immer ausgezeichnet, sagt der Vorstandsvorsitzende und Hauptaktionär der Rocco Forte Hotels, einer Kollektion von De-Luxe-Hotels innerhalb Europas.[27] 1992 übernahm Forte von seinem Vater, Lord Charles, das damals größte Hotelimperium der Welt, doch drei Jahre später verlor er es bei einem dramatischen Übernahmekampf. Doch Forte lehnte sich nicht etwa zurück und lebte von seinen Beteiligungen und Anlagen. Er startete umgehend mit dem Aufbau einer neuen Hotelkette, die sich im Premiumbereich positionierte. Neben Leiden-

»Körperliche Fitness ist die beste Basis für Belastbarkeit, ohne die kein Topmanager auf Dauer auskommt.«

Jörg Löhr

schaft fürs Hotelbusiness wirkte an diesem Comeback in erster Linie Fortes beeindruckende, im Sport erworbene Ausdauer mit. Der 1945 geborene und für seine Verdienste um den Tourismus zum Sir geadelte Forte läuft Marathon und nimmt an Triathlons, sogar an extrem harten Ironman-Wettbewerben, teil. Hat er einen Termin um 9 Uhr, so kommt es vor, dass er zuvor bereits 110 Minuten gelaufen ist. Für seinen Sport hält Forte Diät und treibt sich immer wieder zu intensivem Training an.

Sir Rocco Forte ist vom Schicksal verwöhnt, aber auch bereit, sich bis aufs Blut zu quälen. Er wirkt zurückhaltend und dennoch wie auf dem Sprung. Dies sind Eigenschaften, die einen Ausdauersportler von Format auszeichnen! Der über 60 Jahre alte Forte, der 40 Kilometer Radfahren in gut einer Stunde bewältigen und 1500 Meter in 27 Minuten schwimmen soll, beweist auch in seinem Beruf den Hang zur »Quälerei«, auch wenn er

das sicher nie so bezeichnen würde. Als er sein erstes Unternehmen verloren hatte, trainierte er härter als je zuvor, schwamm in eiskaltem Wasser und packte beruflich ein neues, sein eigenes großes Projekt an. Sein Schreibtisch – »ganz hinten in der Ecke«[28] – in seinem Londoner Großraumbüro wird als

> »Wer sportlich sehr aktiv ist, der ist häufig auch auf anderen Gebieten überdurchschnittlich leistungsorientiert und leistungsfähig.«
>
> Jörg Löhr

beladen mit Akten, Fotos und Büchern geschildert. Vom Chef eines Hotelimperiums erwartet man das nicht unbedingt, doch wer das Außergewöhnliche schaffen will, der muss dafür auch außergewöhnlich gut informiert sein. Diszipliniert zu arbeiten, hat der Gentleman bereits als Bub gelernt. Wenn seine Mitschüler in die Ferien gingen, wurde er in den Betrieben seines Vaters als Küchenjunge eingesetzt und spülte Teller.

Körperliche Belastung macht glücklich und baut Stress ab

Bei Sir Rocco Forte ist die körperliche Fitness Basis für eine beinahe unbegrenzte Belastbarkeit. Und vermutlich hat der italienische Brite in seinem Sport erfahren, wie befriedigend hohe Ausdauerleistungen sind. Seine Zähigkeit und seine eiserne Disziplin zeigen sich sowohl beim Ironman als auch bei seiner Tätigkeit als Hotelbetreiber. So kommt es vor, dass Forte unangemeldet Zimmer in seinen Häusern inspiziert. Eine Art Besessenheit, die er so kommentierte: »Meinen Job kann man nicht in zwei Stunden pro Tag erledigen. Da zählt jedes Detail.«[29] Möglicherweise spürt er auch bei seinem enormen Arbeitspensum jene Extraportion Endorphine, von denen jeder Ausdauersportler profitiert. Hartes Training ist eben nicht nur anstrengend, es hat auch positive psychische Effekte. Bei extremen, lang andauernden Belastungen kann der Organismus in einen rauschhaften Glückszustand kommen, hervorgerufen durch die Zunahme der Endorphine im Blut. Sportwissenschaftler sprechen vom *Exercise-High*-Effekt, der den Organismus zu weiteren Leistungen anspornt.

> **Sport führt zum Abbau von negativem Stress.**

Neben den Glücksgefühlen sorgt Sport auch für Stressabbau. Die Bewegung regt die Bildung von Enzymen an, die Schadstoffe sowie Abfälle des Stoffwechsels abbauen und damit den Körper entgiften. Nach vorübergehendem Anstieg sinkt beim Sport die Konzentration an Stresshormonen. Psychologisch betrachtet, lenkt Sport die Aufmerksamkeit des Menschen weg von seinen Problemen und hin auf die aktuelle Aufgabe, beispielsweise die Bewältigung eines Marathons. Folge: Der negative Stress, der so genannte Distress, sinkt.

Erfahren hat das auch die Film- und Fernsehproduzentin Katharina Trebitsch, geschäftsführende Gesellschafterin der Trebitsch Entertainment GmbH sowie Professorin für Filmregie und Filmproduktion an der Hamburger Media School. »Schweiß wird zu Muskelkraft«[30], sagt sie und denkt dabei vermutlich sowohl an den Sport als auch – im übertragenen Sinne – an ihren Beruf. Die 1949 geborene Hamburgerin spielte früher in der Golf-

Nationalmannschaft und studierte zunächst Jura. Das Examen war für sie der Abschluss ihrer Disziplinierungsphase, nach der sie sich ihren wirklichen Leidenschaften zuwandte. Zu ihren wichtigsten Eigenschaften zählt Trebitsch Durchhaltevermögen und eine extrem hohe Frustrationsfähigkeit.

Wie effizient Beharrlichkeit, Konsequenz und Stehvermögen als Erfolgsstrategien sind, hat Katharina Trebitsch mehrfach bewiesen. Projekte, die sich aufgrund der Skepsis der notwendigen Partner nicht gleich realisieren ließen, stellte sie zunächst zurück, griff sie aber später wieder auf. Auch bei anderen Erfolgsmenschen in der Wirtschaft steht Ausdauer hoch im Kurs und wird von den (potenziellen) Mitarbeitern gefordert. Martin Winterkorn, ehemals Vorstandsvorsitzender der Audi AG und heute in derselben Position bei der Volkswagen AG, meint: »Neben fachlichen Fähigkeiten sind Ehrgeiz, Ausdauer und die Bereitschaft zum kontinuierlichen Lernen wichtig.«[31] Absolventen sollten das beherzigen, wenn sie es bis in die Führungsebene eines Unternehmens schaffen wollen.

Ingvar Kamprad – über 80 und nahezu alle Fäden in der Hand

Bei *Ingvar Kamprad,* dem Gründer des Möbelhauses IKEA, sind Ausdauer und Durchsetzungskraft im Überfluss vorhanden. Trotz einer ausgeprägten Lese- und Schreibschwäche sowie einer Herkunft aus armen Verhältnissen im südschwedischen Smaland wurde er zu einem der reichsten Männer der Welt. Zu seinem 80. Geburtstag verkündete der deutschstämmige Schwede[32], es gebe viel zu tun, und daher habe er keine Zeit zum Sterben. Und der Stockholmer Zeitschrift *Ica Kuriren* vertraute er an, seine Arbeitszeit mit 90 reduzieren zu wollen: »Ich habe mir gedacht, dass ich in zehn Jahren auf eine halbe Stelle runtergehe.« Es liege so unglaublich viel auf seinem Schreibtisch, dass er bei dem Gedanken loszulassen nervös werde.[33] Weiterhin nimmt er strapaziöse Reisen auf sich, um große Projekte voranzubringen – und um zu sparen. Eine von Kamp-

> **Talent allein genügt nicht, Fleiß muss hinzukommen.**

rads herausragenden und immer wieder kolportierten Charakteristika ist sein Geiz, der bisweilen skurrile Blüten treibt. So ist es vielleicht mehr als ein Gerücht, dass er auf dem Wochenmarkt in seinem Wohnort Lausanne um die Preise von Obst und Gemüse feilsche. Auch in seinem Unternehmen nutzt Kamprad beharrlich jede Möglichkeit, Kosten einzusparen. Eine Art von Ausdauer, die nicht unerheblich zum Erfolg des Unternehmens IKEA beitrug, denn dies wird in den Köpfen der Kunden stets unter anderem mit sparsamen Lösungen assoziiert.

Handeln, Arbeiten, Agieren, Machen

Ingvar Kamprad empfand vermutlich seine harte Arbeit nie als hart, was typisch für Siegertypen ist. Erst Ausdauer und Disziplin zünden den Turboantrieb für den Erfolg. Für den Aufstieg ist immer ein Preis zu zahlen, der umso höher ausfällt, je ehrgeiziger das Ziel und je höher das Niveau ist, auf dem man sich mit anderen misst. Wer mehr gibt, der bekommt mehr! Als der Golfprofi Bernhard Langer einmal nach einem sensationell guten Schlag gefragt wurde, ob dabei nicht viel Glück im Spiel gewesen sei, soll er geantwortet haben: »Wenn Sie das Ergebnis von bis zu acht Stunden täglichem Training als Glück bezeichnen, dann haben Sie Recht!« Da können andere Sportgrößen durchaus mithalten: Dem Schachweltmeister Wladimir Krammik wurden fünf Stunden am Brett pro Tag zugeschrieben, dem fünffachen Olympiasieger im Schwimmen Ian Thorpe bis zu 150 Kilometer im Wasser pro Woche. Ebenfalls pro Woche pflegte der mehrfache Weltmeister und Olympiasieger im 10 000-Meter-Lauf Haile Gebrselassie 250 Kilometer zurückzulegen. Und Birgit Fischer, die erfolgreichste deutsche Kanutin aller Zeiten, verbrachte jeden Tag einige Stunden im Kraftraum.

> Die magische Zehn:
> 10 Jahre,
> 10 000 Stunden Training,
> 110 Prozent.

Etwas verallgemeinernd ist die 10-Jahres-Regel, die besagt, dass Spitzensportler wenigstens zehn Jahre oder 10 000 Stunden mit hochwertiger und bewusster Praxis verbringen müssen, bevor sie Erfolg haben. Auch bei geistigen Anstrengungen führt fast immer erst konsequentes Arbeiten zum Durchbruch. Führungskräfte oder Mitarbeiter, die aufsteigen wollen, müssen mehr leisten als andere. Das heißt: länger arbeiten, sich besser vorbereiten, 110 Prozent geben und auch mal verzichten können. Wie ein Sportler seine Auszeiten, seinen Urlaub an den Saisonhöhepunkten ausrichtet, so muss auch ein Manager den beruflichen Highlights des Jahres Vorrang einräumen. Steht eine Messe an, dann gibt es in den Wochen davor möglicherweise keine Freizeit, wird so manches Wochenende der Vorbereitung und Weiterbildung gewidmet. An gewissen Opfern führt kein Weg vorbei, denn: Nicht ein Stapel an Auszeichnungen bürgt für aktuelle Meisterschaft, sondern nur der permanente Fleiß – bei Siegertypen wie Ingvar Kamprad sogar noch jenseits der 80!

Organisation und Geduld – den Fleiß kanalisieren

Fleiß ist zwar unabdingbar für den Erfolg, aber extrem fleißige Menschen sind nicht per se erfolgreich. Insofern ist die 10-Jahres-Regel eine notwendige, aber nicht hinreichende Bedingung für einen Expertenstatus im Sport oder anderswo. Oftmals arbeiten Menschen zwar mehr oder weniger Tag und Nacht, schaffen es aber nicht, Prioritäten zu setzen und wichtige Dinge zu Ende zu bringen. Da wird beispielsweise Anfang des Monats ein Buch begonnen oder ein Kurs für Businessenglisch, während ein paar Wochen später andere Projekte scheinbar dringlicher sind. Andere verfolgen zwar alles einmal Begonnene weiter, scheitern aber daran, dass sie sich zu viel aufbürden. Siegertypen dagegen sind Meister der Organisation. Sie teilen sich ihre Arbeit so ein, dass sie diese bewältigen können, und managen ihre Energiereserven geschickt, damit nie die totale Erschöpfung eintritt. Es

> **Siegertypen sind Meister der Organisation.**

hat sich bewährt, verschiedene Projekte nacheinander zu bearbeiten und sie möglichst nicht alle gleichzeitig auf dem Schreibtisch zu lagern.

Hundertprozentige Hingabe ist immer nur möglich, wenn man sich nicht verzettelt, was durchaus auch im wörtlichen Sinne gemeint ist. Zudem sprechen Champions in der Regel nicht von Arbeit, sondern vom Verbessern, vom Austesten (auch der eigenen Grenzen), von spannenden Projekten und vor allem vom Gewinnen. Für sie ist die Reise zum Erfolg ein unendlich faszinierendes Abenteuer und alles andere als eine langweilige Tortur. Die Anstrengung macht ihnen Spaß, weil sie so intensiv wie möglich leben wollen. Wer im richtigen Beruf an der richtigen Stelle arbeitet, den packen Erfolgshunger, Neugierde und Wissensdurst. Stimmt dann noch die Life-Work-Balance und werden die Erholungsphasen konsequent genutzt, wachsen die Begeisterung und die Belastbarkeit, anstatt zu erlahmen.

Ein weiterer Faktor kommt hinzu: Mit Fleiß und Ausdauer untrennbar verschwistert ist die Geduld. Wer am Sonntag beschließt, seinen derzeitigen Job als Taxifahrer aufzugeben, um stattdessen ein Restaurant zu eröffnen, der wird nicht am Mittwoch die ersten Gäste begrüßen können. Er muss vielleicht ein Existenzgründerseminar besuchen, seine gastronomischen Kenntnisse vertiefen, Kreditgespräche führen, fähige Angestellte suchen. Zwischen dem Entschluss und der Anzeige zur Eröffnung liegt eine Menge Arbeit! Viele Menschen scheuen vor dieser Anstrengung wegen der verzögerten Belohnung zurück und verwerfen deshalb auch die besten Ideen für eine Veränderung ihres Lebens. Dabei lehrt der Spitzensport, dass vor jedem großen Sieg eine mehr oder weniger lange Wartezeit liegt. Sportler geben sich selbst die Gelegenheit, die Basis für den Erfolg zu schaffen, ihren Körper und ihre Psyche aufzubauen.

> **Anfangen ist wichtig, aber noch wichtiger ist das Weitermachen, denn nur das wird belohnt.**

Franziska van Almsick – der Wille sorgt für Ausdauer

62 Kilometer im Wasser und siebeneinhalb Stunden Training an Land pro Woche – so sah die Olympiavorbereitung der Schwimmerin *Franziska van Almsick* aus. Täglich trainierte sie insgesamt vier bis fünf Stunden in zwei Einheiten. Ein Pensum, das die 1978 geborene Berlinerin zum Vorbild für viele Schwimmer und andere Sportler machte. Und das sie zum Gewinn von Welt- und Europameistertiteln sowie zu zahlreichen Weltrekorden führte. Wie viele Bahnen sie im Sportforum Hohenschönhausen zurückgelegt hat, ist unbekannt, und ebenso weiß niemand, ob sie dabei Kacheln gezählt hat. Dokumentiert ist jedoch der frühe Beginn des disziplinierten Trainings der wie ein Fisch schwimmenden Deutschen: Mit etwa zehn Jahren hat sie mit der Vorbereitung auf kleinere Wettkämpfe begonnen und bereits als 14-Jährige eroberte sie bei Olympia in Barcelona vier Medaillen.

Gerade Schwimmer, aber auch Triathleten und Langstreckenläufer müssen extrem fleißig sein. Und gerade in diesen Sportarten ist das Training manchmal recht stupide. Dann sei es wichtig, dass man etwas tue, weil man es will, und nicht, weil man es muss, analysieren viele Ausdauersportler ihr Durchhaltevermögen. Eine Erkenntnis, die van Almsick sicher auch außerhalb des Sports half, etwa bei ihren oft mit Stress verbundenen Aktivitäten als Werbeikone. Gefragt nach den Ursachen ihrer vielen Siege soll »Franzi« gesagt haben: »Wer meint, dass nettes Aussehen und ein paar coole Sprüche für den Erfolg ausreichen, der hat sich geschnitten. Ausdauer und Disziplin sind gefragt.« Übrigens: In der modernisierten Schwimmhalle des Sportforums Hohenschönhausen zeigen mittlerweile Leuchtschnüre auf dem Beckenboden die Geschwindigkeit des Schwimmers an. Kacheln werden hier also wohl nicht mehr gezählt.

■ Franziska van Almsick: »Wenn man weiß, wie Erfolg schmeckt ...«

Franziska van Almsick war eine der erfolgreichsten deutschen Schwimmerinnen. Eines ihrer Erfolgsgeheimnisse: ungewöhnliche Disziplin.

Frau van Almsick, welche der für Ihre sportliche Karriere wichtigen Fähigkeiten kommen Ihnen auch im »normalen« Leben zugute?

Franziska van Almsick: »Zum Beispiel die Freude über Erfolge, ohne dabei abzuheben, und das Meistern von Niederlagen, ohne den Kopf hängen zu lassen. Aus meinem früheren Leben mitgenommen habe ich auch das Vorangehen mit Mut und Zutrauen zu sich selbst sowie Disziplin in dem Sinne, dass man Dinge anfängt und beendet. Nicht zuletzt lehrt der Sport, seine Ziele und Träume zu verfolgen, dabei aber realistisch zu bleiben.«

Was taten Sie, um Ihre außerordentliche Ausdauer zu erreichen und beizubehalten?

Van Almsick: »Ich habe mich nie verführen lassen, also nie viel gefeiert und mich nie hängen lassen. Ich hatte täglich meinen strikten Trainingsplan, kannte es nicht anders und habe daher auch in meiner Jugend nichts vermisst. Wenn man weiß, wie Erfolg schmeckt, dann weiß man, wofür es sich zu kämpfen lohnt.«

Was oder wer half Ihnen, wenn die Disziplin einmal nicht ausreichte?

Van Almsick: »Natürlich munterten mich Trainer, die Familie und Freunde auf, aber letzten Endes hatte ich immer sehr viel Vertrauen zu mir selbst. Wenn mir alles über den Kopf wuchs, legte ich eine Pause ein, um etwas Abstand zu gewinnen. Dabei wurde mir stets klar, dass ich einen tollen Job mache, der mich völlig zufriedenstellt und glücklich macht.«

*Sie hätten nach Ihrem glanz-
vollen Auftritten bei der
EM 2002 abtreten können.
Warum taten Sie es nicht?*

Van Almsick: »Ich wollte mich
2004 noch einmal der Herausforderung Olympia stellen. Ich
glaube, dass uns Herausforderungen im Leben vorwärts-
bringen.«

*Auch das private Umfeld
müsse stimmen, damit der
Sportler Erfolg habe, so Ihre
Auffassung. Gilt Ähnliches
für den beruflichen Bereich?*

Van Almsick: »Ja, definitiv. In
meinem Leben war die Familie
immer das Wichtigste und das
ist auch heute noch der Fall.«

Franziska van Almsick

Fitness als Förderer der Karriere

Was bei Sportlern wie Franziska van Almsick offensichtlich ist, gilt auch
fürs Business: Fitness erleichtert den beruflichen Aufstieg. Dabei zählt nicht
die Zeit beim 100-Meter-Freistil oder die Muskelkraft beim Aufschlag, sondern der Dreiklang aus dem richtigen Maß an Bewegung, regelmäßiger
Entspannung und nicht zuletzt einem bewussten Lebensstil. Um Letzteren
dauerhaft umzusetzen, ist wie beim Training auch eine Menge Disziplin
nötig. Von der ausgewogenen Kost über das ausreichende Trinken bis zum
richtigen Schlafverhalten können Manager eine Menge von Spitzensportlern übernehmen und an ihre Verhältnisse anpassen. Eigeninitiative ist ge-

> »Auch scheinbare Genialität hat eine Ursache, und zumeist steckt harte Arbeit dahinter.«
>
> **Heiner Brand**

fragt, wenn es ums morgendliche Jogging oder Schwimmen geht. Und Chefs könnten ihre Mitarbeiter durch die Einrichtung von Betriebssportgruppen und Fitnessräumen oder das Angebot von Gesundheitscoaches unterstützen.

Wie der Sport fordert auch jeder Job den ganzen Menschen. Gesunde Ernährung und ausreichende Bewegung lohnen sich, denn vitale und körperlich fitte Menschen haben im Beruf im Vergleich zu sportlich Untrainierten viele Vorteile. Dazu gehören die größere Belastbarkeit, mehr Dynamik, weniger Anfälligkeit für typische Büroleiden (wie Rückenschmerzen), ein hohes Maß an Ausgeglichenheit und Gelassenheit, mehr Selbstvertrauen sowie nicht zuletzt ein jugendlicheres Aussehen.

»Nur zusammen sind wir stark« – die Power des Teams nutzen

Die deutschen Fußballer vor der WM 2006, die deutschen Handballer vor der WM 2007 und Franziska van Almsick – sie alle zeigen, wie viel an Ausdauer und Selbstdisziplin nötig, wie viel an Durchhaltevermögen und Schmerzüberwindung möglich ist. Keiner von ihnen ist jedoch ein Einzelkämpfer. Sie arbeiten vielmehr im Team beziehungsweise mit einem Stab von Betreuern zusammen. In Unternehmen entsprechen den »Mannschaften« zum Beispiel Projektgruppen. Hier hat der Chef seine »rechten Hände« und Spezialisten für die Erstellung einer Präsentation oder die Recherche von Fakten. Fühlen sich alle Beteiligten als eingeschworene Gemeinschaft, wirkt das Wunder. Der Teamspirit wird zum zusätzlichen Mann auf dem Feld, zu einem besonders kräftigen Rückenwind, einem eingebauten Turbo. Er hilft bei der Verteilung von Aufgaben auf viele Schultern und fördert über den Erfolg der Gemeinschaft auch die Karriere jedes Einzelnen. Trainer und Führungskräfte müssen dieses Zusammengehörigkeitsgefühl entwickeln, fördern und zielgerichtet einsetzen.

Mit Disziplin zur Meisterschaft

Drei Phasen auf dem Weg zu mehr Selbstdisziplin und Durchhaltevermögen

Selbstdisziplin und Selbstbeherrschung sind essenzieller für den Erfolg eines Menschen als seine Intelligenz. Für den schulischen Erfolg haben dies amerikanische Forscher in einer Studie mit jungen Heranwachsenden bereits nachgewiesen. Dass dies auch für den Sport und die berufliche Karriere gilt, liegt nahe. Talent und Begeisterung allein genügen eben nicht – nur wer Ausdauer an den Tag legt, wird das eigene Potenzial voll ausschöpfen können.

Erste Phase: Ihre Selbstdisziplin, Ihr Fleiß auf dem Prüfstand

- Lassen Sie sich schnell für Projekte begeistern?
- Wie viele Ihrer Projekte haben Sie im vergangenen Jahr zum Abschluss und Erfolg geführt?
- Wie würden Sie selbst, Freunde, Kollegen und Familienmitglieder Ihr Durchhaltevermögen bewerten?
- Würden Sie sich selbst als fleißig bezeichnen?

Zweite Phase: Verändern Sie Ihre Einstellung

Welche Assoziationen rufen die Begriffe »Selbstdisziplin« und »Fleiß« bei Ihnen hervor? Anstrengung ohne Spaß, Kampf, Verzicht und Härte gegen sich selbst?

Verstehen Sie sich nicht als Opfer äußerer Zwänge – im Gegenteil: Sie sollen nicht Ihren Willen brechen, sondern aus freiem Willen Erfolg haben. Selbstdisziplin ist dabei Ihr Schlüssel zur Selbstkontrolle und zur Macht über sich selbst. Selbstdisziplin ist die Fähigkeit, den eigenen Willen, die Gedanken und das Verhalten zu kontrollieren. Ihr Schlüssel zum Erfolg, den nur Sie selbst in den Händen halten.

Dritte Phase: So trainieren Sie Ihr Durchhaltevermögen

>> Treffen Sie mit sich die Vereinbarung, dass Sie niemals aufgeben werden, wirklich niemals. NIEMALS!

>> Flaut die erste Begeisterung für ein Projekt/ein Ziel ab – visualisieren Sie wieder und wieder Ihr großes Ziel. Malen Sie sich das Erreichen Ihres Ziels in allen Einzelheiten aus!

>> Setzen Sie sich Teilziele und belohnen Sie sich, wenn Sie diese erreicht haben. Nichts spornt mehr an durchzuhalten als Erfolg!

>> Legen Sie für jede Woche ein realistisches Aufgabenpensum fest, das Sie Ihrem Ziel ein Stück näher bringt. Halten Sie sich konsequent an diese (Haus-)Aufgaben.

>> Führen Sie ein Erfolgstagebuch. Vermerken Sie darin die Schritte, die Sie näher an Ihr Ziel gebracht haben. Zahlreiche Studien haben gezeigt, dass die Motivation am größten ist, wenn Sie Feedback erhalten, mit dem Sie Ihren Fortschritt messen können.

>> Analysieren Sie Rückschläge und persönliche Vermeidungsstrategien. Warum können Sie sich nicht aufraffen? Ist das Ziel zu ehrgeizig, das festgelegte Arbeitspensum zu groß? Sind Ihre Pläne unrealistisch?

>> Korrigieren Sie gegebenenfalls Ihren Aktionsplan und Ihre Ziele, aber werden Sie niemals ziellos!

>> Achten Sie auf körperliche und mentale Fitness! Ernähren Sie sich ausgewogen, bewegen Sie sich und schlafen Sie ausreichend. Nur wenn Sie fit sind, werden Sie dauerhaft an Ihrem Ziel festhalten können.

7. Die Magie des Teamspirits

Was eine Gruppe zum Winning-Team macht

> »Mit nur einer Hand lässt sich kein Knoten knüpfen.«
>
> **Mongolische Weisheit**

»Elf Freunde müsst ihr sein, wenn ihr Siege erringen wollt«, verkündete bereits 1903 die »Viktoria«-Statue. Sie ging als Wanderpokal an den Deutschen Fußballmeister und wurde später durch die »Meisterschale« ersetzt. Der erste Teil dieser Gravur avancierte zum geflügelten Wort und soll unter anderem ein Leitspruch des ehemaligen deutschen Fußball-Bundestrainers Sepp Herberger gewesen sein. Mittlerweile sind aus den »elf Freunden« Begriffe wie Teamgeist und Teamspirit geworden, womit viel mehr gemeint ist als nur freundschaftliche Beziehungen zwischen den Mitgliedern einer Mannschaft. Eine Wandlung der Ausdrucksweise also, die sich nicht als bloßer Tribut an den Zeitgeist verstehen lässt. Im Teamspirit steckt das englische »Spirit«, was Aufbruchstimmung bedeutet, im Teamgeist das von gemeinsamen Zielen getragene Wir-Gefühl. Beides wird vor allem in Mannschaftssportarten wie Fußball oder Handball beschworen, in denen das Kollektiv klar zu definieren ist. Aber auch ein Turner oder ein Biathlet agiert nicht im luftleeren Raum, sondern hat ein Team um sich – ganz abgesehen von den Mannschaftswertungen, die es bei vielen Wettbewerben gibt.

Selbstverständlich gibt es kaum Topteams ohne Topstars, aber die wenigsten Spiele werden durch Alleingänge entschieden. Genauso unzweifelhaft brauchen sowohl Mannschafts- als auch Einzelsportler zunächst einmal eigene Klasse, sprich Talent, Leidenschaft, Disziplin, Ausdauer. Doch ganz oben an der Spitze wird die Luft dünn, weil dort alle Konkurrenten talentiert, begeistert, diszipliniert und ausdauernd sind. Ab einer gewissen Ebene entscheiden oft Nuancen über den Sieg. Das »Gramm« mehr an Leidenschaft oder die »Prise« mehr an Ehrgeiz machen dann den Unterschied – oder eben der Teamspirit, von dem die einen mehr haben als die anderen und der eine magische Wirkung entfalten kann. Wenn Staffelläufer traumhaft sicher wechseln, dann ist das eben nicht nur das Ergebnis technischer Brillanz.

An der Spitze entscheidet der Teamgeist über den Sieg.

Dasselbe gilt in der Wirtschaft und in Bereichen wie Erziehung, Politik oder Medizin. Auch hier finden sich oft Unternehmen und Menschen ganz oben wieder, die von mehr Teamgeist geprägt sind oder diesen besser nutzen können als andere. Und das wird künftig noch mehr als heute so sein, denn in der globalisierten Wirtschaft werden die Probleme immer komplexer und daher immer öfter nur von Teams lösbar sein.

Fast schon legendär ist der Ausspruch des amerikanischen Topmanagers Lee Iacocca: »Letzten Endes kann man alle wirtschaftlichen Vorgänge auf drei Worte reduzieren: Menschen, Produkte und Profite. Die Menschen stehen an erster Stelle. Wenn man kein gutes Team hat, kann man mit den beiden anderen nicht viel anfangen.«[34] Ein eindrucksvolleres Zeugnis für das Humankapital lässt sich kaum vorstellen, wobei Iacocca nicht von einzelnen Mitarbeitern, sondern von einem Team spricht. Und das ist wie im Sport so auch in der Wirtschaft viel mehr als eine Ansammlung von Individuen. In einem funktionierenden Team addieren sich nicht einfach die Fähigkeiten der Mitglieder, sondern sie potenzieren sich. Je perfekter das Team aufeinander eingespielt ist und je stärker es an einem Strang zieht, desto stärker wächst der Teamgeist. So manches Unternehmen oder manche Projektgruppe bezeichnet sich gar als große Familie. Hier wie dort werden Rollen und Aufgaben verteilt, fühlt sich aber jeder auch als Teil eines übergeordneten Ganzen.

Der Teamgeist und der Wille holten Gold

Stets »das Ganze« im Blick hatte die deutsche Handball-Nationalmann-schaft des Jahres 2007. Als »Projektteam« im Bereich des Sports unterwarf sich der Kader kompromisslos der »Mission Gold« – und erfüllte seinen Auftrag. Teamgeist und Wille holten Gold, kommentierten viele Experten. Während andere Mannschaften auf zahlreichen Positionen stärker besetzt waren, konnte es niemand mit der Geschlossenheit der Deutschen aufneh-men. Dabei lassen sich die Anteile von Teamspirit und Entschlossenheit am Sieg kaum trennen, weil sich beides beeinflusst, ja aufschaukelt. Je größer das Verlangen nach dem Titel ist, des-to fester wird ein Team zusammenge-schweißt, denn desto mehr stellt sich jeder in den Dienst der Mannschaft.

Und je vitaler der Teamgeist ist, des-to mehr wächst die Begierde zu gewin-nen, weil der Zusammenhalt erst den Griff nach den Sternen möglich macht. Im deutschen Handball-Team waren der Spaß und die Freude am »Projekt Gold« ebenso wie die guten Beziehun-gen untereinander wesentliche Voraus-

> »Erst wenn die Mitglieder eines Teams ihre Träume gemeinsam träumen, wird Wirklichkeit daraus.«
>
> Jörg Löhr

setzungen für den großen Erfolg. Als wichtiger Gegenpol zur Harmonie und dem gegenseitigem Vertrauen fungierte die normale sportliche Rivalität um die sieben Stammplätze. Zu gelassen wurde die Stimmung also nicht, was eine wichtige Voraussetzung war, um den nötigen Level an Aggressivität im Spiel aufrechterhalten zu können.

Wohl Teamplayer par excellence unter den deutschen Handballern ist Dominik Klein. »Wenn jede Position doppelt gut besetzt ist, wie das bei uns während der WM 2007 der Fall war, dann muss ein Auswechselspieler in erster Linie für die Mannschaft da sein«, analysiert Klein seine Aufgabe während des Turniers. Er habe von Beginn an gewusst, dass er als Links-außen der zweite Mann hinter Torsten Jansen sein werde und diesem den Rücken freihalten sollte. »Das heißt, ihm in der Auszeit das Wasser zu rei-chen. Aber es heißt auch, sofort konzentriert und zur Höchstleistung bereit zu sein, sobald gewechselt wird.« Weil er sich auch auf der Bank stets als

Jörg Löhr, Heiner Brand und Markus Baur im Trainingslager am Ammersee

vollwertiges Mitglied des Teams gefühlt habe, »war ich in jeder Sekunde emotional voll engagiert«.

Nur mit dieser kontinuierlichen positiven Anspannung sind die Top-leistungen erklärbar, die Dominik Klein als Ersatzspieler zeigte und die den »Mini«-Gerufenen zu einem Großen machten. Gleiches galt für Michael »Mimi« Kraus, der als Ersatz für den Spielführer Markus Baur im Team war und nach dessen Verletzung fantastisch spielte. Natürlich herrsche ein Wettbewerb innerhalb der Mannschaft und jeder Spitzenspieler müsse die persönliche Weiterentwicklung im Blick haben. »Aber ich sehe mich den-noch als Partner für Torsten Jansen«, meint Klein. »Wir halten im Spiel ständig Blickkontakt, um uns gegenseitig zu unterstützen. Das ist für mich echter Teamspirit.« Ähnlich sieht das Michael Kraus, der Markus Baur als Vorbild, nicht als Konkurrenten bezeichnet. Ein Gutteil dieser Einstellung ist wohl beim Mentaltraining vor dem Turnier in Oberbayern entstanden, als der »Geist vom Ammersee« geboren wurde. Er hat letztlich auch be-wirkt, dass nach der Vorrunden-Niederlage gegen Polen alle gemeinsam die Verantwortung übernahmen, sich neu motivierten und als innerlich ver-wandeltes Team das nächste Match gewannen.

■ Oliver Bierhoff: »Gelebte Visionen fördern den Teamgeist«

Oliver Bierhoff ist ein ehemaliger deutscher Fußball-Nationalspieler, der bei zahlreichen Vereinen im In- und Ausland Triumphe feierte. Unvergessen ist sein »Golden Goal«, mit dem er die deutsche Auswahl bei der Europameisterschaft 1996 im Finale gegen Tschechien zum Titel schoss. Seit Juli 2004 fungiert Bierhoff als Manager der deutschen Fußball-Nationalmannschaft. Nebenbei schloss er mit Erfolg ein wirtschaftswissenschaftliches Studium ab.

Herr Bierhoff, Sie waren Spitzensportler und sind nun Spitzenmanager. Werden für beides dieselben Qualitäten gebraucht?

Oliver Bierhoff: »Ja, das ist mit Sicherheit so. Disziplin, Ausdauer, der intelligente Umgang mit Niederlagen, Teamfähigkeit, Siegeswille und die Entwicklung einer Gewinnermentalität sind unabdingbar für den Erfolg im Sport und im Berufsleben.«

Oliver Bierhoff

Wie gelingt es, verschiedene Charaktere zu einem Team zusammenzuschweißen, das als solches auftritt und ein gemeinsames Ziel ansteuert?

Bierhoff: »Der Trainer oder die Führungskraft hat die Verantwortung, seinem Team eine Vision aufzuzeigen und jeden Einzelnen in das Projekt zu involvieren. Zudem sind klare Aussagen über die Anforderungen an die

Spieler beziehungsweise Mitarbeiter und eine ebensolche Darstellung der eigenen Denkweise erforderlich. Die Führungskräfte müssen das leben, was sie predigen, also ehrlich und stringent handeln. Nur gelebte Visionen fördern den Teamgeist! Und nicht zuletzt funktioniert Teamentwicklung nur, wenn viel miteinander kommuniziert wird.«

Brave, »angepasste« Spieler, die alle Anweisungen befolgen und ihr Ego nicht in den Vordergrund stellen, gelten manchen als Erfolgsbremser. Sind in jeder Mannschaft »Typen mit Ecken und Kanten« nötig?

Bierhoff: »Nicht unbedingt. Jedoch braucht jedes Team Spieler, die in entscheidenden Momenten Verantwortung übernehmen und durch ihre Persönlichkeit der Mannschaft Halt geben. Diese Typen strahlen Mut aus, nehmen den Teamkollegen die Angst, wecken sie auf, fordern durch Provokation eine offene Diskussion und lenken teilweise auch die Medien ab.«

Braucht ein Unternehmen Menschen, die widersprechen und nicht alles abnicken?

Bierhoff: »Auf jeden Fall muss es Menschen geben, die hin und wieder Kontrapunkte setzen. Allerdings sollte damit keinesfalls die Harmonie gestört werden, denn diese kann sehr hilfreich sein. Vielmehr geht es darum, immer wieder neue Denkweisen zu entwickeln und aus dem Tagestrott herauszukommen.«

Zusammen zum Erfolg statt Pflege des Egos

Was passiert, wenn eine Mannschaft ohne Teamgeist eine Niederlage verkraften muss, lässt sich gelegentlich in Pressekonferenzen nach verlorenen Spielen studieren. Beispiel Fußball: Da gibt die Abwehr dem Mittelfeld die Schuld an den Gegentoren, die Stürmer beschweren sich über zu wenig Vorlagen und der Torwart bemängelt die fehlende Aggressivität der Verteidigung. Ähnliches findet sich in vielen Unternehmen. Der Vertrieb sieht das Marketing, das Marketing die Produktentwicklung als Verursacher der

Misserfolge, während der Geschäftsführer kollektives Unvermögen ausmacht, gegen das sein Genie allein nichts ausrichten kann. In einer Firma von Teamplayern mit einem guten Betriebsklima und Zusammenhalt verschwimmen dagegen die Grenzen zwischen den Abteilungen, weil sich alle an den gemeinsamen Zielen orientieren und für diese kämpfen. Das erzeugt nicht »nur« mehr Lust an der Arbeit, sondern eine von Teamgeist geprägte Unternehmenskultur dokumentiert sich oft in harten Zahlen. Beispielsweise sinken die Fehlzeiten, weil sich die Mitarbeiter – auch aus Gründen der Solidarität – weniger oft krankmelden und Mobbing praktisch zum Fremdwort wird. Es ist nur logisch, dass solche Unternehmen mehr Erfolg haben als andere und sich das auf den Erfolg des Einzelnen auswirkt.

Warum aber gibt es hier Teamgeist und dort nicht? Was macht die eine Gruppe zum Winning-Team, während eine andere sich hartnäckig als bloße Zufallsgemeinschaft präsentiert? Eine notwendige Bedingung für ein starkes Wir-Gefühl ist ein verbindendes Ziel, das sich im Bereich des Sports zumindest bei Mannschaftsdisziplinen geradezu aufdrängt. Eine Bundesligamannschaft will am Ende der Saison ganz oben stehen, eine Nationalauswahl Weltmeister oder Olympiasieger werden. Genauer betrachtet, wird die Lage jedoch unübersichtlicher. So geht es zum Beispiel dem Stürmerstar darum, selbst zu glänzen, auf sich aufmerksam zu machen, sich feiern zu lassen. Der Sportler ist in gewissem Maße auch »Künstler«. Prompt probiert er einen Hackentrick zu viel oder schießt aus unmöglichem Winkel, statt den Ball an einen besser positionierten Mitspieler abzugeben.

> **Ein verbindendes Ziel fördert das Wir-Gefühl.**

Noch viel komplexer sieht es in Unternehmen aus, in denen das Team erst einmal definiert werden muss. Ist es die Abteilung alten Zuschnitts, ist es die nur für ein Projekt zusammengestellte Gruppe oder ist es nicht vielmehr die Gesamtheit aller Mitarbeiter vom Pförtner bis zum Vorstandsvorsitzenden? Und geht es um die Gewinnmaximierung des Unternehmens, die dauerhafte Etablierung als Marktführer oder – aus der Sicht des Einzelnen – den eigenen Aufstieg? Verständlich, dass der – durchaus legitime – Drang nach Profilierung der einen mit den Partikularinteressen anderer kollidiert.

Verständlich, aber nicht zwangsläufig, wie das Beispiel erfolgreicher Teams lehrt! Die schaffen es, sich auf ein Ziel zu einigen und darauf einzuschwören, während die egoistischen Ziele Einzelner zurückstehen. Zumeist ist dieser »Verzicht« auf den eigenen Vorteil ohnehin nur ein vorläufiger oder scheinbarer. Denn: In einer funktionierenden Mannschaft fördert jeder Spieler mit dem Erfolg der Gruppe auch seinen eigenen. Und das nicht nur im Sport, sondern auch in der Wirtschaft, obwohl dieses Gesetz dort vielen (noch) nicht bewusst ist beziehungsweise es ignoriert wird. Schließlich profitiert der Produktentwickler nur dann von den eigenen kreativen Ideen, wenn sie der Marketingverantwortliche und der Vertriebschef im Projektteam aufgreifen – und alle drei im Sinne des Gesamterfolgs die optimale Lösung suchen, also auch einmal vom eigenen Ideal eine Handbreit abweichen. Weil Höchstleistungen in vielen Bereichen nur gemeinsam erbracht werden können, sollten persönliche Eitelkeiten in den Hintergrund treten. Befriedigt werden sie dann meist dennoch, wenn die Erreichung des Teamziels alle zu strahlenden Siegern macht.

Vertrauen und Zuversicht tragen den Einzelnen

Natürlich gibt es neben der Priorität für das gemeinsame Ziel weitere Rezepte für die Komposition eines echten Teams. In jedem Fall braucht dessen Entwicklung Zeit, wie wiederum der Sport lehrt. Keine in wenigen Wochen zusammengewürfelte Mannschaft wird sofort ein Team. Die verschiedenen Charaktere müssen sich kennenlernen, sich aufeinander einstimmen, sich zusammenraufen, ihre Position in der Hierarchie definieren. Zudem muss jedes Mitglied seinen Platz in der Gruppe finden, verschiedene Rollen ausprobieren, Fehler machen dürfen. Jedes Unternehmen braucht die so entstehenden High-Performance-Teams, die sich zum Teil selbst und zum Teil

Eine schnell zusammengewürfelte Mannschaft ist noch kein Team.

unter Einfluss einer Führungskraft steuern und optimieren. Ebenso hängt jeder Einzelne von seinem Team ab, in dem er sich entfalten kann und dessen Dynamik ihn pusht.

Ideale Teams begreifen sich als Schicksalsgemeinschaft mit eindeutig positiver Ausrichtung. Man hat nicht die Verpflichtung, miteinander auszukommen, sondern die Chance, zusammen Großes zu erreichen. Diese Einstellung ist es, die ein mitreißendes Team ausmacht und die jedes Mitglied in seinen Bann zieht. Wenn im Handball ein Spieler in der letzten Spielminute an der Siebenmeterlinie steht und zum entscheidenden Strafwurf antritt, dann steht das gesamte Team »hinter« ihm und erzielt »gemeinsam« mit ihm den Treffer. Spiegelbildlich trägt auch der Ersatzspieler stets die volle Mitverantwortung, auch wenn er nur 180 Sekunden auf dem Feld steht. Analoges gilt in der Wirtschaft und selbst in der Wissenschaft. Auch hier wird jedes Mitglied eines funktionierenden Teams von der Zuversicht aller und dem Vertrauen in ihn getragen – und weiß, dass er niemanden der anderen enttäuschen darf.

> »In einem Erfolgsteam sind alle leidenschaftlich engagiert. Einer fordert und fördert den anderen.«
>
> Jörg Löhr

»Charakteristisch für erfolgreiche und leistungsfähige Teams ist der partnerschaftliche Umgang untereinander – der Gemeinschaftsgeist oder eben Teamspirit«, heißt es im Jahresbericht 2005 der Zürcher Hochschule Winterthur, die sich inzwischen mit anderen Hochschulen zur Zürcher Hochschule für angewandte Wissenschaften zusammengeschlossen hat. Nicht nur das Expertenwissen Einzelner sei entscheidend für den Erfolg, »sondern die Fähigkeit des Teams, alle Fertigkeiten sowie Stärken und Schwächen der Teammitglieder effektiv miteinander zu verknüpfen«. Entsprechend dieser Erkenntnis bildete die Zürcher Hochschule neben Forschungs- und Projektteams auch zum Beispiel ein Logistikteam, ein Sekretariatsteam und ein die Studiengänge übergreifendes Dozententeam. »Wir sind untereinander in ständigem Austausch, was für unsere Kunden kurze Entscheidungszeiten bedeutet«, beschreibt sich eines der Teams aus dem Bereich *Human Resources Management* selbst. »Dank der unterschiedlichen Herkunft kommt viel und breites Know-how zusammen, jeder lernt vom anderen.«[35] Das klingt ähnlich wie die Feststellung des Handballers Dominik Klein, der sagt: »Wenn ich zur Halle fahre, dann will ich etwas lernen – vom Trainer, aber auch von den anderen Spielern.«

Macher, Künstler und Planer – die Mischung macht's

Der gegenseitige Austausch und das Lernen voneinander klappen nur dann, wenn die Zusammensetzung des Teams stimmt. Im Sport kombinieren die Trainer nicht nur Angreifer und Abwehrspieler, sondern auch Taktiker und Kämpfer, extrem mannschaftsdienliche Arbeiter und Kreative, die ein wenig mehr Freiräume fordern. Es gibt die besonders Temperamentvollen, die oft die Gabe haben, andere zu motivieren, ja mitzureißen. Und es gibt die anderen, die ausgleichend wirken und die Konflikte zu schlichten vermögen. Auch in der Wirtschaft kommt es auf die Mischung an, wobei keinesfalls die der fachlichen Kompetenzen allein bereits eine Erfolgstruppe generiert.

Alle Typen sollten im Team vertreten, alle Rollen besetzt sein.

Jeder Mitarbeiter bringt ja nicht nur sein Wissen und seine Erfahrung ein, sondern auch seine Persönlichkeit. Da gibt es den Macher und den Kontrolleur, den Perfektionisten und den Organisator, den Unorthodoxen und das Kommunikationsgenie. Sind alle Rollen besetzt, treten Synergieeffekte auf, die den Erfolg enorm fördern. Beispielsweise sorgen organisatorisch Begabte für strukturierte Abläufe, während die Künstlertypen den Raum für Neuerungen frei halten. Der Macher drückt aufs Tempo und forciert die Umsetzung von Projekten, während der Kontrolleur auf Genauigkeit achtet.

Verhaltenspsychologen haben ermittelt, dass in einem Team die Anteile an eher dominanten und durchsetzungsstarken Personen, loyalen und ausgeprägt hilfsbereiten Typen, gewissenhaft Planenden sowie initiativen und kontaktstarken Mitgliedern ausgeglichen sein sollten. Sind alle diese Typen vorhanden und akzeptieren sie sich in ihrer Andersartigkeit, ja empfinden sie diese als Bereicherung, dann entsteht Teamgeist fast automatisch. Je heterogener eine Gruppe ist, desto spannender ist das Arbeiten in und mit ihr, was wiederum Spitzenleute magisch anzieht. Und versammeln sich Siegertypen, stellt sich in der Regel die unverzichtbare gegenseitige Wertschätzung von selbst ein. Das Erfolgsrezept liegt darin, die vielen Charaktere so zu mischen, dass ein Team mit Charakter entsteht, denn das ist jeder gesichtslosen Zufallsgemeinschaft haushoch überlegen.

Äußerst fruchtbar ist erfahrungsgemäß das Aufeinandertreffen unterschiedlicher Kulturen und Nationalitäten in einem Team. Im Spitzensport bilden längst Spieler aus zahlreichen Ländern schlagkräftige Mannschaften und dasselbe gilt für die zunehmend international agierenden Unternehmen. Der französische Konsumgüterkonzern L'Oréal beispielsweise sieht die unterschiedliche Herkunft seiner Mitarbeiter als eines seiner Erfolgsgeheimnisse. Beim Kosmetik-Giganten weiß man, dass multikulturelle Teams die Vielfalt und Kreativität erhöhen, und fördert deshalb die Mobilität von Spitzenkräften sowie talentierten Nachwuchsleuten aus aller Welt. So veranstaltete etwa L'Oréal einen *Brandstorm* getauften Marketing-Wettbewerb für Wirtschaftsstudenten, bei dem 31 Teams in Paris ihre Produktideen inklusive innovativer Marketingstrategie präsentierten. Es kamen Australier und Chinesen, Japaner und Schweizer, ja sogar ein Team aus Malaysia war angereist. Für das Unternehmen war *Brandstorm* auch ein Instrument zur Rekrutierung künftiger Mitarbeiter. Dabei scheint das Motto »je bunter, desto besser« zu sein, denn schließlich hat L'Oréal auch die Zukunftsmärkte in Russland, Australien und Brasilien im Blick.

Die Alinghi-Story: Ein starkes Team manövriert Schweizer Boot an die Weltspitze

Die Internationalität des Teams spielte auch bei einer der erstaunlichsten Erfolgsgeschichten des Sports eine große Rolle. Ein Boot aus dem Land der Berge wird Sieger der wohl renommiertesten Segelregatta der Welt! Was wie ein Märchen klingt, hat das Schweizer *Alinghi*-Team tatsächlich vollbracht. 2003 gewann die Alinghi als erste Yacht aus einem Land ohne Zugang zum Meer den *America's Cup* und 2007 verteidigte die Crew ihren Titel. Hinter dieser grandiosen Erfolgsgeschichte standen zwei Männer: Ernesto Berta-relli, Gründer und Eigner des Schiffes, sowie Sportdirektor Jochen Schü-mann, ein Mann mit außergewöhnlicher Führungsstärke (siehe Interview auf Seite 144). Zum anderen gewann mit der Crew der *Alinghi* ein Team, das mit mehr Sorgfalt und Geduld zusammengestellt wurde, als so mancher sie bei der Wahl seiner Lebensabschnittspartner an den Tag legt. Natürlich hatten nur die fachlich Besten eine Chance, aber das allein reichte nicht. Passion mussten die Segler besitzen und auch Humor! Zudem bestimmte das Team selbst über seine endgültige Form, denn die bereits Engagierten wurden gefragt, ob sie weitere Talente kannten, die zur Gruppe und den ge-meinsam entwickelten Werten passten. Die so Empfohlenen wurden genau durchleuchtet, und am Ende stimmte das gesamte Team über ihre Aufnah-me ab.[36] So wurde die *Alinghi*-Story eine »Geschichte von Freunden«.

Zu diesen Freunden gehörten 2003 insgesamt 97 Segler, Designer und Manager aus 15 Nationen. Noch vor der intensiven Trainingsphase wurde eine Teamphilosophie entwickelt. Selbstredend enthielt diese das Ziel, den *America's Cup* zu gewinnen, aber dazu kam noch etwas anderes. »Für uns war das Wie entscheidend«, erinnert sich der erfolgreichste deutsche Segler Jochen Schümann. Stolz sollte jeder auf das Team sein können; man wollte die Fans begeistern – und dazu animieren, selbst nach hohen Zielen zu stre-ben. Vorsätze, welche die *Alinghi* hundertprozentig umsetzte. Und das mit einem Segelteam, dessen endgültige Mitglieder erst kurz vor dem *America's Cup* feststanden. Zuvor gab es regelmäßig interne Wettkämpfe, bei denen sich jeder immer wieder beweisen musste. Irgendwann gewonnene Titel waren irrelevant, es zählte nur die aktuelle Leistung.

Das *Alinghi*-Team war eine Einheit, innerhalb der jeder den anderen respektvoll behandelte. Um eine solche Atmosphäre zu erreichen, sind ab-solute Ehrlichkeit, gegenseitige Rücksichtnahme und freie Meinungsäuße-rung nötig. Der Einzelne trägt die volle Verantwortung für sich und seinen Leistungszustand. Dazu gehört auch das Lösen von Konflikten – beispiels-weise im privaten Umfeld – vor dem Wettkampf, um dort voll konzentriert sein zu können. Bei Alinghi gab es das »Gebot des offenen Wortes«, was bedeutete, dass alle Teammitglieder zu Kritik und konstruktivem Feedback ermuntert wurden. Vertrauen war ein weiteres Schlüsselwort der alinghi-schen Teamstruktur, und dieses zeigte sich beispielhaft in einer kritischen Situation: Im Finale des *America's Cup* 2003 folgten die Segler der Ein-

Die Alinghi

schätzung ihres Wetterexperten in einem der Beiboote und entschieden sich für eine Aufstellung auf der rechten Seite des Segelkurses, obwohl kurz vor dem Startschuss die linke Seite die besseren Bedingungen zu bieten schien. Schnell fuhren sie dadurch einen Vorsprung von 150 Metern heraus. Das Vertrauen in ein Teammitglied machte sich also bezahlt und es entschied dieses Rennen zugunsten der *Alinghi!*

■ Jochen Schümann: »Respekt vor der Leistung des anderen zeigen!«

Jochen Schümann ist Olympiasieger sowie Deutschlands bekanntester und berühmtester Segler. Zudem gewann er zwei Mal den *America's Cup* als Sportdirektor des Schweizer Bootes *Alinghi*. Fantastische Erfolge, die nur ein starkes Team ermöglichen konnte.

Herr Schümann, inwiefern profitieren Sie in anderen Bereichen von Ihren Erfahrungen aus dem Sport?

Jochen Schümann: »Disziplin und Zielstrebigkeit sind unabdingbar für jede effiziente Zusammenarbeit mit anderen Menschen – sowohl im Sport als auch in der Wirtschaft. Zudem bedingt Erfolg in beiden ›Sphären‹ Mut, Begeisterung und hoch angesetzte Ziele.«

Sie triumphierten nicht nur beim America's Cup, sondern waren auch dreifacher Segel-Olympiasieger. Was sind Ihre Erfolgsstrategien?

Schümann: »Teamwork sowie die gemeinsame Entwicklung und Umsetzung unserer Teamphilosophie haben bei meinen Erfolgen eine wichtige Rolle gespielt. Die Auswahl der richtigen, kompetenten Teamplayer ist entscheidend. Jeder muss Respekt vor der Leistung des anderen haben, was zur Entwicklung eines unbedingten Vertrauens zwischen den Teammitgliedern führt.«

Was müssen Sportler mitbringen, die bei Ihnen zum Zug kommen wollen, und wie finden Sie die Stärken von Bewerbern heraus?

Schümann: »Neben der normalen sportlichen Fitness und ›Fachkompetenz‹ zählen Eigenschaften wie Willensstärke, die Leidenschaft und die Begeisterung für das gemeinsame Projekt sowie der feste Glaube an das gemeinsame Ziel. Das Segeln eignet sich sehr gut dazu, die Stärken anderer Menschen zu entdecken. So hat der ehemalige Arbeitgeber-Präsident Klaus Murmann gesagt: ›Wenn ich einen Menschen wirklich kennenlernen will, gehe ich mit ihm segeln.‹«

Jochen Schümann

Kein Sportler und kein Manager feiern immer nur Erfolge. Wie lassen sich Rückschläge schnell abhaken?

Schümann: »Man muss ehrlich sein und die Gründe für Misserfolge zuerst bei sich selbst suchen. Abhaken heißt, Fehler und Schwächen zu bewältigen. Erfolgreich sind diejenigen, die jeden Fehler nur einmal zulassen! In schweren Zeiten helfen ein stabiles Umfeld und gesundes Selbstvertrauen.«

Das Prinzip »Wissen teilen heißt Wissen verdoppeln« ist auch im Business ein wesentlicher Erfolgsfaktor von Teams. In jeder Situation sollte dem Urteil desjenigen vertraut werden, der für das anstehende Problem am kompetentesten ist. Von der *Alinghi*-Crew lässt sich die Priorität von Lösungen gegenüber der Fixierung auf Probleme lernen. Als 2003 einen Tag vor Beginn des Halbfinales beim Abschlusstraining der Mast brach, arbeitete die ganze Mannschaft eine Nacht lang an der Reparatur. Nicht eine Minute wurde dagegen für die Suche nach dem Schuldigen verschwendet. Projektgruppen in Unternehmen, die dieses Verhalten kopieren, rufen nicht bei jedem Missgeschick nach dem Chef oder anderen Teams. Sie diskutieren über mögliche Lösungen und setzen diese um – das wohl beste Training der Teamkultur!

Carrera-Bahn und »Chill-out-Zone« – Kommunikation beugt Konflikten vor

Die global besetzte *Alinghi* ist eine faszinierende Erfolgsstory. Doch wie einige gescheiterte grenzüberschreitende Firmen-»Ehen« zeigen, birgt Multikulti in Unternehmen immer auch Konfliktpotenzial. Das aber gilt für jede Gruppe. Das Lösen von Spannungen ist eine wesentliche Aufgabe für Teammitglieder und Führungskräfte. Erfolgreiche Sportteams tragen ihre Differenzen nicht nach außen, sondern setzen auf Kommunikation untereinander. Oftmals können so Unstimmigkeiten bereits im Keim erstickt werden. Während der Handball-WM 2007 traf sich das deutsche Team in einem Gemeinschaftsraum; einige hörten Musik zur Entspannung und andere spielten zusammen an einer Carrera-Bahn. Bei der Fußball-WM 2006 hieß das Analogon etwas trendiger »Chill-out-Zone«. Hier konnten die Spieler unter sich sein, so dass die Zimmer tagsüber leer blieben. Man kam an einem Ort zusammen und setzte sich zwangsläufig mit allen Teamkollegen auseinander. Der Cliquenbildung wird durch solche Angebote vorgebeugt und die gegenseitige Unterstützung innerhalb der Mannschaft gefördert. Wer eher zurückhaltend ist, der muss aus sich herausgehen, der Vorlaute dagegen auch mal zurückstecken.

In Unternehmen gibt es zwar Sozialräume, aber oft kommunizieren die Mitglieder eines Teams dennoch fast ausschließlich per E-Mail und Telefon. Hier hilft es, attraktive Orte zu schaffen, an denen die Menschen sich gerne treffen. Denn physisches Zusammensein ist in puncto Teambuilding durch keine andere Form des Kontakts ersetzbar. Bei *Alinghi* etwa trafen sich beim morgendlichen Fitnesstraining die Segler mit den Marketingfachleuten, den Designern und der Finanzchefin. Klar, dass hier der informelle Austausch die offiziellen Meetings fast überflüssig machte. Das Unternehmen Würth setzt bereits bei den Auszubildenden an, um die Teamfähigkeit seiner Mitarbeiter frühzeitig zur Entfaltung zu bringen. Unter dem Stichwort »soziales Lernen« begegnen Azubis des weltweit operierenden Unternehmens für Befestigungs- und Montagezubehör eine Woche lang zum Beispiel Aussiedlern, Asylbewerbern, Obdachlosen oder auch straffällig Gewordenen. Eine Konfrontation mit fremden Lebenswelten, die zur Reifung der Persönlichkeit beitragen soll. Um das Erlebte gemeinsam zu verarbeiten, findet im Anschluss ein Outdoor-Wochenende statt. Hier tauschen die jungen Leute ihre Erfahrungen aus und arbeiten damit an der Entwicklung ihres Teams. Ähnliche Konzepte und Teamevents gibt es auch in anderen Unternehmen, denn jeder Chef weiß, dass heute niemand mehr wie ein Eremit lebt und arbeitet.

> »Gute Beziehungen unter den Spielern sind eine wesentliche Voraussetzung für den Erfolg im Mannschaftssport.«
>
> Heiner Brand

Teamspirit plus Unabhängigkeit – der Nährboden für den Erfolg

Was Würth, Bertarelli und andere keinesfalls wollen, ist die Verwechslung von Teamfähigkeit mit dem bedingungslosen Einfügen in ein Team. Ein Champion verliert nie sein eigenes Profil aus den Augen und drückt seinem Team immer ein wenig den individuellen Stempel auf, beeinflusst es also in seiner Richtung. Teamspirit trifft auf Unabhängigkeit – die Zutaten für außergewöhnliche Erfolgsstorys und Karrieren. Das Team kommt voran, doch ebenso entwickelt sich der Einzelne weiter. Zudem stammt der

Leistungsgedanke ursprünglich nie von einer Gruppe, sondern von ihren Mitgliedern. Der Stürmer hat den Anspruch, der Beste zu sein. Der Produktentwickler will das Optimum aus sich herausholen. Ein gutes Team ist daher nicht das, welches sich schnell auf den kleinsten gemeinsamen Nenner einigt. Es ist vielmehr das, welches aus den konkurrierenden guten Ideen der Einzelnen etwas Brillantes, Einzigartiges komponiert.

Im Sport ist das Leistungsprinzip kaum der Erwähnung wert. Jeder, der hier über längere Zeit nicht trifft, seine Zweikämpfe verliert oder Fitness vermissen lässt, der verschwindet sehr schnell – auch im wörtlichen Sinne – von der Bildfläche. Im Business kompensieren Kollegen möglicherweise das Versagen Einzelner, doch aus solchen Gruppen werden keine Winning-Teams. In Letzteren nämlich fühlt jeder nicht nur die Pflicht, sondern das Bedürfnis zur Höchstleistung. Für das gemeinsame Ziel integriert sich bis zu einem gewissen Grad sogar der Chef oder im Sport der Trainer. Jürgen Klinsmann schleppte während der WM 2006 Tore über den Platz und nahm wie selbstverständlich am Fitnesstraining teil. Lob, das an ihn oder einzelne Spieler gerichtet war, münzte er postwendend in Anerkennung für alle um. So formte »Klinsi« ein Team, das alle Welt respektvoll »The Mannschaft« nannte. Und die verzauberte mit dem WM-Ball namens »Teamgeist«(!) mehrere Wochen lang eine ganze Nation.

> **Teamspirit ist ein Mittel gegen Denkfaulheit und Turbo für die Höchstleistung!**

Klinsmann im Geiste verwandt ist Petra Euler, zweite Geschäftsführerin beim Online-Reservierungssystem Amadeus Germany in Bad Homburg. In ihrer Zeit als Personalchefin bei Amadeus wurde die ehemalige Lufthansa-Tochtergesellschaft an eine spanische Gesellschaft verkauft. Als Reaktion darauf rief Euler die Mitarbeiter und den gesamten Konzernvorstand aus Madrid zum »Growing together«. Anstelle von Powerpoint-Präsentationen war Diskussion in Kleingruppen angesagt. Jeder konnte seine Meinung kundtun, und zum Abschluss wurde der Aufbruch in eine neue Zukunft gefeiert. Dieses intensive Kennenlernen war ein beispielloses Programm pro Integration und Teamspirit, dessen Erfolg eine alte Weisheit als antiquiert entlarvt: Das Gesetz »Never change a winning team« hat in der Praxis längst keinen Bestand mehr. Vielmehr ist heute klar, dass neue Impulse und

Neueinsteiger, die quer zum Team-Mainstream denken, für frischen Wind sorgen. Ideal ist daher in der Wirtschaft wie im Business eine Mischung aus Routiniers und Nachwuchskräften, aber auch aus etwas schrägen Kreativen und eher sachlichen Typen.

Untrennbar: Teamgeist, Leidenschaft und Inspiration

In einem Erfolgsteam – ob Sport-Mannschaft wie das *Alinghi*-Team, Unternehmen wie Amadeus Germany oder auch ein Theaterensemble – sind alle leidenschaftlich engagiert. Auch die Reserve, der Azubi, die Nebendarsteller und selbst die Souffleuse. Alle fördern und fordern sich gegenseitig. Den anderen beobachten, seine Konzentration spüren, seinen Ehrgeiz einatmen – das steckt an, und so holt jeder das Letzte aus sich heraus. Gefeiert wird erst, wenn der Pokal gewonnen, der große Auftrag an Land gezogen ist, das Premierenpublikum frenetisch applaudiert. Jeder steckt den anderen mit seiner Begeisterung, seinem Spaß an der Arbeit und am Gewinnen an.

Alle wissen, dass sie »in einem Boot sitzen«, und sie haben Freude daran, dieses Boot ans Ziel zu steuern. Elf (oder sechs oder sieben) echte Freunde müssen die Mitglieder des Teams nicht unbedingt sein, aber sie sollten einander achten und sich für die anderen interessieren. Man wuchert mit dem Pfund Teamgeist und enteilt dadurch immer wieder der Konkurrenz. Im wörtlichen Sinne tat das etwa der ehemalige Rennfahrer Michael Schumacher, was nicht nur an seiner fahrerischen Extraklasse lag. Als typischer Teamplayer inspirierte er den gesamten Ferrari-Rennstall, der ihn zum Formel-1-Rekordsieger machte. Nicht von ungefähr betonte der Kerpener daher auch immer wieder den Erfolgsfaktor Teamleistung. Das Beispiel Schumacher zeigt, dass Teams nicht nur aus Mannschaftskollegen oder – im Business – Projektbeteiligten bestehen. Integriert sind ebenso die Mechaniker und Konstrukteure beziehungsweise

> »In einem funktionierenden Team ist auch dem Ersatzspieler seine große Verantwortung bewusst.«
>
> **Heiner Brand**

die Sekretärin und der Praktikant. Im stärker erweiterten Sinne gehören auch die Netzwerke dazu, ohne die heute eine Karriere kaum noch denkbar ist und kaum ein Unternehmen global erfolgreich sein kann. Dabei geht es um Kontakte, fachliche Unterstützung und den Zugang zu internationalen Märkten. Sportler haben ihre Berater, Physiotherapeuten, Materialexperten. Wirtschaftsprüfer, Steuerberater und Anlageexperten schließen sich auf globaler Ebene zusammen, Existenzgründer initiieren regionale Netzwerke. Kurze Informationswege, gegenseitige Hilfe und – in eher kleinen Netzen – auch Teamgeist prägen häufig diese Konstrukte, denen nach Meinung vieler Experten die Zukunft gehört. Denn: In einer Welt der Informationsüberflutung und explodierenden Wissensmengen wird zwangsläufig die Kooperation mit anderen immer wichtiger. Und auch Netzwerke können gemeinsame Ziele haben wie die möglichst perfekte Betreuung der Kunden.

Teams brauchen einen Kopf – Führungspower ist gefragt

Einen Satz wie Julia Zwehl aber würden wohl viele Netzwerker nicht sagen: »Es geht nie um dich, es geht um die Mannschaft«[37], ist die Überzeugung der Hockeyspielerin, die mit der deutschen Nationalmannschaft 2004 in Athen Olympiasieger wurde. Es siegte ein Team, das auch privat funktionierte und das manche als Freundeskreis bezeichneten. Das gilt ebenso für das Fußballteam, das plötzlich wie von einem anderen Stern spielt und fast unschlagbar scheint. Oder für das Projektteam, das vor Ideen sprudelt und mit seinen Entwicklungen einen Preis nach dem anderen gewinnt. – Alles klare Fälle der Wunderwaffe namens Teamspirit? Ja, aber mit hoher Wahrscheinlichkeit steckt mehr dahinter. Den Erfolg von Gruppen bewirkt neben den herausragenden Talenten ihrer Mitglieder und der Magie des Teamspirits in der Regel noch etwas Drittes: eine fähige Führung.

Aus verschiedenen Gründen macht selbst der stärkste Teamgeist Leadership nicht überflüssig. Jede Mannschaft – im Sport und in der Wirtschaft – braucht einen Kopf, der als eine Art Schaltzentrale fungiert. Der Teamleader koordiniert, gleicht aus, inspiriert und entscheidet. Wenn die Brennglaswirkung der gemeinsamen Ziele in einem Team mal nicht ausreicht, fokussieren und kanalisieren Führungskräfte die Energien der Einzelnen. Außerdem manövrieren sie das Boot in schwerer See und dirigieren es heraus aus Sackgassen. Im Sport gibt es den Trainer, aber auch Führungsspieler innerhalb des Teams, in der Wirtschaft beispielsweise den Geschäftsführer und die Leiter verschiedener Bereiche. Nicht zuletzt ist Führungspower auch sich selbst gegenüber gefragt, da nur mit gekonntem Selbstmanagement alle Klippen auf dem Weg zum Erfolg umschifft werden.

Vom Zaubermittel Teamspirit bei Harry-Brot

»Eins plus eins ist größer als drei« – so bringt Markus Heinze, Schulungsleiter bei *Harry-Brot*, seine hohe Meinung vom Teamgeist auf den Punkt beziehungsweise auf die (Un-)Gleichung. Die Großbäckerei Harry-Brot mit Sitz in Schenefeld bei Hamburg besteht seit 1688 und exportiert ihre Produkte in zahlreiche europäische Länder. Das Wir-Gefühl der mehr als 3000 Mitarbeiterinnen und Mitarbeiter wird durch zahlreiche Maßnahmen aktiv gefördert – wie zum Beispiel durch Seminare zu Themen wie Work-Life-Balance oder Lebensenergie, gemeinsame Bergtouren, Skatturniere, Tage der offenen Tür in den Bäckereien (den so genannten *Harry-Days*) oder die Unternehmenszeitung *Wir.* – Warum der Aufwand? »Teamspirit ist das Zaubermittel zur Erreichung von Spitzenleistungen mit hoch motivierten Mitarbeitern. Er ebnet den Weg zum Erfolg«, erläutert Heinze. Damit allerdings Teamgeist wachse, seien Voraussetzungen nötig:

1. Leistungsgedanken verinnerlichen
Markus Heinze: »Die Mitarbeiterinnen und Mitarbeiter müssen den Leistungsgedanken verinnerlichen und brauchen deshalb ständig neue, herausfordernde Ziele.«

2. Motivation von innen
Heinze: »Motivation bedeutet für mich zu 90 Prozent Eigenmotivation. Der Spaß, die Freude, die Begeisterung an der eigenen Arbeit und am Erfolg des gesamten Unternehmens sollten von innen heraus kommen und weniger durch externe Belohnungssysteme.«

Führungskräfte von Harry-Brot beim Triathlon Möhnesee: Markus Heinze, Axel Lange und Uwe Vermaeten (von links nach rechts)

3. Richtige Mitarbeiter auswählen

Heinze: »Der beste Mitarbeiter ist für mich nicht der egoistische Star, sondern der, welcher aufgrund seiner Einstellung und seines Charakters sich zurücknehmen sowie den Teamerfolg über seine persönliche Eitelkeit stellen kann.«

4. Vorleben durch den Chef

Heinze: »Fordert ein Chef von seiner Mannschaft Teamgeist, trifft aber alle Entscheidungen alleine und lässt keine anderen Meinungen gelten, dann wird er scheitern. Bei *Harry* leben daher die Führungskräfte Teamgeist vor, und das überträgt sich als Wert, als Unternehmenskultur auf alle Mitarbeiter in sämtlichen Geschäftsbereichen.«

Teamspirit als Erfolgsturbo

So entsteht ein Winning-Team

>>> Machen Sie bei der Auswahl der Teammitglieder keine Kompromisse. Verwenden Sie viel Zeit auf die Zusammensetzung, denn keine Ihrer unternehmerischen Entscheidungen hat so nachhaltige Auswirkungen wie diese. Nicht nur fachliche Kompetenz sollte dabei Entscheidungsgrundlage sein, sondern auch typische Charaktereigenschaften der potenziellen Mitglieder.

>>> Dabei kann zu viel Harmonie die Leistung ebenso negativ beeinflussen wie zu große Spannungsfelder. Ihr Team muss keine große, glückliche Familie, sondern vielmehr ein starkes Ensemble sein. Akzeptieren Sie dabei individuelle Besonderheiten der Einzelnen und achten Sie auf das individuelle Konfliktpotenzial jedes einzelnen »Darstellers«.

>>> Stehen die Mitglieder des Teams fest, verwenden Sie ausreichend Zeit und Ideen auf das konkrete »Teambuilding«. Die Gruppe braucht gemeinsame Ziele bzw. ein großes gemeinsames Ziel, bei dem jeder seine erfüllende Aufgabe findet. Denn wenn gemeinsames Gewinnen und Siegen das Denken bestimmt, bleibt wenig Platz für Kleinkriege und Revierkämpfe.

>>> Sorgen Sie darüber hinaus für gemeinsame Zeit und gemeinsame Erlebnisse. Spezielle Aktivitäten und Teambuilding-Events auch außerhalb der Firma unterstützen das Wir-Gefühl der Gruppe. Wichtig dabei: Keiner darf sich von der Gruppe ausgeschlossen fühlen.

>>> Verstehen Sie jedes Team als kleines System, das eigene Hierarchien, Netzwerke und Regeln ausbildet. Entscheidend dafür sind Transparenz und offene Kommunikation von Anfang an. Erarbeiten Sie gemeinsam eindeutige Leitlinien und Regeln für den Umgang miteinander. Und: Sorgen Sie dafür, dass diese Regeln auch eingehalten werden.

>>> Unabdingbare Voraussetzung für das Funktionieren eines Teams ist der gegenseitige Respekt vor der Person und der Leistung des anderen. Respektlosigkeit und unsachliche Kritik gegenüber Teammitgliedern ist ein No-go!

So präsentieren Sie sich als echter Teamplayer

➤➤ Übernehmen Sie Verantwortung! Leben Sie sich als Vorbild! Der Begriff Team ist nicht die Abkürzung für: »**T**oll, **E**in **A**nderer **M**acht's!« Um die Gruppe zum Erfolg zu führen, muss jedes Mitglied sich voll einbringen. Wie wäre es also mit »**T**otalem **E**ngagement **A**ller **M**itarbeiter«?

➤➤ Persönliche Antipathien haben in einem erfolgreichen Team keinen Platz. Wenn Sie sich entscheiden, Teil eines Teams zu sein, entscheiden Sie sich automatisch dafür, die anderen Teammitglieder zu tolerieren und zu respektieren. Das bedeutet nicht, dass Sie nicht Kritik in der Sache üben dürfen.

➤➤ Gemeinsamer Erfolg steht im Vordergrund. Teamspirit gedeiht nicht, wenn jeder nur die eigene Profilierung im Blick hat. Verwenden Sie Ihre Energie auf das Gelingen des Projekts. Ist das gemeinsame Ziel erreicht und haben Sie gute Arbeit geleistet, dann wird der Glanz des gesamten Teams auch auf Sie abstrahlen, und Sie können Ihren Beitrag am Gesamterfolg darstellen.

➤➤ Konkurrenz belebt das Geschäft! Verstehen Sie das hohe Engagement Ihrer Teamkollegen als Ansporn für sich selbst, nicht als Angriff. Auch in einer Spitzenmannschaft gibt es Rivalitäten. Oft fordert der eine den anderen bis an den Rand der Möglichkeiten – kein Problem, wenn man fair miteinander umgeht.

➤➤ Jeder nach seinen Möglichkeiten! Sie sind Teil des Teams, weil Sie über wichtige Kenntnisse und Fähigkeiten verfügen. Konzentrieren Sie sich darauf, Ihre herausragenden Stärken einzubringen, und versuchen Sie nicht, in den Domänen anderer Teammitglieder zu glänzen.

■ Einwurf: »Champions gehen immer ihren Weg«

Jochen Kienbaum über Wege zur Höchstleistung

Jochen Kienbaum ist Vorsitzender der Geschäftsführung der *Kienbaum Consultants International GmbH* sowie der *Kienbaum Executive Consultants GmbH*. Er gilt als führender Repräsentant der *Kienbaum Gruppe* und einer der führenden Top-Level-Berater in Europa. In den Jahren 1999 und 2000 war er Präsident des *Bundesverbands Deutscher Unternehmensberater (BDU)*.

Wie wichtig ist es, dass Menschen ihr individuelles Potenzial analysieren und nutzen?

Jochen Kienbaum: »Das ist meiner Meinung nach die Grundvoraussetzung, um überdurchschnittliche Dinge leisten zu können. Nur wenn ich weiß, was ich kann und was ich nicht kann, ist es möglich, meine Stärken optimal einzusetzen.«

Ein Topathlet braucht nicht nur Talente, er trainiert auch hart für den Erfolg. Lässt sich das auf die Karriere im Business übertragen?

Kienbaum: »Natürlich. Schon der Berufseinsteiger sollte die große Richtung kennen, in die er einmal will, und immer das Maximale geben, um positiv aufzufallen. Die weitere Karriere kann sich über Erfolge, aber auch durch Zufälle ergeben. Hier braucht man das Gespür für den richtigen Moment, um sich plötzlich ergebende Chancen nutzen zu können.«

Was zeichnet erfolgreiche Menschen aus? Gibt es so etwas wie Champions-Faktoren?

Kienbaum: »Ganz wichtig sind Klarheit, Kommunikationsfähigkeit, Zielorientierung und Ehrgeiz sowie Kritikfähigkeit und der Antrieb, sich ständig verbessern zu wollen.«

Unternehmenserfolg ist Teamsache. Was macht Ihrer Erfahrung nach ein gutes Team aus und welche Parallelen lassen sich zum Leistungssport ziehen?

Kienbaum: »Egal ob Wirtschaft oder Sport: Ein gutes Team vereinigt hervorragende Einzelspieler, die in ihrem Teilbereich Spitze sind, sich aber immer dem gemeinsamen Ziel unterordnen und alles dafür tun, dieses zu erreichen. Dazu gehören fachliches Können und Überzeugungskraft, aber auch Toleranz und Gelassenheit.«

> **»Führungspersönlich-keiten befehlen nicht, sondern begeistern.«**
>
> **Jochen Kienbaum**

Was bedeutet es, eine Führungspersönlichkeit zu sein, und welche Aufgaben bringt das mit sich?

Kienbaum: »Es geht darum, die Richtung vorzugeben. Das funktioniert aber nicht durch ›Befehlen‹. Vielmehr muss man sein Team begeistern können, eine Vision vorleben, den Menschen das gemeinsame Ziel verständlich machen und sie animieren, immer an den gemeinsamen Erfolg zu denken. Voraussetzung dafür sind eine große Selbstsicherheit, Willenskraft, Mut sowie der Glaube an sich selbst und das Team.«

Ist Führungskompetenz angeboren und kann sie entwickelt werden?

Kienbaum: »Ich glaube, dass man vieles lernen kann. Aber das gewisse Extra, das oft ›Charisma‹ genannt wird, ist in bestimmtem Ausmaß eine Mitgift der Gene. Wenn wir an echte Leader denken, dann fällt mir Heiner Brand ein. Auch ein Mann wie Franz Beckenbauer gehört dazu, der – was er auch immer tut – scheinbar stets alles richtig macht und eine ungeheure Ausstrahlung hat. Ein gutes Beispiel auf der Wirtschaftsseite ist sicher Jack Welch, der nicht nur seine Visionen vorlebte, sondern immer und gegen alle Widerstände seinen Weg ging.«

Manch ein Experte befürchtet für die Zukunft einen War for Talents, ein Buhlen um viel versprechende Nachwuchskräfte, die so genannten High Potentials. Welche Unternehmen haben in diesem Wettstreit die Nase vorn?

Jochen Kienbaum

Kienbaum: »Gewinnen werden die Unternehmen, denen es gelingt, ihre Marke für Kandidaten attraktiv zu machen. Sie müssen deutlich machen, warum die besten Köpfe bei ihnen die besten Karriereaussichten haben. Der Faktor Image ist sicher der wichtigste im War for Talents. Ein gutes Image bleibt aber nur dann erhalten, wenn die Versprechen des attraktiven Arbeitgebers auch in der Praxis gehalten werden.«

Wie unterscheidet sich der sportliche vom unternehmerischen Wettbewerb?

Kienbaum: »Ich glaube, dass – Börsenkurs hin oder her – die Volatilität, also die Wechselhaftigkeit, im Sport noch größer ist. Ein Beispiel ist der *VfB Stuttgart*. Er wurde 2007 Meister, aber während einer Schwächephase Anfang der nächsten Saison sollte plötzlich alles falsch sein, was Trainer und Mannschaft machten.«

Was empfehlen Sie Menschen, die gerade eine Niederlage verkraften müssen?

Kienbaum: »Jeder Mensch, der viel erreichen will, muss auch Rückschläge einstecken. Entscheidend ist, dass man daraus lernt, seinen Weg aber konsequent fortsetzt. Niederlagen können auch stark machen, wenn sie einen aufrütteln und zum Besserwerden motivieren.«

Sie arbeiten sehr viel und sehr hart. Gönnen Sie sich manchmal Auszeiten?

> »Nach Rückschlägen sollte man seinen Weg konsequent fortsetzen.«
>
> **Jochen Kienbaum**

Kienbaum: »Natürlich, bei aller Beanspruchung ist die Work-Life-Balance wichtig. Auch wenn die Zeit dazu meist fehlt, versuche ich Golf zu spielen, Museen und Galerien zu besuchen oder eben zum Handball zu gehen, um den Kopf freizubekommen.«

Planen Sie Ihr Arbeitsjahr auch im Hinblick auf Phasen der An- und Entspannung?

Kienbaum: »Das ist in unserem Geschäft schwierig, weil man oft rasch und flexibel reagieren muss. Ich versuche aber, mit Familie und Freunden Rituale einzuhalten, und nehme mir dafür Zeit.«

8. Kein Sieg ohne Leadership

Sich selbst und das Team an die Spitze führen

»Behandle die Menschen so, als wären sie,
was sie sein sollten, und du hilfst ihnen zu werden,
was sie sein könnten.«

Johann Wolfgang von Goethe

»Die kennen unseren Capitano noch nicht. Zweimal hatten wir sie am Rand einer Niederlage, zweimal ohne Micha. Dieses Mal ist Micha dabei!« – Fast jeder Fußballfan in Deutschland kennt diese Worte des damaligen Bundestrainers Jürgen Klinsmann bei der WM 2006. Sie waren Teil seiner Kabinenrede vor dem Viertelfinale gegen Argentinien, und sie drücken auf eine unnachahmliche Weise aus, was Führungsstärke ausmacht. Der Leader außerhalb des Platzes setzt seinen Leader auf dem Feld in Szene und motiviert gleichzeitig die ganze Mannschaft bis in die Haarspitzen. Klinsmann demonstriert dem »Capitano« Michael Ballack sein Vertrauen in dessen Fähigkeiten, und er suggeriert dem Team, dass es mit diesem Kapitän unschlagbar sein wird. Deutschland gewann gegen Argentinien in einem Elfmeterkrimi. Als zweiter Schütze seines Teams trat Michael Ballack an und traf – trotz einer bereits in der regulären Spielzeit neu aufgebrochenen Wadenverletzung. Der Kapitän rechtfertigte das in ihn gesetzte Vertrauen, indem er in der Manier eines echten Leaders Verantwortung übernahm, als es darauf ankam.

> »Führungsspieler müssen einen gewissen Machtanspruch, aber auch das uneingeschränkte Vertrauen der Mannschaft besitzen.«
>
> Heiner Brand

Klinsmann ist ein Mann der temperamentvollen Ansprachen, andere führen mit eher leisen Tönen. In jedem Fall müssen Leader im Sport wie in der Wirtschaft positive Emotionen auslösen, die Stimmung in ihrem Team erspüren und diese – wenn nötig – auch mal drehen können. Reine Befehlsgeber alten Schlags mit unüberbrückbarer Distanz zu den Spielern beziehungsweise Mitarbeitern sind längst nicht mehr zeitgemäß. Erfolgreiche Führungspersönlichkeiten von heute machen stattdessen Dinge möglich, arbeiten mit Psychologie, Einfühlungsvermögen und ihrer Vorbildfunktion. Zwar gibt es schon aufgrund unterschiedlicher Altersstufen, Erfahrungen und der bereits erzielten Erfolge Einzelner nach wie vor Hierarchien in jedem Team. Doch die sind wesentlich flacher als früher, und die Wege zu den Entscheidern haben sich je nach Führungsstil mehr oder weniger stark verkürzt. Exzellente Führung – welcher Ausprägung im Detail auch immer – löst eine Resonanz aus. Die Geführten werden emotional erreicht, inspiriert, zur Höchstleistung befeuert.

Ernesto Bertarelli – Kapitän auf zwei Kommandobrücken

Führungskräfte machen aus Gruppen Teams, sind die Gestalter und Architekten des Erfolgs. *Ernesto Bertarelli*, der Chef des *Alinghi*-Teams, das 2003 und 2007 – wie bereits im vorigen Kapitel erwähnt – die Segelregatta *America's Cup* gewann. Der Milliardär bewies ein einzigartiges Gespür für die »Ressource Mensch«, durch das die *Alinghi* ihren Konkurrenten meist ein Manöver voraus war. Für Bertarelli hatte die Selbstverantwortung jedes Teammitglieds Priorität, was Jochen Schümann, sportlicher Leiter auf der *Alinghi* bei den Siegen im *America's Cup*, als »the freedom to act« bezeichnete.[38] Statt jederzeit alles wissen zu wollen, ließ Bertarelli jedem Einzelnen viel Freiraum für seine Entwicklung. Dieses Vertrauen in Kombination

32ND AMERICA'S CUP - VA

Ernesto Bertarelli

mit ständiger Präsenz des Teamchefs, der selbst zu den aktiven Seglern gehörte, war einer der Schlüssel für die sensationellen Erfolge des Schweizer Bootes.

Zu den weiteren »Geheimnissen« der *Alinghi* gehörte der permanente Wettbewerb innerhalb des Teams. Bei den Trainingswettkämpfen traten zwei annähernd gleich starke Mannschaften gegeneinander an. Der Effekt: Jeder Segler gehörte mal zu den Siegern und mal zu den Verlierern, wodurch ein ständiger Anreiz entstand, gemeinsam immer besser zu werden. Bertarelli verband so auf geniale Weise die Gesetze der Konkurrenz mit denen der Kooperation, während in vielen anderen Teams oder Unternehmen eines dieser beiden Elemente ein Übergewicht hat. Auch Bertarelli selbst nahm an den teaminternen Wettkämpfen teil und machte damit klar, dass er sich keineswegs als von vornherein gesetzt betrachtete. Er war zwar der Teamchef, doch die Auswahl von Skipper, Taktiker, Navigator, Pitman und Co. für den *America's Cup* erfolgte ausschließlich nach dem Leistungsprinzip. Motto: »Der jeweils Beste für jede Rolle!« Logisch, dass Bertarelli und auch alle anderen führenden Crew-Mitglieder sich im Training stets vorbildlich engagierten. So war Bertarelli stets der Erste beim morgendlichen Stemmen von Gewichten im Fitnessraum, und auch bei den letzten Vorbereitungen auf den Cup ließen die Führungskräfte eigene Taten sprechen, statt diese nur von anderen zu fordern.

Das Steuern einer Hochseeyacht und die Führung eines Unternehmens weisen einige Parallelen auf, wie nicht zuletzt Bertarellis Doppelkarriere beweist. Neben dem Engagement im Segelsport übernahm er nach dem Tod seines Vaters im Jahre 1998 das Biotech-Unternehmen Serono und machte es zu einem der Giganten in dieser Branche. Er sei bemüht gewesen, im Unternehmen dieselbe Kultur zu schaffen wie auf seinem Boot, sagte Bertarelli kurz vor dem *America's Cup* 2007. Führung bedeute für ihn nicht, den Leuten zu sagen, was sie tun sollen. Vielmehr wolle er es dem Einzelnen ermöglichen, an einem Projekt zu wachsen. »Man muss den Leuten klarmachen, warum man gerade sie auswählt.« Wie auf dem Boot müsse man auch in einer Firma die Mitarbeiter hautnah erleben, um zu erkennen, ob sie motiviert, frustriert oder verletzt seien. »Eine gute Führungskraft hat ein Sensorium dafür entwickelt«, glaubt Bertarelli, der lange Zeit auf zwei Kommandobrücken, im Sport und in der Wirtschaft, stand. Hier wie dort war er alles andere als ein autokratischer Herrscher. So ordnete sich

Bertarelli auf der *Alinghi* in segeltechnischen Fragen bedingungslos dem Skipper unter. Und in seinem Unternehmen habe er anfangs sogar die Post eingesammelt oder Botendienste gemacht, erinnert sich der Schweizer mit italienischen Wurzeln: »Wenn ich eine Organisation führe, versuche ich, mich in ihr unauffällig zu bewegen wie eine Fliege, die überall mal umherschwirrt.«[39]

Die Persönlichkeit und nicht die Position macht den Leader

Unauffälligkeit – auch nur zeitweise – ist nicht unbedingt ein auf alle Führungskräfte übertragbares Prinzip, das genaue Kennenlernen der zu führenden Mitarbeiter dagegen schon. Wer aber wird eigentlich wann und wo zum Leader, und was bedeutet Leadership? Definitionsgemäß ist ein Anführer ein Mensch, dem in einer bestimmten Funktion beziehungsweise Rolle eine leitende Bedeutung zukommt.

Leadership können Menschen ausüben, die kraft ihrer Persönlichkeit und/oder ihrer Fachkompetenz dazu in der Lage sind, die Meinungen und Haltungen anderer zu prägen. Die formale Befähigung dank der Position oder des Wissensvorsprungs allein genügt allerdings nicht, um andere Menschen tatsächlich zu beeinflussen. Eine Proklamation von oben macht vielleicht einen Manager,

> **Leader sind Menschen, die durch Persönlichkeit die Meinung und Haltung anderer prägen.**

aber zum Leader wird dieser nur durch das Ja des Teams. Leader sind ausschließlich diejenigen, die von ihren Mitarbeitern als solche betrachtet werden. Ihre Autorität ist nicht das Ergebnis ihrer Stellung, sondern ihrer Leistung und des Respekts von Seiten ihres Teams.

Leader im Sport und in der Wirtschaft überzeugen durch ihre Leistung und weisen eine bestimmte Persönlichkeitsstruktur auf. Wer führen will, der muss selbstbewusst und optimistisch, mutig und authentisch sein. Er muss seine eigenen Handlungen und Ansichten auf hohem Niveau reflektieren, also auch infrage stellen können. Er muss sich selbst managen und kontrollieren, voller Leidenschaft agieren, über ein hohes Maß an Eigeninitiative, Entscheidungsstärke und Risikobereitschaft verfügen. Nicht zuletzt haben echte Leader eine Menge Intuition und Menschenkenntnis. Sie können sich in andere einfühlen, sie mitreißen, inspirieren und begeistern. Der Spitzensport braucht Leader auf der Trainerbank, aber auch als Manager, Präsidenten der Vereine und innerhalb der Mannschaften. Bei komplexeren Strukturen wie dem Segelsyndikat *Alinghi* gibt es den Eigner des Bootes, den Skipper, den Sportdirektor, die Chefin für die Finanzen. Im Business ergreifen die Zügel zum Beispiel der Geschäftsführer, der Personalvorstand, der Senior Consultant oder der Leiter einer Projektgruppe.

Jochen Schümann und Ernesto Bertarelli demonstrieren mustergültig die wichtigsten zehn Spielregeln für Führungskräfte, die unabhängig vom individuellen Temperament und Typus gelten:

1. Wer führt, der will den eigenen Erfolg, doch er ordnet sein Ego dem Erfolg des Ganzen unter.
2. Wer führt, der vermittelt die Unternehmensziele allen seinen Mitarbeitern und nicht nur seinem engsten Umfeld.
3. Wer führt, der schafft Vertrauen bei den Mitarbeitern durch Fairness, Offenheit und Transparenz.
4. Wer führt, der initiiert »Wow-Projekte«, also Vorhaben, welche die Herzen und die Köpfe seiner Mitarbeiter ansprechen und Begeisterung auslösen.
5. Wer führt, der schafft ein Arbeitsumfeld, das Talente anzieht und inspiriert, so dass sie sich entfalten, weiterentwickeln und beweisen können.
6. Wer führt, der hat Spaß an der positiven Beeinflussung anderer Menschen – und füllt seine Rolle mit Leidenschaft, Kreativität, Neugierde und Beharrlichkeit aus.

7. Wer führt, der handelt, statt abzuwarten, und erwartet das auch von seinen Mitarbeitern.
8. Wer führt, der bezieht erfahrene Leute in seine Entscheidungsprozesse ein, übernimmt aber dennoch die Verantwortung – und das mit Mut auch zu unpopulären Entschlüssen.
9. Wer führt, der akzeptiert sowohl bei sich selbst als auch bei anderen ausschließlich Spitzenleistungen.
10. Wer führt, der lernt aus Niederlagen, ist grundsätzlich optimistisch, feiert Erfolge im Team und hat dabei immer schon das nächste Ziel im Blick.

Fordern und fördern, motivieren und orientieren

Kapitäne und Chefs, die nach diesen Spielregeln agieren, sind glaubwürdig und authentisch. Sie zeigen stets Flagge und halten ihr Team, ihr Unternehmen auf Kurs. Leader wie Bertarelli mobilisieren die kollektive Energie der von ihnen Geführten und fokussieren sie immer wieder auf das gemeinsame Ziel. Andere Menschen erwarten von Führungspersönlichkeiten keineswegs Unfehlbarkeit und Allwissenheit, aber Antworten und Orientierung. Sie wollen keine Vorgesetzten, die ihnen wortwörtlich nur etwas »vorsitzen« oder sie ausschließlich kontrollieren. Sie wollen Leader, die sie beteiligen, die ihnen unter die Haut gehen und deren Verhalten transparent ist. Eine

> **Der Mittelweg zwischen Fordern und Fördern ist richtig.**

Demokratie ist deshalb ein erfolgreiches Team noch lange nicht, denn nicht jede Entscheidung kann mit allen Mitgliedern ausdiskutiert werden oder gar durch Abstimmung erfolgen. Das führt der Sport mit seinem Zwang zu extrem schnellen Entschlüssen vor – auf dem Feld, aber auch außerhalb, weil ständig der nächste Wettkampf naht.

Alle Bestimmungen müssen jedoch nachvollziehbar sein, was eine Kultur des Informationsaustausches erfordert. Auf der Yacht *Alinghi* etwa wurden die Gespräche der Kommandozentrale zum Rumpf des Bootes übertragen, damit der dort positionierte Sewerman wusste, warum er wann welche Segel aufziehen sollte. Selbst unpopuläre Entscheidungen werden durchaus akzeptiert, wenn die Führungskraft anerkannt ist. Das heißt im Umkehrschluss: Eine ausschließlich auf Harmonie bedachte Führungskraft, die stets den Willen ihrer Mitarbeiter erfüllt, verliert schnell die Achtung. Es gilt, den Mittelweg zu finden zwischen Fordern und Fördern, zwischen der permanenten Partizipation aller und einsamen Entschlüssen. Keine Kompromisse aber machen führungsstarke Menschen bei der Leistung – der ihrer Mitarbeiter und vor allem auch der eigenen.

»Ich gehe mit gutem Beispiel voran. Das ist das Allerwichtigste. Wenn die anderen sehen, dass einer vorneweg geht, dann fällt es ihnen leichter, hinterherzugehen«, beschreibt Christian Schwarzer seine damalige Rolle als Führungsspieler im deutschen Handball-Nationalteam. Wenn er bei einem Mannschaftskameraden einen Mangel an nötigem Biss bemerke, dann greife er selbstverständlich ein. »Erfolg ist nur bei einem hohen Maß an Ernsthaftigkeit aller möglich, und deshalb fordere ich diese von jedem Mitspieler.« Meist wirke er eher aufputschend durch seinen eigenen Enthusiasmus, aber manchmal sei auch der Tritt auf die Bremse nötig. »Wenn jemand durch seine Leidenschaft zu viel an Aggressivität entwickelt, dann muss ich gegensteuern!« Natürlich ist sowohl die Motivation als auch die Kanalisierung der Emotionen vorrangig Aufgabe des Trainers, die er aber mit Führungsspielern wesentlich effizienter erfüllen kann. Und wie der Chef auf dem Feld stets das Maximum an Leistung von sich selbst fordert, muss dies auch der Chef außerhalb des Feldes tun. Denn: Wer nur andere antreibt, sich aber selbst zurücklehnt, der ist seinen Leaderstatus schnell los.

Das im Sport selbstverständliche Prinzip des höchstmöglichen Anspruchs an sich selbst und an andere wird mit Gewinn in der Wirtschaft adaptiert. Beispielsweise von *Bernard Meyer*, Besitzer der Papenburger Meyer Werft. Der Produzent von Luxuslinern soll von frühmorgens bis spätabends in

> »Ein Leader sorgt immer wieder dafür, dass seine Mitarbeiter die Ziele des Unternehmens verinnerlichen und jeden Tag danach streben.«
>
> Jörg Löhr

der Werft sein und jeden seiner Mitarbeiter mit einem »Moin« begrüßen. Meyer ist wie ein Trainer oder ein Führungsspieler ständig präsent und zieht nicht bloß im Verborgenen die Fäden. Ähnlich tickt auch Dirk Roßmann, ein weiterer Firmenchef mit extremen Macherqualitäten. »Wo Mitarbeiter sich wohlfühlen, fühlen Kunden sich wohl. Und damit wird letztlich Profit gemacht«, sagt der Inhaber des Drogerie-Discounters Rossmann.[40] Wenn er in eine Filiale komme, gebe er jedem die Hand, auch dem Praktikanten und der Putzfrau. »Ich möchte allen das Gefühl vermitteln, dass sie wertgeschätzt werden als Person, ich möchte deutlich machen: Ohne euch gäbe es Rossmann gar nicht.« Wenn nicht von Liebe zum Menschen, so kündet diese Einstellung zumindest von großer Fairness, was wiederum typisch für führungsstarke Menschen ist.

Markus Baur – Anführer auf dem Feld und auf der Bank

Topführungskräfte finden das für ihre aktuellen Mitarbeiter richtige Rezept für die gemeinsame Höchstleistung. Im Spitzensport geht offensichtlich ohne diese Befähigung gar nichts. Der Trainer muss beispielsweise wissen, welches System er mit seiner Mannschaft spielen kann. »Es geht darum, das richtige Mittel für genau die Spieler zu finden, die einem zur Verfügung stehen«, sagt *Markus Baur,* der die deutsche Handball-Auswahl als Kapitän zum Weltmeistertitel 2007 führte. Auch als er wegen einer Wadenverletzung in zwei der insgesamt zehn Spiele pausieren musste, nahm der gebürtige Meersburger seine Funktion als einer der Lenker des Teams wahr. Insbesondere half er seinem Vertreter Michael Kraus. »Wir sind vor den Spielen gewisse Situationen durchgegangen und ich habe mit ›Mimi‹ natürlich auch von meiner Position hinter der Bank kommuniziert.« Zum Trainer hat ein Führungsspieler eine besondere Nähe, aber kein kumpelhaftes Verhältnis, denn sonst würde er von der Mannschaft nicht mehr akzeptiert. Ähnliches gilt für Abteilungs- oder Projektgruppenleiter, die Nähe und Distanz im Verhältnis zu ihrem Chef, aber auch zu ihren Mitarbeitern austarieren müssen.

Natürlich haben Führungsspieler, die oft charismatische Persönlichkeiten sind, einen gewissen Machtanspruch. Es macht ihnen Spaß, den anderen zu sagen, wo es langgeht. Doch man müsse auch akzeptieren, dass sich andere Spieler weiterentwickeln und dann Verantwortung auf diese übertragen, so Baur. »Niemand darf nach Erreichen einer bestimmten Position im Team diese auf Teufel komm raus verteidigen wollen. Priorität hat immer der Gesamterfolg der Mannschaft.« Analog sollten Führungskräfte im Business delegieren, das heißt, Vertrauen in andere setzen und deren unterschiedliche Charaktere als Bereicherung würdigen. Widerspruch und abweichende Meinungen dürfen nicht unterdrückt werden, sondern sind wertvolle Elemente für die Entscheidungsfindung. Dazu gehört es, sich die Muße zum aktiven Zuhören zu gönnen, was für viele Chefs extrem schwierig ist, leiden sie doch unter permanenter Zeitnot. Hier ist der Spitzensport Modell, denn Führungsspieler und Trainer geraten kaum in Gefahr, die Kommunikation mit den Spielern zu vernachlässigen. Sie sind nichts ohne die Mannschaft, und das wissen sie. Die direkte Abhängigkeit der Führungskräfte vom Erfolg und der Leistung aller ist im Sport wesentlich transparenter als in der Wirtschaft, doch in Letzterer genauso vorhanden. Ein Grund mehr, als Manager vom Sport zu lernen!

Manfred Maus und Hans Riegel – Führer par excellence

Vom Sport inspirieren ließ sich *Manfred Maus,* Gründer und ehemaliger Geschäftsführer der Obi Bau- und Heimwerkermärkte. Der aus Gottmadingen am Bodensee stammende Unternehmer nahm seine Aufgabe, mit den Mitarbeitern zu diskutieren, stets ernst und sorgte dafür, dass bei Obi ausgiebig kommuniziert wurde. Er wusste, dass zufriedene Kunden nur mit zufriedenen Mitarbeitern möglich sind, und münzte diese Erkenntnis in konkrete Unternehmenspolitik um. Die Analyse der Talente seiner Mitarbeiter stand dabei ganz oben auf der Liste der Maßnahmen, weil Maus im Einsatz des Talentes den Schlüssel zur Freude an der Arbeit sah. In puncto Unternehmenskultur setzte er auf Werte, die im Sinne des olympischen Geistes entwickelt wurden. Fairness, Siegeswille, Kampfgeist, das Verlieren mit Anstand und der Ehrgeiz, besser als die Konkurrenz zu sein, gehören dazu. In seiner Zeit als Geschäftsführer und im Aufsichtsrat von Obi ließ

Maus diese Leitbilder in Schulungen trainieren – für ihn eine klare Führungsaufgabe. Führen wollte er schon immer, wie ein Blick auf seinen Lebenslauf beweist: Bei den Ministranten war Maus Oberministrant, in der Fußballmannschaft der Kapitän, in der Schule Schülersprecher und bei seinem ersten Arbeitgeber schnell Teilhaber. Nach Maus' Überzeugung lassen sich Werte aus der Welt des Sports in die Wirtschaft übertragen. Bei Olympia etwa messen sich die Besten der Welt und »*Obi* möchte seinerseits gegen die Besten der Welt bestehen«.[41]

Eher als Patriarch führt *Hans Riegel* sein Unternehmen. Auch mit über 80 Jahren leitet er immer noch die Geschicke des Süßwarenproduzenten Haribo – und das in monarchischer Manier. Jeden Tag bestellt er seine Abteilungsleiter zum Einzelgespräch, überreicht ihnen persönlich ihre Post und bespricht die jeweilige Lage. Das mag der Stärkung der Eigenverantwortlichkeit jedes Mitarbeiters, wie sie Ernesto Bertarelli von der *Alinghi* propagiert und lebt, diametral entgegenstehen. Trotzdem enthält auch Riegels Führungsstil Anleihen bei Spitzenteams im Sport. Autoritär in den Grundprinzipien und -werten, achtet er gleichzeitig auf Teilhabe in der Umsetzung. So zahlt er wesentlich höhere Gehälter als in der Branche üblich, wodurch seine Mitarbeiter – wie die Spieler einer Spitzenmannschaft – auch finanziell vom Erfolg profitieren. Zudem waren Riegel und sein Imperium immer eine Einheit, was für eine hohe Identifikation auch der Mitarbeiter mit »ihrem« Unternehmen sorgt. Weil der Chef für seine Goldbären und Weingummis lebt, transportiert er eine Wertschätzung für seinen Betrieb, die sich niemals durch bloße Proklamationen erreichen ließe. Dasselbe zeigt sich in Sportteams, welche die Liebe ihres Trainers oder auch eines Führungsspielers zum Verein spüren. Uwe Seeler beispielsweise stand mit ungewöhnlicher Loyalität zu seinem Club, dem Hamburger Sportverein, obwohl er ungleich lukrativere Angebote aus dem Ausland hatte. Er legte das Gegenteil einer Söldnermentalität im Sport an den Tag, was sicher viele seiner Mitspieler beeindruckte und mitriss.

> **Der Leader transportiert die Wertschätzung für das Ganze.**

Eliten ebnen den Weg an die Spitze

Trotz aller individuellen Unterschiede zeigen Maus und Riegel ebenso wie Bertarelli und Klinsmann, was einen Leader ausmacht: Kommunikation und Interaktion. Führungspersönlichkeiten treiben nicht nur an, sie sind die Helden unserer Zeit. Wie Oliver Bierhoff, ehemaliger Spitzenfußballer und heute Manager der deutschen Fußball-Nationalmannschaft, glaubt, muss es im Sport Helden geben. Die seien mehr als nur Antreiber, sorgten für Zusammenhalt im Team und strahlten positive Energien auf ihr Umfeld aus. Sie ziehen die Fans in ihren Bann, weil sich diese mit außergewöhnlichen Menschen identifizieren und an deren *Fight* um den ersten Platz berauschen wollen. Leader haben das Leistungsprinzip verinnerlicht und brauchen den Wettkampf, was im Sport allgemein akzeptiert wird. In der Wirtschaft gelten dagegen die Eliten nicht selten als suspekt, obwohl sie es sind, die das Wesentliche im Blick haben, es auch umsetzen und damit Tausende von Arbeitsplätzen schaffen. Die stärkere Orientierung am Sport könnte das Misstrauen gegenüber den Toptalenten und Leistungsträgern abbauen helfen. Dabei kommt den Führungskräften eine Schlüsselfunktion zu. Sie sind für die Anwerbung und Entwicklung von Talenten verantwortlich, aber auch für die Kommunikation dieser Strategie gegenüber der Gesellschaft.

Jack Welch, ehemaliger Vorstandsvorsitzender von General Electric, setzte konsequent auf Eliten. Erfolg war für ihn etwas Fantastisches, weil dieser es Menschen ermöglichte, sich zu entfalten. Seiner festen Überzeugung nach bedurfte es dazu florierender Unternehmen, die wiederum nur durch die Leistung von Eliten ermöglicht werden. Einem seiner Bücher gab der Sohn eines Eisenbahnschaffners und einer Hausfrau den ziemlich unbescheidenen Untertitel *Die Autobiografie des besten Managers der Welt*. Seine Mitarbeiter teilte er nach der berüchtigten 20-70-10-Prozent-Regel in Gruppen mit abnehmender Leistungsstärke ein, wobei die untersten 10 Prozent in der Regel sofort entlassen wurden. Als Trainer eines Sportteams würde *Welch* seine Mannschaft wohl etwa so einteilen: 20 Prozent Stars, Helden und Leitwölfe, 70 Prozent Leistungsträger und Nachwuchstalente mit einem zur Hoffnung Anlass gebenden Potenzial sowie 10 Prozent sofort auf die Transferliste zu setzende Fehleinkäufe. Um die mittleren 70 Prozent kümmerte sich Welch ganz besonders, denn hier fand seine Lust am Führen ein reiches Betätigungsfeld.

Jack Welch

Trotz aller Härte hat Welch den Leistungswilligen stets den Weg freigemacht und ist er durchaus auch ein einfühlsamer Coach gewesen – getreu
der Devise »Zuckerbrot und Peitsche«. Ein guter Manager ähnele einem
erfolgreichen Fußballtrainer, soll *Welch* gesagt haben. »Um als Führungspersönlichkeit Erfolg zu haben, muss man seine Mitarbeiter zu Leistungen
anspornen, zu denen sie sich niemals für fähig gehalten hätten. Man muss
eine Atmosphäre schaffen, in der es ihnen möglich ist, ihre Träume zu verwirklichen.«[42] Natürlich gehört dazu, Verantwortung zu tragen, denn wer
das muss, der wächst über sich hinaus, was Führungsspieler im Sport immer
wieder demonstrieren. Für *Welch* selbst zählte nur die Marktführerschaft
in den einzelnen Geschäftsfeldern. Um die zu erreichen, führt er das darwi-
nistische *Survival of the Fittest* ein. *Welch:* »Siegerteams entstehen durch
die differenzierte Behandlung der Teammitglieder – die Besten werden belohnt, die Schlechtesten aussortiert und die Latte für das gesamte Team
wird immer höher gelegt.«[43] Der Erfolg dieses Prinzips – Welch machte
General Electric zu einem der profitabelsten Konzerne der Welt – fand viele

Nachahmer: Zahlreiche amerikanische Firmen übernahmen seine Methode in verschiedenen Variationen. Nicht zuletzt erwies sich am Erfolg des Mannes aus Massachussetts, welche Strahlkraft das archaische Element Macht immer noch hat und wohl immer haben wird.

Leistung messen als Führungsaufgabe

Um seine Mitarbeiter nach der 20-70-10-Regel behandeln zu können, führte Welch Mess- und Beurteilungssysteme ein. In vielen Unternehmen fehlt Vergleichbares, was eine Leistungsdiagnose zu einer extrem subjektiven Sache macht und damit dem Gesamterfolg des Unternehmens abträglich ist. Im Sport dagegen lässt sich die Leistungsstärke des Einzelnen sehr leicht bestimmen. Sie offenbart sich in der Trefferquote beim Torjäger, in der gestoppten Zeit beim Sprinter oder in der Punktezahl nach der Reckübung. Die Wirtschaft – Welch war hier sicherlich ein Vorreiter – wird sich daran orientieren und ihre eigenen Methoden zur Bewertung von Leistungen entwickeln müssen. Und zwar auch dort, wo das nicht so simpel ist wie bei Verkäufern, bei denen die Umsatzzahlen eine klare Sprache sprechen.

Siegerteams entstehen durch die differenzierte Behandlung der Teammitglieder.

Warum das Messen der Leistung immer wichtiger wird, enthüllt ein Blick auf die Prognosen vieler Zukunftsforscher, zu denen sich etwa der Sozial- und Wirtschaftsphilosoph Charles Handy zählen lässt. Seiner Meinung nach werden traditionelle Unternehmen mit ihren engen Aufgaben- und Arbeitsbeschreibungen (Handy nennt dies eine »Apollo-Kultur«) immer mehr den föderalen Organisationen (in Handys Nomenklatur »Athene-Kulturen«) weichen. Letztere sind geprägt von einem Netzwerk an weitgehend eigenständigen Teilorganisationen, welche von der Firmenzentrale lediglich unterstützt werden. In einer solchen Struktur wird die Eigenverantwortung jedes Mitarbeiters und jedes Teams großgeschrieben – doch sie funktioniert nur, wenn sich Leistungen genau bestimmen lassen! Damit bei dieser Messung Topwerte »notiert« werden können, sollte die Führung ihr Kernengagement in die Personalrekrutierung und -entwicklung investieren. Im Sport ist das selbstverständlich, kaufen doch Spitzenteams Topleute auf der ganzen Welt ein und legen großen Wert auf die Förderung der individuellen Stärken.

Nicht zu vernachlässigen in Athene-, Apollo- und sonstigen Kulturen ist das Feedback an die Mitarbeiter. Die Spitzentalente wollen wissen, wie sie mit ihrer Leistung zum Unternehmenserfolg beitragen. Positives Feedback von Seiten des Trainers oder des Chefs inspiriert, motiviert, ermutigt, verleiht Selbstbewusstsein. Während die Frontoffice-Leute den Erfolg direkt spüren, muss er ins Backoffice aktiv transportiert werden. Trainer von Spitzenteams wissen das und heben in Interviews sowie bei Kabinenansprachen den wertvollen Beitrag der Ersatzspieler auf der Bank und der Reserve im Kader hervor. Die werfen oder schießen keine Tore, aber sie sind unverzichtbarer Teil des Teams und vielleicht schon morgen an der »Front«. Das

> **Feedback ist wichtig, damit die Mitarbeiter wissen, wo sie stehen.**

sollten auch die Führungskräfte in der Wirtschaft berücksichtigen und ihr Backoffice nicht vergessen. Der Spitzenverkäufer macht den Abschluss und der Markctingleiter genießt das Blitzlichtgewitter auf der Pressekonferenz, doch der Controller und die Sachbearbeiterin haben am Erfolg ebenfalls einen großen Anteil.

Konsequente Führung auch sich selbst gegenüber

Loben und fordern, kommunizieren und interagieren – gute Führung definiert sich in erster Linie durch den Umgang mit anderen. Aber Siegertypen beweisen darüber hinaus auch Führungsstärke sich selbst gegenüber. Sie müssen lernen, mit Stress, 16-Stunden-Tagen und der Fragmentierung ihrer knappen Zeit umzugehen. Konzentration der Kräfte auf die *Big Points,* optimale Koordination der Aufgaben, autosuggestive und andere Techniken der Selbstmotivation gehören zu den Mitteln effektiven Zeit- und Selbstmanagements. Leader im Business arbeiten wie Spitzensportler nach ausgeklügelten (Trainings-)Plänen auf den nächsten Wettkampf hin und motivieren sich, indem sie sich zum Beispiel ihre größten Triumphe vor Augen führen. Sie sind ganz auf Zukunft programmiert und haken Niederlagen rasch ab. Ihr diszipliniertes, strukturiertes Verhalten führt sie aufs Treppchen, zur Goldmedaille, zum Pokal. Möglich ist das nur, weil sie sich selbst konsequent führen, auf Kurs halten und stets aufs Neue motivieren.

Im Begriff Motivation steckt das lateinische »movere«, was »etwas bewegen« heißt. Leader im Sport und im Business bewegen sowohl sich als auch andere! Und das nicht in Form eines schnell abklingenden Kicks, denn echte Führungspersönlichkeiten denken nicht nur von Tag zu Tag. Sie wissen, wohin sie wollen, und haben stets ihr Ziel im Fokus. Was ihre Vorbereitung wert ist, stellt sich erst im Wettkampf heraus – und zu dem wird in der Wirtschaft ebenso angetreten wie im Sport! Mit der Qualifikation zu Olympia »in der Tasche« steigt der Athlet ins Flugzeug, und der Vorstandsvorsitzende geht mit guten Argumenten in die Besprechung mit seinen Führungskräften, die er von seiner neuen Strategie überzeugen will. Das Finale vor einem Millionenpublikum und der Auftritt am Rednerpult sind die Momente, die über Sieg und Niederlage entscheiden. Gewinnertypen sind optimal auf diese Augenblicke vorbereitet, aber sie wissen auch, dass im Wettkampf selbst eigene Prinzipien gelten. Wie bereits in der Phase des Trainings beziehungsweise Alltagsgeschäfts trennt sich auch im Match selbst die Elite von den Mitläufern.

> »Führen heißt immer auch, Verantwortung zu übernehmen – und das vor allem in kritischen Situationen.«
>
> **Heiner Brand**

Teams unter guter Führung

Warum Führungspersönlichkeiten so wichtig für den Erfolg einer Mannschaft sind und was Sie daraus lernen können

»Vorgesetzte« – schon der Begriff klingt unmodern. Die dahinter stehende Auffassung starrer Hierarchien im Unternehmen ist es ohnehin. Eines aber gilt nach wie vor: Erfolg im Team bedarf der strukturellen Ordnung. Wesentlicher Teil dieser Ordnung ist es, dass Menschen Führungsrollen ausfüllen. Doch nicht die Position, die Persönlichkeit, macht den Leader aus. Leader ist auch in Spitzenteams nur der, der von seinen Mitspielern als solcher betrachtet wird.

Das bedeutet Führung im Team

>>> Führung bedeutet Kraft, nicht Macht!

>>> Führung bedeutet die Vermittlung klarer und motivierender Ziele.

>>> Führung bedeutet Inspiration zur Spitzenleistung.

>>> Führung bedeutet Orientierung – am Vorbild lernen!

>>> Führung bedeutet Respekt vor der Leistung des anderen.

>>> Führung bedeutet Verteilung der Aufgaben nach den besonderen Fähigkeiten und Potenzialen des Einzelnen.

So werden Sie zur Führungspersönlichkeit

》》 1. Gehen Sie immer mit gutem Beispiel voran!

Arbeiten Sie härter bzw. intensiver als alle anderen. Übernehmen Sie Verantwortung. Seien Sie leidenschaftlich in dem, was Sie tun. Verschaffen Sie sich Respekt und Anerkennung durch die eigene Leistung, nicht durch ihre Position.

》》 2. Arbeiten Sie konsequent an Ihrer Führungskompetenz!

Wer andere führen will, muss kommunizieren, delegieren und motivieren können. Eine gute Führungskraft braucht die Fähigkeit, Talente zu erkennen und zu entwickeln. Gute Führungskräfte müssen Entscheidungen treffen können – auch mit wenig Information und in kurzer Zeit.

Auch wenn Sie bereits über Erfahrung verfügen: Seien Sie bereit, ständig an Ihrer Führungskompetenz zu arbeiten. Es gibt viele Weiterbildungsangebote in diesem Bereich – nutzen Sie diese. Leadership lässt sich, auf der Basis entsprechender Grundtalente, weiter kultivieren.

》》 3. Schaffen Sie ein Klima des gegenseitigen Vertrauens.

Seien Sie authentisch in dem, was Sie tun und vorgeben. Haben Sie ein offenes Ohr – für neue Ideen ebenso wie für Probleme. Gehen Sie auch mit Fehlern konstruktiv um. Versetzen Sie sich in Ihre »Mitspieler« und versuchen Sie gemeinsam Ziele zu entwickeln, die alle begeistern können. Bereiten Sie so den Boden für Höchstleistungen.

PHASE II: WETTKAMPF

PHASE II: WETTKAMPF

Das Trainingskonzept, neue Ideen für die Technik oder die mentale Fitness, die Entwicklung der eigenen Stärken, die Planung der Saisonziele, das tägliche Arbeiten im Kraftraum, die Zusammenstellung der Mannschaft oder des Betreuerstabs – jegliches Handeln eines Spitzensportlers ist auf die nächsten Wettkämpfe hin ausgerichtet. In den Profi-Ligen steht über Monate hinweg jede Woche mindestens ein Match an, hinzu kommen Spiele in den Wettbewerben auf internationaler Ebene. Tennisspieler reisen von Wimbledon zu den US Open, Rennfahrer von Silverstone zum Nürburgring. Für andere sind Europa- und Weltmeisterschaften sowie die Olympischen Spiele elektrisierende Highlights ihrer Karrieren. Beim Kräftemessen mit der Konkurrenz zählt natürlich die gewissenhafte Vorbereitung, doch immer wieder gibt es die so genannten Trainingsweltmeister, die im entscheidenden Moment ihr Leistungsvermögen nicht abrufen können. Die Nase vorn hat, wer mit Druck umgehen kann, seine Konzentration auf den Augenblick fokussiert, ein Kämpferherz besitzt und taktisch überlegen ist.

Unternehmen treten nicht bei Olympia an, ihre Mitarbeiter erringen keine Goldmedaillen. Und doch suchen und finden auch Siegertypen außerhalb des Sports ihren Wettkampf in ihrer Branche, in ihrem Beruf. Er ist der Motor, der Antrieb für Höchstleistungen. Manche wie der Investmentbanker oder der Autoverkäufer fahren jeden Tag, ja mehrmals täglich ihr »Rennen«. Andere bündeln ihre Energien für Großereignisse wie Messen, den geplanten Börsengang, die Ausschreibung für einen Großauftrag, die Lancierung eines neuen Produktes. Manager, die oben bleiben wollen, müssen sich gegen Konkurrenten von außen und aus dem eigenen Betrieb durchsetzen. Mitarbeiter mit Aufstiegsambitionen müssen auf sich aufmerksam machen, ihre Vorgesetzten überzeugen, sich immer wieder anbieten wie der Mittelstürmer beim Fußball. In der Wirtschaft und in allen anderen Lebensbereichen brauchen Champions für einen erfolgreichen Wettkampf dieselben Fähigkeiten wie Spitzensportler – von der Anspannung zur richtigen Zeit bis zum Fighten um jeden Kunden.

1. Pole-Position und letzte Reihe

Mit Druck umgehen und davon profitieren

»Achtung verdient, wer erfüllt, was er vermag.«

Sophokles

Wenn ein Kind nur Einser im Zeugnis hat, dann erwarten seine Eltern und Lehrer sowie oft auch der Schüler selbst im nächsten Jahr ähnliche Leistungen. Bereits eine Zwei erfüllt nicht die Ansprüche und selbst eine Eins erzeugt oft keine außergewöhnliche Begeisterung mehr, weil diese Note ja lediglich eine Wiederholung dessen ist, was bereits gezeigt wurde. Ein Formel-1-Rennfahrer in der Pole-Position ist in derselben Situation. Weil er im Qualifying die Bestleistung brachte, sollte ihm das nach Meinung der Zuschauer und seines Teams doch auch im Rennen gelingen. Siegertypen schaffen es, mit der Bürde des Favoriten umzugehen. Oftmals scheinen sie sogar den damit verbundenen Druck zu brauchen, um das Letzte aus sich herauszuholen.

Ähnliches gilt für Topmanager, Staranwälte oder Oscar-Preisträger: Sie müssen Methoden entwickeln, mit der Erwartungshaltung von Mitarbeitern und Shareholdern, von Mandanten, Regisseuren und Kinobesuchern klarzukommen. Sind sie nach dem nächsten Bilanzjahr, dem nächsten Prozess, dem nächsten Filmstart wieder ganz oben, wird das als selbstverständlich hingenommen. Doch auch die geringsten Einbußen, ein nicht eben glänzendes Plädoyer, weniger Zuschauer als beim letzten Film werden bereits als Niederlage, häufig gar als der Anfang vom Ende wahrgenommen.

> »Manche Spieler-
> typen brauchen
> den Druck, um
> sich selbst zu
> Höchstleistungen
> zu pushen.«
>
> **Heiner Brand**

In einer ebenfalls schwierigen Position sind die anderen. Die, die beim Grand-Prix-Rennen aus der letzten Reihe starten; die, bei denen man nach ihrem Aufstieg an die Spitze eines Unternehmens mit einem Gewinneinbruch rechnet; die, bei denen nur die Höhe der Niederlage infrage zu stehen scheint. Auch diese so genannten »Underdogs« stehen unter starkem Druck, weil sie beweisen müssen, dass sie besser sind als ihr Ruf. Sie haben meist äußerst ungünstige Voraussetzungen – zum Beispiel in der Formel 1 ein schlechteres Auto als die Konkurrenten – und brauchen deshalb eine Extraportion an Können, Energie und Willen, um sich durchzubeißen. Möglich ist das nur mit einem unerschütterlichen Glauben an sich selbst und einer gewissen Ignoranz beziehungsweise Respektlosigkeit gegenüber den Favoriten. Von Vorteil kann dabei sein, dass einen die Gegner nicht ernst genug nehmen.

Wenn Druck zur Topleistung beflügelt

Bei der Handball-WM 2007 waren die deutschen Männer Außenseiter, zog man die im Vorfeld erzielten Ergebnisse ins Kalkül. Doch weil das Turnier in Deutschland stattfand, man also vor heimischem Publikum in voll besetzten Hallen spielte, gab es dennoch hohe Erwartungen. Zudem hatte sich die Truppe, als sie das »Projekt Gold« ausrief, selbst enorm unter Druck gesetzt. Anfangs sorgten beide Faktoren – der Anspruch der Fans und der eigene – für große Nervosität, die in den ersten Spielen deutlich spürbar war und sicher auch ein Grund für die Vorrundenniederlage gegen Polen darstellte. Mit dem anschließenden Sieg gegen Slowenien kam die Wende, und der Druck beflügelte die deutschen Spieler plötzlich. Ein für Siegertypen charakteristischer Verlauf: Druck wirkt sich bei ihnen eher negativ aus, wenn die Gegner schwach sind, so dass Pflichtsiege oft die schwierigsten sind. Auf der anderen Seite verleiht der Druck den entscheidenden Kick, wenn die Herausforderung groß ist.

Die deutschen Handball-Weltmeister bewahrten vor allem dann kühlen Kopf, als die Lage besonders kritisch war: im packenden Halbfinale gegen Frankreich. Das konnten sie erst nach zweimaliger Verlängerung mit 32:31 für sich entscheiden, wobei Markus Baur etwa eine Minute vor Schluss den entscheidenden Treffer per Siebenmeter erzielte. Und im Finale, als die Polen nach der Verletzung von Torhüter Henning Fritz den deutschen Vorsprung fast aufgeholt hatten. Das deutsche Team wankte, doch es fiel nicht, sondern riss das Ruder wieder an sich und gab die Führung bis zum Schlusspfiff nicht mehr ab. Mit gleicher Nervenstärke reagieren Siegertypen in anderen Bereichen, beispielsweise bei einer Prüfung, einer Präsentation, in einer Krise oder wenn es bei einem *Pitch* um einen großen Projektetat geht.

Pascal Hens – Erfolge und Spaß als Druckventil

Im Sport kommt der konstruktive Umgang mit Druck bei vielen Spielern mit der wachsenden Erfahrung. Man muss Situationen, in denen alles auf eine einzige Aktion ankommt, erlebt haben. Beispielsweise diese: Es steht 27:27, die letzten Sekunden auf der Uhr laufen »herunter«, und plötzlich ist die Chance zum Siegtor, aber auch durch einen Gegenangriff die Möglichkeit der Niederlage da. – So etwas ist nicht hundertprozentig simulierbar, auch wenn es durch mentale Techniken visualisiert und trainiert werden kann.

> »Erfolgsdruck kann zu Nervosität führen.
> Doch wenn ich ihn akzeptiere, kann er auch
> enorm beflügelnd wirken und damit zu
> vielen Siegen beitragen.«
>
> **Heiner Brand**

Ob jemand Druck positiv verarbeiten und in Topleistungen umsetzen kann, hängt auch vom Typus ab. Als sehr druckresistent im deutschen Handballteam hat sich immer wieder *Pascal Hens* erwiesen. »Darüber mache ich mir keinen Kopf«, lautet der Leitsatz von Hens und seine Standardantwort auf die Frage, ob ihn der Druck nicht belaste. Die Antwort auf dem Feld gibt der wegen seiner langen und relativ dürren Arme »Pommes« gerufene Hens in der Regel mit Toren im richtigen Moment. So war es bereits bei der EM 2004, als er gegen Polen zunächst einige Fehlwürfe hatte und auf der Bank Platz nehmen durfte. Statt unsicher zu werden, beförderte er den Ball nach seiner Wiedereinwechslung mit Wucht ins gegnerische Tor. – Deutschland wurde auch dank seiner Wurfkraft Europameister.

Bei der WM 2007 war der im linken Rückraum agierende Hens mit 47 Treffern der deutsche Topscorer. Das sagt in Anbetracht des immensen Erwartungsdrucks viel über die Stabilität seiner Psyche – zumal Rückraumschützen stets mit hohem Risiko werfen müssen. »Ich habe nie den Druck empfunden«, kommentiert Hens seine Unbeschwertheit. Er habe einfach nur den Spaß gespürt, in vollen Arenen zu spielen und vom Publikum getragen zu werden. »Wenn man vor so einer Kulisse in ein Spiel hineinfindet, dann ist man voll fokussiert auf das Geschehen auf dem Feld.« Er habe nach dem Anpfiff schlicht keine Zeit für Gedanken an Fehlpässe, einen Rückstand, gar eine Niederlage – oder eben, um sich »einen Kopf zu machen«. Zudem habe der Trainer für eine Menge Druckabbau gesorgt, »indem er uns sagte: ›Jungs, ihr wisst, was ihr könnt. Also spielt einfach.‹« Da ist es wieder: das Prinzip Handeln, das Erfolgstypen auszeichnet. Sie nehmen die Dinge in die Hand und greifen an, sie setzen Konzepte um und verwirklichen ihre Träume. Wer sich auf den Weg macht, der findet auch seinen Weg, während das bloß theoretische Suchen nach Lösungen meist zum Verharren im Wartestand führt.

Im Team profitiere der Einzelne von der Sicherheit, die sich nach längerer Zusammenarbeit einstelle, meint Pascal Hens. Wenn das Vertrauen in den Nebenmann da sei, »dann weiß ich, dass es ein anderer ausbügelt, wenn ich mal von einem Gegner ausgespielt werde«. Das darf natürlich nicht dazu führen, die Verantwortung auf die Mitspieler abzuschieben. Vielmehr zeigt jeder Einzelne in einem Team mit Zusammenhalt besonders viel Einsatz, weil er den Erfolg nicht nur für sich, sondern vor allem für die Mannschaft will. Wenn sich diese Erfolge dann einstellen, steigt die Ignoranz gegenüber

Pascal Hens

Druck. Man werde stabiler, analysiert Hens, und sage sich: »Wir haben schon so viel gemeinsam erlebt, wir stehen das zusammen durch.« Diese Mechanismen wirken ähnlich bei Teamplayern in der Wirtschaft, und auch Führungskräfte im Business können in puncto Nervenstärke von Spitzensportlern lernen. Sie beruhe zum großen Teil auf positiver Energie und positivem Denken, ist der Tophandballer Hens überzeugt. Wer ohne Zweifel an eine Sache herangehe, der werde sie erfolgreich zu Ende bringen. »Unser ›Projekt Gold‹ ist das beste Beispiel.«

Wolfgang Joop – wiederholte Erfolge geben Sicherheit

Nicht im Rückraum eines Handballfelds, sondern am Zeichenbrett geboren wurden die großen Würfe des *Wolfgang Joop*. Und eine Menge davon mussten »ins Tor fliegen«, bevor sein Selbstbewusstsein auf einem soliden Fundament stand. In der Wirtschaft sei es wie im Sport, meint der international gefragte deutsche Modedesigner: »Du bist nur dann wirklich erfolgreich, wenn du Erfolge wiederholen kannst«, sagt Joop.[44] Dabei ist der Künstler mit ähnlichen Ansprüchen seiner »Fans« konfrontiert, wie es beispielsweise Birgit Prinz war, als sie bei der Fußball-WM 2007 der Frauen in China zum ersten Spiel auflief. Prinz und ihre Teamkolleginnen der deutschen Frauen-Nationalmannschaft kamen als Weltmeisterinnen und Favoriten. In der Vorrunde schoss die dreimalige Weltfußballerin Prinz drei Tore, gegen Japan ebnete sie mit einem weiteren Treffer den Einzug ins Viertelfinale. Bereits nach dem WM-Sieg 2003 sei eine extreme Erwartungshaltung entstanden, sagte die Physiotherapeutin und Psychologiestudentin kurz vor Beginn der WM 2007. »Es wurde von allen Seiten auf mich geschaut – und damit konnte ich ganz schlecht umgehen.« Sie habe irgendwann die Erwartungen der anderen übernommen und von sich selbst immer 120 Prozent Leistung erwartet.

Erst durch ihre persönliche Weiterentwicklung konnte Prinz diese unrealistischen Forderungen wieder auf Erreichbares hinunterschrauben. Sie habe begriffen, dass Fußball für sie wichtig, aber nicht das Einzige sei. Die deutsche Topspielerin brachte ihre sportlichen Ambitionen in Übereinstimmung mit ihren übrigen Lebenszielen. Die Leistungsorientierung ist damit nicht schwächer geworden, denn »wenn man das Gefühl hat, dass man sein Leben selbstständig organisieren kann, ist es leichter, sich zu motivieren«, so Prinz. Mit psychologischer Arbeit kann man ihrer Überzeugung nach im Sport viel bewegen. Vor allem junge Spielerinnen hätten mit Psychologie die Chance, ihre Persönlichkeit schneller zu formen. »Sie können dadurch besser mit schwierigen sportlichen Situationen und dem Druck umgehen.«[45] Wie gut das Birgit Prinz selbst beherrscht, bewies sie eindrucksvoll im Finale der WM 2007 gegen Brasilien. Die Torjägerin erzielte das 1:0 für Deutschland, nachdem zuvor die starken Brasilianerinnen im Vorteil gewesen waren. Eine für nervenstarke Champions typische Aktion, die dem Team um Prinz schließlich – nach einem weiteren Treffer von Simone Laudehr – zum zweiten Mal den Weltpokal bescherte.

Hubert Burda und Fabian Hambüchen – durchsetzungsstark auch unter Erfolgszwang

Nicht erst nach seinem ersten großen Coup, sondern bereits als Student stand *Hubert Burda* unter Druck. Als Primaner wollte er Maler werden, doch damit konnte sein pragmatisch denkender Vater wenig anfangen. So gestand der Verleger seinem Sohn lediglich ein Studium der Kunstgeschichte zu – allerdings unter der Bedingung, dass er mit 25 Jahren Studium und Promotion abgeschlossen haben würde. Ein enges Zeitfenster, das Hubert Burda jedoch nutzen konnte. Offensichtlich dank Stresstoleranz, Selbstbewusstsein und harter Arbeit promovierte er tatsächlich rechtzeitig. Anschließend musste Burda sich weiter dem strengen Regime seines Vaters beugen, beispielsweise in New York für das Familienunternehmen arbeiten. Nach dem Tod des Vaters wurde Hubert Burda alleiniger Gesellschafter und Vorstandsvorsitzender der Burda Holding (später in Hubert Burda Media umbenannt). Seine beiden Brüder verkauften wenig später ihre Aktien des Axel-Springer-Verlags an dessen Erben. Burda reagierte auf die Herausforderung mit der Gründung einer Boulevardzeitung, mit der er gegen Springers *Bild* antrat. Zwar musste Burda dieses Projekt bald aufgeben, aber mit anderen – wie *Focus* und *SUPERillu* – sowie dem expansiven Ausbau der Titelpalette war er sehr erfolgreich.

Hubert Burda hatte es verkraftet, in der Familie lange Zeit wegen seines Nonkonformismus eine Art »schwarzes Schaf« gewesen zu sein. Er verarbeitete den frühen Leistungsdruck durch seinen stark fordernden Vater konstruktiv. Wie ein Spitzensportler schien er Furcht nie zu kennen oder sie effektiv unter Kontrolle halten zu können. Eine für Champions unabding-

Hubert Burda

bare Fähigkeit, denn Angst bindet Energien und ist damit der Feind des Erfolgs. Man weiß heute, dass sich das Gehirn auf Erfolg geradezu programmieren lässt. Die Strategie dabei ist, einen gewünschten Sieg oder Erfolg
immer wieder intensiv zu visualisieren, denn unser Denkapparat kann nicht
zwischen nur Vorgestelltem und tatsächlich Erlebtem unterscheiden, weil
beides dieselben Hirnareale aktiviert. Durch Techniken der Autosuggestion
wird das Unterbewusstsein beeinflusst und zum Verbündeten auf dem Weg
zum Sieg gemacht.

Fabian Hambüchen muss ein Meister derartiger Methoden sein, wie beispielsweise seine grandiosen Auftritte bei der Turn-WM 2007 belegen. Die halbe Nation forderte von ihm den Titel am Reck und er holte ihn – trotz oder wegen dieser für ihn persönlich in diesem Ausmaß neuen Erwartungshaltung der Fans. Sein Onkel und Mentaltrainer Bruno Hambüchen hatte einen großen Anteil daran, dass Fabian diesem Druck in bravouröser Manier standhielt.

Vielleicht hat Fabian Hambüchen während seiner Vorbereitung auch das Worst-Case-Szenario durchgespielt und gleich den optimalen Umgang damit verinnerlicht. Auch die Reaktion auf brenzlige Situationen lässt sich programmieren mit dem Resultat von mehr Erfolg beim Agieren unter Stress. Einmaliges Überlegen zwischendurch bringt dabei allerdings nichts, denn bei der Programmierung zählen Dauer, Häufigkeit und emotionale Intensität. Weil beim realen Erlebnis die Gefühle wesentlich stärker beteiligt sind als bei der bloßen

> **Erfolg wie auch die Reaktion in schwierigen Situationen lassen sich programmieren und visualisieren.**

Vorstellung, muss dieses Manko beim Mentaltraining durch Quantität ausgeglichen werden. Das bedeutet: wieder und wieder im Kopf dieselben positiven Szenen entstehen lassen!

Wesentlich häufiger schon aus der Pole-Position – und das im Wortsinne – startete Michael Schumacher einen Wettkampf. Der Ex-Rennfahrer und siebenmalige Formel-1-Weltmeister wurde als »eiskalte Rennmaschine« bezeichnet, doch mit Eiseskälte fährt niemand als Erster über die Ziellinie. Schumacher konnte vermutlich seine Emotionen besser kontrollieren als viele Konkurrenten, und er begegnete dem Druck mit grandiosem Mut. Selbst nach dem frontalen Crash seines Ferraris mit einem Reifenstapel beim Rennen in Silverstone büßte der Kerpener nichts von seiner Unerschrockenheit ein. »Sobald ich wusste, was den Unfall verursacht hat, habe ich es analysiert, und ich konnte es erklären. Daher war ich in der Lage, mit diesem Vorfall umzugehen«[46], kommentierte er den Vorfall. Eine Einstellung, wie man sie nur bei Champions findet.

Hartmut Ostrowski – Außenseiter mit dem Drive nach oben

Einer ganz anderen Form von Druck sehen sich die scheinbaren Underdogs gegenüber, die bei der Formel 1 aus der letzten Reihe starten oder im Tennis als Qualifikant auf die Weltelite treffen. Ein Beispiel für einen Außenseiter in der Wirtschaft ist *Hartmut Ostrowski,* Vorstandsvorsitzender der Bertelsmann AG. Während das Gros der Chefs in seiner Sphäre aus dem Großbürgertum und aus Akademikerfamilien stammt, ist Ostrowski der Sohn eines Handwerkers. So mancher traute ihm daher seinen jetzigen Job nicht zu, und er hatte während seines steilen Aufstiegs stets mit Ressentiments zu kämpfen. Doch der Bielefelder ließ sich davon nicht beirren. Mit festem Blick auf seine Ziele und dem Glauben an seine weit überdurchschnittlichen Fähigkeiten nahm er den Stress des Herausforderers eher als Leistungsanreiz. Schließlich erweise sich ja wahre Könnerschaft erst bei Schwierigkeiten, mag er sich gesagt haben, wenn ihm mal wieder jemand das Format für die Unternehmerelite absprach. Anfängliche Fehler gibt Ostrowski unumwunden zu. Als junger Manager habe er bei der Führung von Mitarbeitern jämmerlich versagt, mittlerweile jedoch bekommt er gute Noten bei Mitarbeiterbefragungen.[47] Druck war eben für Ostrowski immer ein Anlass, sich die Fähigkeiten anzueignen, die ihm noch fehlten.

> Druck kann ein Anlass sein, sich fehlende Fähigkeiten anzueignen.

Michael Schumacher und Hartmut Ostrowski stellen sich nicht die Frage, *ob* sie etwas schaffen, sondern allenfalls die, *wie* sie etwas schaffen. Wem das (noch) nicht gelingt, für den ist – im Sport wie auch in der Wirtschaft – die Analyse einst gehegter Befürchtungen hilfreich. Haben sie sich nicht oft als unnötig erwiesen oder schmolzen sie nicht durch Ignorieren dahin? Siegertypen gewöhnen sich Selbstzweifel fast völlig ab, indem sie einfach agieren. Handeln löst Ängste auf und macht Mut, kalkulierbare Risiken einzugehen. Das gilt für den Rennfahrer, der im Wissen um die Beherrschung seines Boliden mit Vollgas um die Kurven rast. Und es gilt ebenso für den Manager, der vor schwierigen Entscheidungen auf sein Können bauend in Aktion tritt.

Signale der Stärke aussenden oder: der magische Erfolgskreislauf

Apropos Entscheidungen: Menschen unter Erfolgsdruck müssen ständig Entschlüsse fassen. Dabei hilft ihnen der bewusste Wechsel in einen Spannungszustand, dem ein mehrmaliges tiefes Durchatmen sowie Recken und Strecken vorangehen sollten. Der Sprinter vor dem Startschuss geht auf Kommando in diesen Spannungszustand. Der Verkäufer, der Fondsmanager können davon lernen und vor dem Gespräch mit ihrem wichtigsten Kunden ihre Körpersprache aktiv steuern. Mit Gestik und Mimik, Stimme und vor allem Körperhaltung lassen sich Signale aussenden, die dem Gegenüber einen hohen oder niedrigen Status »melden«. Ersteres bezeugen eine aufrechte Haltung beim Sitzen und Verzicht aufs Anlehnen (Motto: Ich brauche keine Stütze!), zurückgenommene Schultern, ein erhobener Kopf, aufrechtes Schreiten anstelle eines schlurfenden Gangs. Ein kraftvoller und stabiler Zustand gibt zudem Entscheidungssicherheit. Bessere Entscheidungen führen durch besseres Verhalten zu besseren Ergebnissen – und das beeinflusst unsere Umwelt. Gleichzeitig prägen entsprechende Ergebnisse neue Erfahrungen, was auf unsere Glaubenssätze und Überzeugungen abfärbt. Ergebnis: ein noch stabilerer Zustand! Physiologische Parameter wirken also auf die Psyche und damit aufs Verhalten, was wiederum die Körpersprache

> **Wer sich unschlagbar gibt, erhöht seine Siegeschancen.**

eines Champions verleiht. Mit anderen Worten: Wer sich gibt, als sei er unschlagbar, der erhöht seine Siegeschancen. Und bei einem daraus resultierenden Sieg steigt das Selbstvertrauen. Ein magischer Erfolgskreislauf, in dem sich der Erfolg immer mehr potenziert.

Neue Wege als Druckventil und das Lob der Konzentration

Keine Lösung beim Umgang mit hohen Erwartungen ist es, sich auf eine Taktik zu versteifen, die sich früher einmal als Erfolgsstrategie erwiesen hat. Vielmehr kann nur derjenige Erfolge wiederholen, der bereit ist zur ständigen Weiterentwicklung und auch zu grundsätzlichen Änderungen. Die Fußballerin Birgit Prinz etwa ist längst nicht mehr durch ihr jugendliches Draufgängertum erfolgreich, sondern heute vor allem durch die mit den Jahren gewachsene Spielintelligenz und Führungsstärke. Hubert Burda probierte stets Neues aus, statt die Konzepte seiner auflagenstarken Magazine zu kopieren. Beispiele sind sein Engagement in den Bereichen *Digital Business* und *Digital Lifestyle*. Solche Innovationen können als Druckventil fungieren, weil sie stets neue Chancen eröffnen und die Sicht auf neue Horizonte freigeben.

Ob mit immer neuen Wegen, mit Selbstprogrammierung oder gestähltem Selbstbewusstsein: Erwartungsdruck in positive Energie umzusetzen, ist ein entscheidender Schritt auf dem Weg zum Erfolg. Diese Power sowie eine optimale Vorbereitung nutzen aber wenig, wenn sich im entscheidenden Augenblick die Konzentration als mangelhaft erweist. Jeder Topsportler und jeder Topmanager braucht die Fähigkeit, im Wettkampf beziehungsweise bei einer wichtigen Rede oder Verhandlung alle seine Gedanken auf die Aktion, das Thema, zu verengen. Auch die größte Fitness und die größte Fachkompetenz, eine brodelnde Leidenschaft und glasklare Ziele sorgen nicht automatisch für hundertzehnprozentige Aufmerksamkeit, wenn es darauf ankommt. Die Konzentration gelingt mittels spezieller Techniken und sie ist immer – im Sport wie im Business – ein Ausweis von Siegertypen. Sie können von allem momentan Unwichtigen Abstand nehmen und sich mit ihrer gesamten Kraft der aktuellen Aufgabe widmen.

Favorit oder Underdog? Ihr ganz persönlicher Weg zum Erfolg

Dem Erwartungsdruck standhalten – es geht nur um Sie und Ihr persönliches Ziel!

>>> Lassen Sie sich nicht von anderen beirren. Sie sind, wie Sie sind. Und genau deshalb stehen Sie vorne!

>>> Finden Sie angemessene Ventile für den Druck, der auf Ihnen lastet.

>>> Fokussieren Sie sich auf Ihre individuelle Leistung, Ihr persönliches Ziel. Blenden Sie den Rest aus.

>>> Spielen Sie die Situation in Gedanken erfolgreich durch. Visualisieren Sie. Rufen Sie starke positive geistige Bilder des Gelingens in sich hervor. Denn Ihr Gehirn macht keine Unterschiede zwischen dem, was geschehen ist, und dem, was Sie sich vorstellen.

>>> Überlegen Sie, wann und wie Sie in solcher oder vergleichbarer Situation dem Druck standgehalten haben. Rufen Sie sich alte Erfolge in Erinnerung.

>>> Fragen Sie sich: Was kann im schlimmsten Fall passieren? Geht Ihr Leben weiter? Ja! Dann kann es doch gar nicht so dramatisch werden. Oft helfen auch Gedanken an das, was wirklich wichtig ist (etwa in Ihrem Privatleben).

>>> Nutzen Sie positive, ermutigende Selbstgespräche. Stehen Sie sich als bester Freund zur Seite.

>>> Ziehen Sie Kraft aus der Bestätigung Ihrer Freunde, Ihrer Familie.

>>> Bereiten Sie sich so sorgfältig wie möglich auf den »Wettkampf«, also Ihre Präsentation, Ihr Kundengespräch, den wichtigen »Pitch«, den Vortrag vor. Das Gefühl guter Vorbereitung wird Ihnen Sicherheit geben.

>>> Glauben Sie an sich und Ihre Fähigkeiten, aber unterschätzen Sie niemals die Konkurrenz.

>>> Ruhen Sie sich niemals auf Ihren Lorbeeren aus – seien Sie offen für Veränderungen und Neues.

Als Außenseiter punkten – setzen Sie sich selbst unter Druck

>>> Setzen Sie sich (wenn nötig) selbst unter Druck. Stecken Sie sich realistische, aber ehrgeizige Ziele.

>>> Fragen Sie sich: Was kann der Favorit, was ich nicht auch kann? Versuchen Sie bereits im Vorfeld, von den Champions zu lernen. Welche Fähigkeiten und Fertigkeiten zeichnen Ihre Konkurrenz aus, wo können Sie punkten?

>>> Tragen Sie Ihr Ziel vor Augen. Jetzt können Sie beweisen, was in Ihnen steckt. Jetzt ist die Gelegenheit, Ihr Wissen und Können zu präsentieren!

>>> Treffen Sie mit sich eine Vereinbarung, dass Sie alles geben werden, um Ihr Potenzial auszuschöpfen. Machen Sie durch maximales Engagement auch in der Niederlage Werbung in eigener Sache.

>>> Lassen Sie sich nicht von Misserfolgen entmutigen – lernen Sie daraus!

>>> Geben Sie sich nach außen selbstbewusst, auch wenn innerlich die Nervosität zu spüren ist. Denn Ihre Physiologie, Ihre Körperhaltung wirkt direkt auf Ihren Zustand und Ihr Verhalten.

2. Konzentration von Gedanken und Taten

Wann »Tunnelblick« und innere Einkehr gefragt sind

> »Konzentration aller Kräfte!
> Die Zerstreuung ist der Tod aller Größe.«
>
> Friedrich von Schlegel

Wie weit käme ein Formel-1-Pilot, der während des Rennens an die bevorstehende Diskussion über seine Vertragsverlängerung denkt? Im schlimmsten Fall nur bis zur ersten Kurve des Kurses, im besten Fall als Nachzügler ins Ziel. Die Latte permanent reißen würde der Zehnkämpfer, wenn er sich beim Stabhochsprung bereits mit seiner Taktik für den 1500-Meter-Lauf beschäftigte. Champions dagegen konzentrieren sich voll und ganz auf ihre aktuelle Aufgabe, denn nur so können sie ihr Leistungsvermögen zu 100 Prozent abrufen. Wenn Handballer in der Halle auflaufen, Kanufahrer in ihr Boot steigen oder Dressurreiter mit ihrem Pferd am Start des Parcours stehen, dann sind sie nicht nur physisch an diesen Orten. Auch im Kopf dreht sich alles um das Spiel, die Wettfahrt, die geplante Kür. Andere Dinge, ob sie nun mit dem Sport zu tun haben oder nicht, sind in diesem Moment weit entrückt. Darüber hinaus ist die Einengung der Gedanken auch bei den Zielen ein weiteres Erfolgsprinzip von Topsportlern. Wer bei der nächsten Weltmeisterschaft triumphieren will oder an die Spitze der Weltrangliste möchte, der bündelt all seine physischen und psychischen Kräfte auf diese eine Vision.

Manager in der Wirtschaft glauben dagegen oftmals, überall zugleich sein und ihre Fühler in alle Richtungen ausstrecken zu müssen. Sie wollen zum Beispiel wichtige Fondsmanager von den glänzenden Aussichten ihres Unternehmens überzeugen, gleichzeitig die Produktpalette grundlegend verändern, möglichst viele Verhandlungen mit den Kunden selbst führen und außerdem mehr Kundenorientierung umsetzen. Folge: An jedem dieser Projekte wird ein bisschen gewerkelt und bei keinem ein Durchbruch erzielt. Lernen vom Spitzensport bedeutet deshalb, sich zu entscheiden und dann immer nur die primären Ziele zu verfolgen – aber das konsequent. Alles andere (sofern als wichtig erkannt) muss deshalb nicht gestrichen, aber verschoben oder delegiert werden.

> »Konzentration ist die Fähigkeit, Ablenkungen zu ignorieren und Aufmerksamkeit zu bündeln.«
>
> **Jörg Löhr**

Viele Menschen kommen nur deshalb nicht weiter, weil sie sich ständig ablenken lassen und damit den produktiven Schaffensfluss verhindern. Sie verzetteln sich – und das nicht selten im wörtlichen Sinne, wie von farbigen Haftnotizen überquellende Schreibtische beweisen. Wirksame Gegenstrategie der Erfolgstypen ist die volle Konzentration auf die augenblickliche Tätigkeit. Sie haben die Fähigkeit zum »Tunnelblick«, wenn es darauf ankommt, sind also ähnlich strukturiert wie Spitzensportler.

Reproduzierbare Höchstleistung dank Konzentration

Im wortwörtlichen Sinne vorhanden ist dieser Tunnelblick bei allen, die Schusssportarten ausüben. Bogenschützen beispielsweise visieren die Zielscheibe an und alles, was links und rechts von ihrer Schussbahn liegt, nehmen sie nicht mehr wahr. Unter Spannung steht nicht nur der Bogen, sondern »gespannt« werden ebenso der Geist und auch der gesamte Körper. Denn: Ohne eine perfekte Körperhaltung sind Fehlschüsse vorprogrammiert. Die deutsche Topschützin *Anja Hitzler* trainiert daher neben Technik und

Anja Hitzler

Kraft auch intensiv im mentalen Bereich. Im Wettkampf pflegt sie vor jedem Schuss ein spezielles Ritual, das die Bundeswehrsportlerin so beschreibt: »Ich stelle mir den Ablauf eines perfekten Schusses vor und konzentriere mich darauf, diese Vorstellung umzusetzen.« Das Bogenschießen sei eine Mischung aus Spannung und Entspannung, Zielen und Loslassen – »und das alles in höchster Konzentration«.[48] Das Geheimnis bei der Arbeit mit Pfeil und Bogen liegt für Hitzler darin, den perfekten Schuss viele Dutzend Male zu wiederholen. Nur mit hundertprozentiger Konzentration lässt sich dieser Traum jedes Bogenschützen erfüllen.

Auch bei Anfängern landet der Pfeil irgendwann einmal in der Mitte der Scheibe – eine Art *Lucky Punch*. Für solche Zufallstreffer reicht ein wenig Glück, während die reproduzierbare Höchstleistung das Produkt aus Können und Konzentration ist. Das gilt fürs Bogenschießen, aber auch für alle anderen Sportarten und ebenso für jede berufliche Tätigkeit. Konzentration kommt vom lateinischen »concentra«, was »zusammen zum Mittelpunkt« bedeutet. Gemeint ist die willentliche Fokussierung der Aufmerksamkeit auf eine bestimmte Tätigkeit oder einen Denkvorgang. Für eine gewisse Zeit dominiert die aktuelle Aktion oder Empfindung das Bewusstsein und im Idealfall auch das Unterbewusstsein. All das, was dieser Aktivität vorausgegangen ist, hat bereits seine scharfen Konturen verloren. Auch mit dem, was Ergebnis seiner momentanen Handlung sein wird, beschäftigt sich ein Mensch in höchster Konzentration nicht primär. So hat die Bogenschützin Hitzler zwar ihren Volltreffer in der Mitte der Scheibe im Hinterkopf, doch ihr Geist und ihr Körper befassen sich im Augenblick des Schusses nur mit ebendiesem. Warum das notwendig ist, demonstriert noch einleuchtender das Beispiel eines Tischtennisspielers: Er will mit dem nächsten Schlag einen Punkt erzielen, beschäftigt sich jedoch vorrangig mit dem Schlag selbst!

Auch im beruflichen Alltag ist die Konzentration auf die augenblickliche Tätigkeit eine der wesentlichen Erfolgsstrategien. Die Realität an vielen Arbeitsplätzen sieht allerdings anders aus: Da klingelt alle fünf Minuten das Telefon, bezieht sich jeder Anruf auf ein anderes Projekt. Der Computer signalisiert ständig den Eingang einer neuen E-Mail. Die Sekretärin will wissen, welches Hotel sie buchen soll, und die Kollegin von nebenan möchte von ihrem Wochenende erzählen. All diese Dinge »knabbern« nicht nur am Zeitbudget, sie stören auch immer wieder den Arbeits- und Gedankenfluss, was die Qualität der Leistungen mindert. Siegertypen gehen dagegen an, indem sie sich abschotten, wenn sie etwas Wichtiges zu erledigen haben. Sie schließen ihr E-Mail-Postfach oder unterbinden ablenkende Signaltöne,

Zündende Ideen entstehen nur, wenn die Schaffenskraft, die Kreativität und das Fachwissen in eine Richtung strömen und »Abflüsse« verhindert werden.

stellen das Telefon um und instruieren ihre Sekretärin, niemanden durchzustellen. Man merkt einer Präsentation, einem Vortrag, dem Strategieentwurf an, ob sie in Stunden ohne Störung oder aber in 15-Minuten-Etappen entstanden sind.

Sonnenstrahlen erwärmen die Erdoberfläche, doch nur wenn diese mit einem Brennglas gebündelt werden, lodert ein Feuer auf. Analog dazu müssen auch wir unsere Energie fokussieren, um ein inneres Feuer zu entfachen. Ein solches brennt beispielsweise in Justus Frantz, wenn er am Dirigentenpult steht. Musik sei für ihn eine Art Meditation, sagt der berühmte Dirigent und Pianist. Bereits nach wenigen Momenten gebe es den Effekt, dass man die Umwelt total ausblende, als befinde man sich auf einer einsamen Insel. Für Frantz entscheidet sich Triumph oder Misserfolg an der Antwort auf die Frage, ob die höchste Konzentration während der gesamten Dauer eines Konzertes aufrechterhalten werden kann – sowohl beim Dirigenten als auch bei den Musikern.

Konzentration auf eine Tätigkeit erfordert Begeisterung

Die Eliminierung störender Einflüsse ist nur eine notwendige, keine hinreichende Bedingung für absolute Konzentration. So wird ein Rechtsanwalt, der lediglich aus Familientradition, aber ohne Leidenschaft Jura studiert, nie außerordentliche Leistungen vollbringen. Auch wenn sein Telefon schweigt und er alle Routinetätigkeiten an sein Team delegiert, findet er Quellen der Ablenkung. Während er an einem Schriftsatz arbeitet, kreisen seine Gedanken vielleicht um den fantastischen Artikel über das neue Opernhaus der Stadt. Ja, wie gerne wäre er Architekt geworden und hätte sein Talent zur Gestaltung ausgelebt! Stattdessen sitzt er in der Kanzlei, die einst seinem Vater gehörte, und wälzt in seinen Augen langweilige Paragrafen. Dieses Beispiel lehrt: Ohne Freude an dem, was man tut, ohne Begeisterung für den eigenen Job kann Konzentration nicht gelingen. Wer etwas nur halbherzig oder gar widerwillig erledigt, der fühlt sich sehr bald geschafft. Die Gedanken schweifen immer wieder ab, jede Gelegenheit zur Unterbrechung wird bereitwillig genutzt.

Ganz anders sieht es bei den Menschen aus, die ihre Stärken leben und das tun, wofür ihr Herz schlägt. Sie sind positiv gestimmt und motiviert, was die Konzentration fördert, wie Psychologen herausgefunden haben. Kinder, die etwas tun, das ihnen Spaß macht, versenken sich völlig in diese Tätigkeit. Einem Juristen, der leidenschaftlich gerne ein Plädoyer schreibt, kommt mit Sicherheit nicht der Bericht über das neue Opernhaus in den Sinn, während er die Akten seines derzeitigen Mandanten studiert. Vielmehr taucht er völlig in den Fall ein, was seine Rede vor Gericht widerspiegeln wird. Unter Spitzensportlern ist Begeisterung die Norm, und immer trägt sie einen Gutteil zur Konzentration bei. Weil jede Faser des Körpers laufen, springen oder schwimmen will, fällt die Ausblendung alles anderen nicht schwer. Der Blick in das Gesicht von Siegertypen am Start ist wie ein Blick in eine andere Welt. Der Sportler reduziert seine Wahrnehmung auf die Sinne, die er für seine Aufgabe braucht, und schaltet alle anderen weitgehend ab. Selbst die Dimensionen scheinen sich zu reduzieren: auf die Länge und die Zeit beim Läufer, die Länge und die Höhe beim Stabhochspringer. Diese Beschränkung beschleunigt den Sportler in Richtung Erfolg wie eine Verengung des Flussbetts das Wasser in Richtung Meer.

Bei Gerd-Rüdiger Lang war es die Liebe zu kleinen, sich drehenden Rädchen, die ihn auf die Erfolgsspur brachte. Der aus Braunschweig stammende Uhrmachermeister entschloss sich vor 25 Jahren, dem guten alten mechanischen Uhrwerk treu zu bleiben, während der Rest der Branche längst auf Quarzuhren umgeschwenkt war. Langs Leidenschaft für die ästhetische Mechanik bewirkte seine kompromisslose Konzentration auf ein Produkt, obwohl dessen Zeit abgelaufen zu sein schien. Er gründete das Unternehmen Chronoswiss Uhren GmbH und gestaltete mit Akribie – und höchster Konzentration – selbst eher unauffällige Details. So schuf er Uhren mit typischem Gesicht und Finessen, für welche die etablierten Luxus-

> **»Körperhaltung, Mimik und Gestik verraten, ob jemand konzentriert ist oder nicht.«**
>
> **Heiner Brand**

uhrenhersteller keine Zeit opferten. Lang wurde für seine Konzentration auf edle Uhren mit mechanischen Herzen belohnt, denn heute erlebt diese Art Zeitmesser eine erstaunliche Renaissance. Der deutsche Perfektionist, der die Bestandteile seiner Uhren aus der Schweiz bezieht, hat sich nie durch Moden ablenken lassen und war gerade dadurch erfolgreich. Da zeugt es von Konsequenz, wenn er auch die aktuellen Entwicklungen bei den Luxus-uhren – etwa die asymmetrischen Zifferblätter – nicht mitmachen will. Das sei nicht mehr sein Weg, erklärt Lang[49]. Ähnlich mag er sich ausgedrückt haben, als er sich vor etwa 25 Jahren der »Quarzzeit« verweigerte, weil er sich für diese nicht begeistern konnte.

Ehrgeizige Ziele erleichtern die Bündelung der Energie

Wie die Begeisterung für eine Sache ist auch ein Ziel der Konzentration dienlich – sofern es ambitioniert ist, also eine Herausforderung darstellt, die alle zur Verfügung stehenden Kräfte absorbiert. Entsprechend definiert der Brockhaus Konzentration als »die Zentrierung seelischen Geschehens, speziell die bewusste Steigerung der Aufmerksamkeit auf ein vorgegebenes Ziel«. Die Klarheit darüber, wohin wir wollen, bewirkt, dass auch eher ungeliebte Tätigkeiten mit vollem Einsatz in Angriff genommen werden. Will ein Werbefotograf unbedingt einen bestimmten Auftrag, wird er auch dann voll konzentriert an der Präsentation für die Vorstellung beim Kunden arbeiten, wenn ein *Power-Point*-Vortrag nicht gerade seine Passion ist. Weil er für die anstehende Kampagne die Bilder machen möchte, unternimmt er alles, um den Kunden von seiner Brillanz zu überzeugen. Eine Einstellung, die für Spitzensportler völlig selbstverständlich ist. Sie konzentrieren sich Tag für Tag im Training ebenso wie im Wettkampf, obwohl sie dabei in der Regel keine jubelnden Fans antreiben und manche Trainingseinheiten mühsam sind. Die Bogenschützin Anja Hitzler feuert im Training schon mal 300 Schüsse mit gleich

Konzentration steigt durch Übung.

bleibender Spannung und Aufmerksamkeit ab. Denn sie weiß: Die Konzentrationsfähigkeit steigt durch üben, üben, üben.

Wesentlich für die Konzentration der deutschen Handball-Nationalmannschaft während der WM 2007 war die Zielklarheit der Spieler. Das Team wurde im Training und bei der mentalen Vorbereitung am Ammersee auf das »Projekt Gold« eingeschworen. Die einmalige, weil für keinen der Spieler wiederholbare Situation einer Weltmeisterschaft im eigenen Land verlangte nach beharrlichem Kampf gegen jede Ablenkung. Kartenwünsche von Freunden und Bekannten waren daher ebenso tabu wie eine zu intensive Beschäftigung mit den Medien. Dabei ging es nicht um eine permanente Konzentration auf die handballerischen Aktionen, was über die zwei Wochen des Turniers gar nicht möglich gewesen wäre. Die Anspannung von Körper und Geist mit Blickrichtung auf den nächsten Gegner erfolgte immer erst am Tage des jeweiligen Spiels. Was aber sehr wohl 17 Tage lang in nahezu perfekter Manier umgesetzt wurde, war die Konzentration auf das große Ziel, den Weltmeistertitel.

Ob der Torhüter Henning Fritz den Ball geradezu magisch auf sich lenkte oder die deutschen Feldspieler die einstudierten Spielzüge fehlerlos realisierten – immer war höchste Konzentration ein Schlüssel zum Erfolg. Und immer half das »Zielfoto im Kopf« dabei, die im Handball eminent wichtige Konzentration zu konservieren – trotz der in nahezu jedem Spiel vorhandenen enormen körperlichen Belastungen und der Nervenanspannung. Weil das gelang, wurde das »Wintermärchen« Wirklichkeit und das »Projekt Gold« zum Abschluss gebracht. Analogien in anderen Bereichen finden sich viele: So spricht der Dirigent Justus Frantz von seiner inneren Federkraft, die es ihm ermögliche, über lange Stunden konzentriert zu sein.[50] Eine Federkraft, die nur besitzt, wer sich seiner Aufgabe, also seiner Ziele bewusst ist.

> »Erfolgstypen streben nicht möglichst viele Ziele an, sondern konzentrieren sich auf das für sie wirklich Wichtige.«
>
> **Jörg Löhr**

Realistischer Optimismus und das Gesetz der Anziehung

Das »Projekt Gold« der deutschen Handballer ist ein Paradebeispiel für realistischen Optimismus. So startete das Team nicht als Topfavorit, der voraussichtlich alle Gegner im Schongang besiegen würde, doch der Weltmeistertitel war aufgrund der Ergebnisse im Vorfeld auch kein Wolkenkuckucksheim. Die Spieler druckten nicht etwa »Deutschland Weltmeister 2007« oder ein Bild des Pokals auf ihre T-Shirts, sondern sie sprachen von einem Projekt! Dieser Begriff geht auf das lateinische »proiectum«, das Neutrum zu »proiectus«, zurück, was »nach vorn geworfen« heißt. In seiner allgemeinen Bedeutung eines besonderen Vorhabens meint Projekt sowohl den Vorgang als auch das Resultat der Heraushebung einer Sache. Anders ausgedrückt: Mit einem Projekt soll ein definiertes Ziel innerhalb einer definierten Zeitspanne erreicht werden. Das Projekt ist ein Vorhaben mit Entwurfscharakter, wobei die Projektteilnehmer wissen, dass sie ihren Plan umzusetzen vermögen, sich jedoch dafür anstrengen müssen. Schwarzer, Fritz und Co. sahen die Welt so, wie sie ist – eben als Realisten –, aber sie hoben – als Optimisten – das für sie Positive hervor. Eine Geisteshaltung, die Konzentration erst möglich macht, weil sie ihr einen Sinn verleiht.

Auch Unternehmen und ihre Mitarbeiter machen Erfolge weitaus wahrscheinlicher, wenn sie auf realistischen Optimismus setzen. Der ist von Traumtänzerei ebenso weit entfernt wie von kleinmütiger Übervorsicht. Schwierigkeiten, Probleme und Risiken werden durchaus wahr- und auch ernst genommen. Andererseits dominiert das Vertrauen in die eigenen Stärken die bereits mehrfach bewiesene Kompetenz und Erfahrung sowie die objektiv vorhandenen Chancen. Optimistische Realisten glauben fest daran, alle Hindernisse überwinden zu können und rechtzeitig Lösungen auch für solche Dinge zu finden, für die sie im Moment noch keine ausgefeilten Konzepte parat haben. Wie die Handballer beim WM-Turnier sind sie fähig, ihren Blickwinkel nach Bedarf zu erweitern oder einzuengen und sich so stets auf das gerade Geforderte zu konzentrieren. Zum einen fokussieren sie ihre Sicht auf die für ihr Projekt, ihre Karriere günstigen Tatsachen und Voraussetzungen. Zum anderen sind sie so flexibel, dass sie auch ausgetretene Pfade verlassen und riskante Aktionen wagen. Nicht von ungefähr sind beispielsweise optimistische Verkäufer laut Studien erheblich erfolgreicher als pessimistisch gestimmte.

Eng mit einem positiven Realismus zusammen hängt das so genannte »Gesetz der Anziehung«. Demnach ist das Leben eines Menschen das Resultat seiner vorherrschenden Gedanken. Wer also vorwiegend positiv denkt, der erhöht die Wahrscheinlichkeit, dass sich seine Träume und Wünsche erfüllen. Oberflächlich betrachtet, mag dieser Zusammenhang nach Esoterik klingen, doch bei genauerer Betrachtung leuchtet die Logik ein. Negative Gedanken zermürben und wirken damit kontraproduktiv, wenn es um die Erreichung eines Zieles geht. Ein Handballer, der sich vor seiner Einwechslung sagt: »Dann versuche ich es eben mal, aber zur Zeit habe ich keinen Lauf«, der braucht gar nicht erst aufs Feld zu gehen. Mit einer Selbstansprache wie »Jetzt setze ich um, was im letzten Training so gut geklappt hat« pusht er sich dagegen selbst zur Höchstleistung. Bejahende Gedanken sind nach wissenschaftlichen Erkenntnissen hundertmal wirkungsvoller als verneinende, negative Gedanken. Verständlich also, dass positive Selbstgespräche und eine Visualisierung der ersehnten Ziele die Konzentration auf die eigene Stärke fördern – und damit den Weg zum Erfolg ebnen.

> **Das Leben des Menschen ist ein Resultat seiner vorherrschenden Gedanken.**

Fabian Hambüchen – das Konzentrationswunder

Einer, dem der Optimismus und die Lebensfreude förmlich aus den Augen sprühen, ist *Fabian Hambüchen*. Kaum zufällig gilt der deutsche Turnstar als Vorbild in Sachen Konzentration, ja geradezu als Konzentrationswunder. Zuletzt bewies er dies bei der Weltmeisterschaft im September 2007 in Stuttgart. Nach einer Bronzemedaille im Mehrkampf mit der Mannschaft und Silber im Mehrkampf-Einzel holte der nur 1,63 Meter große »Turnfloh« Gold im Einzel am Reck. Zwar war Hambüchen an seinem Paradegerät aufgrund der schwierigsten Übung, der Übung also mit dem höchsten

Fabian Hambüchen

Grundwert, im Vorteil, doch Perfektion im Training bedeutet nicht automatisch Perfektion im Wettkampf. Zudem sorgte die Dramaturgie der Ereignisse mit den zwei Medaillen zuvor für enormen Druck auf den jungen Turner, zumal mit Eberhard Gienger hier 33 Jahre zuvor schon einmal ein Deutscher triumphiert hatte. Doch Hambüchen hielt all dem stand. Wenn Konzentration die Kunst ist, dort zu sein, wo man ist, dann beherrscht sie dieser Athlet wie kaum einer seiner Konkurrenten.

Neben seiner bereits als kleiner Junge vorhandenen Leidenschaft fürs Turnen hilft Fabian Hambüchen bei der Konzentration auch die regelmäßige Arbeit im mentalen Bereich. Eine große Rolle bei den Erfolgen in Stuttgart spielte zudem sicher, dass sich der Hesse seit einiger Zeit ganz auf das Turnen konzentrieren konnte, weil er im Frühjahr 2007 das Abitur bestanden hatte und damit die Schule nicht mehr einen Gutteil seiner Zeit beanspruchte. Nicht zufällig kam der Durchbruch erst in dem Moment, als die Bündelung aller Kräfte auf ein großes Ziel und einen Lebensbereich möglich war. Ähnlich verhält es sich im Business. Wer zehn gleichwertige Dinge tut, kann jedem dieser Dinge nur ein Zehntel seiner Energie und Aufmerksamkeit widmen. Übertragen auf die Wirtschaft heißt das auch: Die Konzentration auf bestimmte Geschäftsfelder ist angesagt. Unternehmen, die auf Diversifikation setzen, sind oftmals lediglich in den Jahren brummender Konjunktur erfolgreich. Die Firmen, welche sich für ihre Kernkompetenzen entscheiden, überleben Zeiten lahmender Nachfrage in vielen Fällen leichter. Ihr Expertenstatus lässt sie ebenso über die Wettbewerber siegen, wie dies einem Menschen gelingt, der sich auf seine Stärken konzentriert.

> »Mentales Training ist für viele Spitzensportler unverzichtbar, um eine hundertprozentige Konzentration zu erlernen.«
>
> **Heiner Brand**

Pausen sorgen für neue Energie und Wachheit

Ob Turnen oder Dirigieren: Die Konzentration auf eine Tätigkeit bedeutet eine enorme geistige Anstrengung und führt daher zur Ermüdung. Die Kunst ist es, sich so lange zu konzentrieren, wie die Erledigung der momentanen Aufgabe dauert. Im Sport muss die Bündelung der Aufmerksamkeit den Zeitraum des Wettkampfs umfassen sowie die Phasen intensiven Trainings, die typischerweise 60 bis 90 Minuten dauern. Im Business erfordern das wichtige Gespräch, die Erarbeitung von Argumenten für das nächste Meeting des Projektteams, die Arbeit am Schriftsatz oder am architektonischen Entwurf volle Konzentration. Der berufliche Alltag ist jedoch keineswegs ein Marathonlauf oder gar eine Aneinanderreihung von Triathlons. Er besteht vielmehr aus vielen extrem anspruchsvollen »Sprints«, auf die man sich immer wieder neu konzentrieren muss, um anschließend bewusst eine Pause einzulegen. Diese Breaks sind nötig, um

> **Auszeiten sind notwendig, um die Konzentration zu erhalten.**

die Wachheit wieder zu erlangen, ohne welche die Gedanken unweigerlich abschweifen und die Kräfte zerfransen. Um auch kurze Pausen effektiv zu nutzen, sind Techniken sinnvoll, die zu rascher Entspannung führen – wie autogenes Training oder Meditation. Aber auch der Kurzspaziergang oder die Tasse Tee kann helfen.

Erst Auszeiten machen die volle Konzentration auf eigene Ziele möglich, und der Tunnelblick auf die aktuelle Aufgabe liefert enormen Rückenwind für die Karriere. Wie die Beispiele von Erfolgstypen zeigen, läuft auf dem Weg an die Spitze nichts ohne diese Hinwendung zu einem Punkt und die Fokussierung der Gedanken. Leidenschaft und Begeisterung werden durch die Ausblendung alles momentan Nebensächlichen potenziert. Jeder Abfluss und damit Verlust von Energie wird verhindert. Allerdings darf die Konzentration auf sich selbst nicht zur Rücksichtslosigkeit führen, denn der Zweck heiligt keinesfalls sämtliche denkbaren Mittel. Das gilt nicht nur im Mannschaftssport und bei Teamplayern in einer Projektgruppe, sondern auch für »Einzelkämpfer« und natürlich auch für scheinbar autark agierende Führungskräfte.

Vorfahrt für Fairness oder die Achtung vor dem Gegner

Im Spitzensport wie in der Wirtschaft schwebt niemand im luftleeren Raum. Jeder Akteur hat sportliche Gegner beziehungsweise Wettbewerber, die ihre eigenen Ziele verfolgen. Das ist nur legitim. Wenn der Stürmer des Clubs A den Ball ins Tor des Clubs B befördern möchte, der Verteidiger von B aber partout etwas dagegen hat, sind Spielregeln für den fairen Wettkampf nötig. Im Business gibt es ebenfalls Gebote der Fairness, auch wenn hier die Normen weniger klar definiert sind und Verstöße nicht unbedingt sofort geahndet werden. Champions zeichnet oftmals eine besondere Fairness aus, die über die Einhaltung von Regeln hinausgeht. Gerade in der Wirtschaft kann zudem faires Verhalten aus Konkurrenten Partner machen. Daraus entstehen Win-win-Situationen, die in der netzwerkartig strukturierten Wirtschaft der Zukunft an Bedeutung zunehmen werden.

Ganz oder gar nicht! Ihr ganz persönlicher Weg zum Erfolg

Konzentration ist die Fähigkeit, seine gesamte Aufmerksamkeit auf etwas auszurichten. Herausfordernde Aufgaben erfordern ein Höchstmaß an Konzentration. Wollen wir etwas besonders gut machen, wollen wir echte Höchstleistungen erbringen, dann müssen wir in den entscheidenden Momenten ganz bei der Sache sein, um unser volles Potenzial ausschöpfen zu können – im Sport ganz genauso wie im Business.

Wie Sie sich auf das Wesentliche fokussieren und konzentriert Höchstleistungen erbringen

Unsere Tipps

》》》 Tun Sie, was Sie tun, mit Begeisterung.

Konzentration fällt uns umso leichter, je mehr Freude wir an dem haben, was wir gerade tun. Begeisterung ist darum eine wichtige Voraussetzung für konzentriertes Handeln. Tragen Sie Ihr motivierendes Zielfoto im Kopf, wenn Sie in Ihren »Wettkampf« gehen. Denken Sie an einen Schwimmer, der auf dem Startblock steht, und versuchen Sie diese positive Anspannung und Zielklarheit auf Ihre momentane »Wettkampfsituation« zu übertragen. Vortrag – Präsentation – ein wichtiges Gespräch – jetzt zählt nur noch, was für Sie gerade im Augenblick wichtig ist.

》》》 Steigern Sie Ihre persönliche Konzentrationsfähigkeit.

Vielleicht können Sie Ihre Fähigkeit zur Konzentration noch steigern – etwa durch autogenes Training, Meditation, Muskelentspannungstraining oder gewisse Sportarten. Lassen Sie sich von Experten entsprechende Übungen zeigen, die Sie dann gezielt trainieren und vor Ihrem »Wettkampf« einsetzen können.

⟫⟫ Blenden Sie störende Einflüsse konsequent aus.

Sie können nicht konzentriert an einer Aufgabe arbeiten, gleichzeitig eingehende E-Mails beantworten und ein offenes Ohr für die Fragen Ihrer Kollegen haben. Multitasking ist nur dann möglich, wenn Sie eben keine Höchstleistung erbringen wollen. Sitzen Sie aber an einer wichtigen Präsentation, Konzeption oder sind in einem wichtigen Kundengespräch, dann müssen alle (potenziellen) Störfaktoren ausgeblendet werden. Setzen Sie Prioritäten! Stellen Sie Ihr Telefon um, rufen Sie keine Mails ab und signalisieren Sie Ihrem Umfeld freundlich, aber bestimmt, dass Sie bitte nicht gestört werden wollen. Fokussieren Sie sich ganz auf Ihre aktuelle Aufgabe und lassen Sie sich nicht durch Alltägliches ablenken. Weniger Wichtiges kann jetzt warten!

⟫⟫ Bringen Sie sich in einen guten körperlichen und emotionalen Zustand.

Kein Topathlet käme auf den Gedanken, am Abend vor einem wichtigen Wettkampf auf einer Party zu feiern – oder seinen Körper mit einem schweren Vier-Gänge-Menü und übermäßigem Alkoholkonsum zu belasten. Auch wenn die Leistungen, die Sie erbringen müssen, häufig keine so hohe körperliche Fitness erfordern, so sollten Sie doch darauf achten, dass Sie sich durch ausreichend Schlaf und ausgewogene Ernährung in einen guten Zustand bringen. Auch ein Familienkonflikt am Morgen ist nicht gerade die beste Voraussetzung für Höchstleistungen, auch wenn wir häufig meinen, wir steckten das schon weg. Versuchen Sie, den Tag positiv anzugehen – ohne Zeitdruck mit Ihrer Lieblingsmusik, Ihrem Lieblingsfrühstück. Gerade Spitzensportler nutzen diese positiven Rituale.

3. Positive Impulse durch Fairplay

Respekt für andere und Eigennutz sind kompatibel

»Wir schulden einem Menschen dieselbe Rücksicht wie einem Bild, das wir bedachtsam ins rechte Licht rücken.«

Ralph Waldo Emerson

Fairness gegenüber den Konkurrenten ist nur etwas für ewige Verlierer und verträgt sich nicht mit unbedingtem Siegeswillen? – »Ja, genauso ist es«, mag so mancher versucht sein zu antworten, wenn er an Vorfälle wie den berühmt-berüchtigten Eingriff der »Hand Gottes« denkt. Den Beistand des Allmächtigen reklamierte der ehemalige argentinische Fußballer Diego Maradona für das »Tor«, das er im Viertelfinale gegen England bei der WM 1986 erzielte. Tatsächlich nahm der Superstar entgegen den Regeln seine eigene, höchst menschliche Hand zu Hilfe. Argentinien gewann und wurde später Weltmeister, so dass sich die mangelnde Fairness Maradonas offenbar ausgezahlt hatte. Als Vorbild für den Erfolg von Regelverstößen kann der Argentinier dennoch nicht herhalten. *Diego Armando Maradona* war zwar ein genialer Fußballer, aber er trat als Persönlichkeit außerhalb des Platzes kaum hervor und musste sogar eine Sperre wegen Drogenkonsums hinnehmen. Und was die WM 1986 angeht: Nach dem Handspiel erzielte der für viele beste Fußballer aller Zeiten als Abschluss eines Dribblings über den halben Platz ein absolut reguläres Tor, das als »WM-Tor des Jahrhunderts« in die Geschichte einging. Letzten Endes machten ihn solche Genie-

Diego Armando Maradona (Dritter von rechts)

streiche unsterblich, nicht jedoch die unfaire Aktion im Duell mit Englands Torhüter.

Die Lehre aus der Geschichte des »Teamworks« Gottes mit Maradona heißt: Unfaires Verhalten kann zwar kurzfristig zu Vorteilen führen, weil es nicht immer geahndet wird. Mittel- und langfristig aber entsteht Erfolg immer auf der Basis von allgemein akzeptierten Normen und Werten, was sowohl im Sport als auch in der Wirtschaft gilt. Doping und Korruption, bewusst harte Fouls und Mobbing sind Eingeständnisse der eigenen Unzulänglichkeit. Wer zu diesen Mitteln greifen muss, der kann offenbar nicht auf geradem Wege siegen beziehungsweise aufsteigen. Demgegenüber zeugt Fairness von Souveränität, die eine typische Eigenschaft von Siegertypen ist. Champions bauen auf ihre Stärken, nicht auf die Unaufmerksamkeit des Schiedsrichters oder diverser Kontrollinstanzen.

Fairplay umfasst selbstverständlich das Einhalten von Spielregeln, ohne die im Sport wie im Business kein Wettkampf funktioniert. Es erstreckt sich darüber hinaus auf den respektvollen Umgang mit den Mitspielern, dem

Trainer, den Konkurrenten und den Fans beziehungsweise den Kollegen, den Wettbewerbern und den Kunden. Und nicht zuletzt beinhaltet Fairplay auch kooperatives Verhalten, das oftmals positive Impulse für alle Beteiligten mit sich bringt.

Timo Boll oder das Vorbild mit dem schnellen Ball

Äußerst kooperativ war der deutsche Toptischtennisspieler *Timo Boll*, als er bei den *Katar Open 2002* einen Regelverstoß seines Gegners Ma Lin hinnahm. Der Chinese hatte seinen zuvor bereits beschädigten Schläger neu beklebt, was nicht erlaubt war. Boll hätte protestieren und sich am grünen Tisch zum Sieger erklären lassen können, doch er verzichtete darauf. Der Verband deutscher Sportjournalisten zeichnete ihn dafür mit der Fair-Play-Trophäe aus und die Fans in China lieben ihn noch heute. Fast noch extremer und seltener war eine weitere Aktion Bolls bei den Tischtennis-Weltmeisterschaften 2005 in Shanghai: Im Match gegen Liu Ghuozheng stand es nach Sätzen 3:3, und der Deutsche lag im finalen Satz 13:12 vorn, als der Schiedsrichter einen Ball des Chinesen als Aus bewertete. Boll aber hatte die Berührung des Tisches gesehen und meldete dies dem Unparteiischen, der seine Entscheidung revidierte. Eine edle Geste mit drastischen Konsequenzen für den Hessen, denn er verlor die Partie und schied aus. Entschädigt wurde er durch die Fairness-Preise vom Tischtennis-Weltverband und dem Internationalen Komitee für Fairplay sowie dem Applaus von 10 000 Zuschauern.

> »Abgesehen von kurzfristigen Vorteilen gibt es keinen dauerhaften Erfolg ohne eine ethische Basis.«
>
> Jörg Löhr

Boll selbst spielt sein Fairplay herunter, indem er auf den Gruppenzwang zur Fairness verweist: »Wer nicht zugibt, dass der Ball des Gegners noch den Tisch berührt hat, ist richtig verpönt in der Branche.«[51] Zumindest hat ihm sein vorbildliches Verhalten nur punktuell »geschadet«. So wurde Boll unter anderem 2002 sowie 2007 Einzel-Europameister und führte zeitweise die Einzel-Weltrangliste an. Zudem sieht sich der Linkshänder keineswegs als Musterknabe. Als er bei einem Turnier seinen Schläger wegwarf, kassierte er sogar eine Rote Karte plus Punktabzug.

Grundsätzlich fair zu sein ist also nicht gleichbedeutend mit mangelnden Emotionen und fehlendem Siegeswillen. Vielmehr ist oftmals das Gegenteil der Fall, da ungewöhnlich faire Menschen wie Timo Boll einen außerordentlich hohen Anspruch an sich selbst haben. Die Medaille oder der Pokal als bloße Symbole eines wie auch immer erkämpften Erfolgs sind ihnen erheblich weniger wichtig als das Bewusstsein, einzig und allein aus eigener Stärke gewonnen zu haben. Sie wollen durchaus oben stehen, aber sie wollen auf dem Weg dorthin nicht ihre Konkurrenten mit unsportlichen Mitteln zu Fall bringen.

Chancengerechtigkeit und Wertschätzung des anderen

Im Sport spielt Fairplay aus vielen Gründen eine exponierte Rolle. Was fair und was unfair ist, lässt sich hier relativ leicht definieren. Zudem treffen die Kontrahenten direkter aufeinander als in anderen Bereichen, was exakte Regeln für den Umgang miteinander unabdingbar macht. Schließlich muss die Verletzungsgefahr für die Beteiligten eingedämmt werden, und nicht zuletzt hat der Sport für viele Menschen und insbesondere für die Jugend eine Vorbildfunktion. Noch klarer als bei der Motivation, der Ausdauer oder der Leidenschaft ist daher die Orientierung am Sport in Sachen Fairness. Das beweist bereits die Begrifflichkeit: Fair*play* steht ursprünglich für faires *Spiel,* Unsportlichkeit ist ein Synonym für Unfairness in jedwedem Bereich. Das englische Wort »fair« bedeutet unter anderem »anständig« oder »ordentlich«, und zu den vielen Facetten des schillernden Ausdrucks Fairness gehören Angemessenheit, Chancengerechtigkeit, Solidarität und Wertschätzung des anderen. »Ohne Fairness«, so der Direktor der Fairness-Stiftung Dr. Norbert Copray bei der Verleihung des Deutschen Fairness-Ehrenpreises 2001, »ist ein Zusammenleben verschiedener Menschen, Gruppen und Kulturen in einer menschlichen Gemeinschaft nicht möglich.«[52]

Timo Boll

Von allen Aspekten der Fairness am leichtesten zu fassen ist die Chancengerechtigkeit. Sie wird unter anderem durch unmissverständlich formulierte und schriftlich niedergelegte Spielregeln gewährleistet. Jeder, der an einem Wettkampf im Sport oder anderswo teilnimmt, ist an die jeweiligen Spielregeln gebunden. Deren Übertretung wird geahndet, wobei unabhängige Schiedsgerichte das Strafmaß festlegen. Der Philosophie-Professor und ehemalige Olympiasieger im Ruder-Achter Hans Lenk nennt die Spielregeln eine »Mussnorm« und bezeichnet ihre Einhaltung als »formelle Fairness«. Sie kommt überall dort vor, wo geregelte Auseinandersetzungen stattfinden, also im Sport genauso wie in der Wirtschaft und in allen anderen Konkurrenzbereichen. Lenk spricht daher auch von »Konkurrenz-Fairness«, die allen Beteiligten prinzipiell gleiche Erfolgschancen ermöglicht.

> »Zur Fairness im Umgang miteinander gehören immer auch Ehrlichkeit und Verlässlichkeit.«
>
> **Heiner Brand**

Wie das Beispiel Timo Boll eindrucksvoll belegt, erschöpft sich Fairplay jedoch nicht im peniblen Einhalten der offiziellen Spielregeln. Das, was der Tischtennisstar an den Tag legte, heißt in der Nomenklatur des Philosophen Lenk »informelle Fairness«.[53] Sie ist eine »Sollnorm« und nicht formal regulierbar. Informelle Fairness bezieht sich auf ungeschriebene Gesetze, die mit Humanität, Moral und sozialer Gerechtigkeit zu tun haben. Sie sind zum Teil auslegbar, und ihre Beachtung kann nicht erzwungen werden. Kein Paragraf führt zur Bestrafung eines Tischtennisspielers, der die für ihn günstige Fehlentscheidung des Schiedsrichters nicht korrigiert. Keinerlei Sanktionen drohen dem Chef einer Firma, der systematisch Topleute vom härtesten Konkurrenten abwirbt. Dieser Sportler und dieser Manager aber handeln in den Augen der meisten Menschen unfair, und ihr Erfolg bekommt deshalb einen negativen Beigeschmack. Fairplay ist eben mehr als der Verzicht auf ein offensichtliches Foul, eine gesetzeswidrige Bestechung oder das Vorspiegeln falscher Tatsachen auf der Aktionärsversammlung. Fairplay beschreibt die Haltung eines Menschen, der die physische und psychische Unversehrtheit seines Konkurrenten wahrt sowie Gewalt und Betrug ablehnt. Er denkt trotz allen Eigennutzes immer auch vom anderen her, selbst wenn er damit seinem eigenen Handeln Grenzen setzen muss.

Familie Leibinger – Unternehmensführung mit Anstand

Als Timo Boll den korrekten Schlag seines Gegners anerkannte, folgte er instinktiv seinen Werten und versetzte sich in die Lage des Kontrahenten sowie in die der chinesischen Fans auf den Rängen. Ist dies ein in der Wirtschaft undenkbarer Anstand, weil doch hier stets mit harten Bandagen gekämpft wird und Korrektheit nichts als Schwäche wäre? So mancher wird diese Frage bejahen, aber gerade in den Sphären extrem erfolgreicher Unternehmer finden sich eine Menge Gegenbeispiele. *Berthold Leibinger* gehört dazu, der ehemalige Geschäftsführer und jetzige Aufsichtsratsvorsitzende der Firma Trumpf. Beim weltweit größten Anbieter von Werkzeugmaschinen lässt sich studieren, wie faire Unternehmensführung in der Praxis aussieht. Bereits Mitte der 90er-Jahre schuf Leibinger bei Trumpf in Ditzingen ein Bündnis für Arbeit, das den Mitarbeitern umfangreiche Arbeitsplatzgarantien bescherte. Die erwirtschafteten Gewinne wurden kontinuierlich ins Unternehmen reinvestiert, die Gesellschafter mussten sich bei der Mittelentnahme einem strengen Reglement unterwerfen.

2006 wurde die Unternehmerfamilie Leibinger mit dem Deutschen Fairness Preis ausgezeichnet, den die Fairness-Stiftung alljährlich verleiht. Zu den Preisträgern gehörte neben Berthold Leibinger auch dessen Tochter Nicola Leibinger, die 2005 die Geschäftsführung übernommen hatte. Scheinbar nur ein kleines Detail, fügt sich Leibingers rechtzeitiger Abtritt nahtlos in seine von Verantwortungsbewusstsein geprägte Grundhaltung ein. Statt so lange wie möglich die Zügel in der Hand zu behalten, ließ er rechtzeitig los – im Interesse seiner Mitarbeiter, des Unternehmens, der

> »Es ist nicht nur wichtig, was man tut, sondern auch, wie man es tut.«
>
> Jörg Löhr

> **Echte Gewinner bestehen auch vor dem Urteil ihrer Mitarbeiter und Kunden – nicht nur vor dem der Shareholder.**

Kunden und auch der neuen Führung. Die Fairness-Stiftung begründete ihre Wahl des Preisträgers 2006 unter anderem mit der von Leibinger geprägten fairen, sozial engagierten und integrativ entwickelten Unternehmens- und Führungskultur. Berthold Leibinger zitierte einmal Thomas Mann, um die Forderungen an einen ehrbaren Kaufmann zusammenzufassen: »Sei mit Lust bei den Geschäften am Tage, aber mache nur solche, dass wir bei Nacht ruhig schlafen können.«

Der Preis einer Ware ergibt sich für Leibinger nicht allein aus den Material- und Herstellungskosten. Vielmehr fließen seiner Überzeugung nach auch die Produktionsbedingungen und das Geschäftsgebaren ein. Zwar weiß der leidenschaftliche Ingenieur um die unterschiedlichen Gegebenheiten in verschiedenen Ländern, doch haben ethische Standards für ihn überregionale Gültigkeit. »Das Ziel heißt, dass wir auch in einer globalisierten Welt mit all ihren Gegensätzen und Widersprüchen menschlich miteinander umgehen«, so Leibinger, der trotz oder gerade wegen seiner ethischen Gesinnung zu einem der erfolgreichsten deutschen Unternehmer wurde. Der gebürtige Stuttgarter, der auch Hochschullehrer war und sich als Mäzen engagierte, belegt auf höchst eindrucksvolle Weise, dass Fairplay für positive Impulse sorgt und den Erfolg eher fördert denn behindert.

Dem Gewissen folgen und nicht nur den Vorschriften

Leibinger könnte als Lehrbeispiel für »informelle Fairness« dienen, die immer an Charakterstärke gekoppelt ist. Das Studium seiner und ähnlicher Erfolgsgeschichten belegt die positive Kraft von Achtsamkeit, Einfühlungsvermögen und Offenheit. Unternehmerpersönlichkeiten vom Schlage Leibingers minimieren die Risiken für ihre Angestellten, Arbeitnehmer und Kunden. Sie beachten Sozialstandards im eigenen Unternehmen und fordern dieselben bei den Lieferanten ein. Sie haben durchaus einen Blick für ökonomische Chancen und nutzen diese, ohne jedoch spektakuläre und rasche Erfolge um jeden Preis anzustreben. Genau hinschauen heißt die Devise. Fairplay erweist sich zwar vornehmlich in Aktionen, doch es ist auch eine Art des Denkens, eine Gesinnung. Im Sport, wo immer wieder Kampagnen für mehr Fairness gestartet werden, respektieren faire Athleten nicht allein die Buchstaben der Regeln, sondern auch deren Geist. Analog beachten faire Manager zum einen die Vorschriften, zum anderen aber auch die sich aus ihrem Gewissen ergebenden Pflichten. In der populären Fassung von Immanuel Kants kategorischem Imperativ lautet die Aufforderung zur Fairness so: »Was du nicht willst, das man dir tu, das füg auch keinem anderen zu.« Oder in der Diktion des Königsberger Philosophen: »Handle nur nach derjenigen Maxime, von der du zugleich wollen kannst, dass sie allgemeines Gesetz würde.«

Bianca Kappler könnte Kant genau studiert haben. Bei den Leichtathletik-Europameisterschaften 2005 in der Halle hatte die Weitspringerin gerade ihren letzten Versuch absolviert, als ihr die Anzeigetafel eine Weite von 6,96 Metern verkündete. Das wäre Gold gewesen, doch Kappler war sich sicher, dass sie zu einer solchen Leistung nicht fähig war. Sie vermutete einen Messfehler oder Zahlendreher und meldete dies dem Kampfgericht. Nach einer dreistündigen Analyse der Fernsehbilder einen Tag später stand fest: Kapplers Sprung war keinesfalls 6,96 Meter weit, sondern etwa 6,60 Meter. Sie erhielt damit die Bronzemedaille – und später die Fair-Play-Trophäe des Internationalen Olympischen Komitees. So mancher mag die Weitspringerin als dumm bezeichnet und über ihre Ehrlichkeit gelacht haben. Kappler antwortete darauf mit Leistung. Nach einer Babypause hat sie mittlerweile die Schwelle von 6,90 Metern geschafft – ganz ohne Messfehler. Faire Sportler sind also keineswegs Typen ohne den letzten Biss. Viel-

> **Faire Sportler siegen aufgrund ihrer Leistung, nicht auf Kosten anderer.**

mehr haben sie davon oft besonders viel, weil sie einzig und allein dank ihrer Leistung siegen wollen – und nicht durch Zufälle und auf Kosten anderer.

Der Verzicht auf unberechtigte Vorteile wie bei Bianca Kappler und Timo Boll zeugt von Selbstständigkeit und Verantwortungsgefühl, die in allen Lebensbereichen von Bedeutung sind. Überhaupt könne der Sport viele Alltagstugenden lehren, betonte Karl Lehmann in seiner Laudatio anlässlich der Verleihung des Ethik-Preises 2007 des Katholischen Bundesverbands für Breiten- und Leistungssport. Neben Gerechtigkeit und Teamgeist gehörten dazu auch Achtung vor dem anderen, Rücksichtnahme, Beherrschung und Fairness, so der Mainzer Kardinal. Preisträger war der international erfolgreiche Fußball-Schiedsrichter Markus Merk, dem damit unter anderem eine Förderung sportlich fairen Verhaltens attestiert wurde. Bezeichnenderweise hob Lehmann in seiner Würdigung Merks auch dessen Fähigkeit hervor, sich selbst immer wieder infrage zu stellen. So hatte der Schiedsrichter beispielsweise einen folgenreichen Fehler eingestanden, nämlich den Platzverweis des Stuttgarter Profis Krassimir Balakov. Merk im Rückblick: »Da habe ich völlig überreagiert. Wenn ich eine Entscheidung in meiner Laufbahn zurücknehmen dürfte, dann wäre es diese.«[54] Für das Kuratorium zählten offenbar diese Selbstkritik und die Lernwilligkeit genauso zur Fairness wie soziale Verpflichtung. Markus Merk, außerhalb des Fußballplatzes ehemals als Zahnarzt tätig, engagiert sich auch seit vielen Jahren als Entwicklungshelfer.

■ Markus Merk: »Fairplay fördert das positive Spiel!«

Dr. Markus Merk ist seit 1992 FIFA-Schiedsrichter und seit Frühjahr 2002 der Schiedsrichter mit den meisten Einsätzen in der Fußball-Bundesliga. Zweimal wurde Merk zum Weltschiedsrichter des Jahres gewählt, 2005 erhielt er das Bundesverdienstkreuz für seine Verdienste um den deutschen Fußball und sein herausragendes soziales Engagement.

Herr Merk, welchen Stellenwert hat das Fairplay im internationalen Fußball?

Markus Merk: »Vereine sind heute Wirtschaftsunternehmen. Die Spieler suchen den Erfolg für ihren Club, aber im Besonderen auch ihren eigenen, persönlichen Erfolg. Als Schiedsrichter bin ich darauf eingestellt, dass mitunter Mittel eingesetzt werden, die nicht immer regelkonform sind. Grundsätzlich gehe ich jedoch nicht von einer bewussten Übertretung der Regeln aus.«

Wie lässt sich faires Verhalten fördern?

Merk: »Auf dem Spielfeld bewege ich mich, vor allem im internationalen Spitzenfußball, in einem exponierten Umfeld mit gefeierten Stars und dementsprechend charismatischen Persönlichkeiten. Fairness im Umgang miteinander erreiche ich über eine individualisierte Kommunikation. Ich erlebe immer wieder, wie wichtig es ist, den Menschen in den Mittelpunkt zu stellen.«

Wie verarbeiten Sie positive und negative Reaktionen?

Merk: »Einer Kritik darf ich mich nicht verschließen, muss aber auch eine gewisse Distanz bewahren. Vor allem Entscheidungsfreude findet ein hohes Maß an Wertschätzung, aber ich setze mich gerade in der medialen Entscheidungswelt des Fußballs immer Anfeindungen aus. Erfolge und Misserfolge zu analysieren und zu verarbeiten, sind für mich langfristige Erfolgsfaktoren. Neben der Fähigkeit zur Selbstkritik muss ich in der Lage sein, die von Subjektivität geprägten Sichtweisen des Umfeldes zu filtern.«

Zahlt sich faires Verhalten aus?

Merk: »Meiner Erfahrung nach ja. Teams und der einzelne Sportler, die zu unfairen Mitteln greifen, können sich in Einzelsituationen einen Vorteil verschaffen. Sie zerstören jedoch ihr positives Spiel und somit ihre Zielorientierung. Auf mittlere Sicht sind der Verlust von Wertschätzung und Anerkennung die Folge. Im Fußball erkennt man sehr oft eine Relation zwischen dem sportlichen Tabellenstand und dem Rang in der Fairplay-Tabelle. Wenn wir Nachhaltigkeit anstreben, so ist Fairplay für mich ein wichtiger Baustein für Erfolg, ja ein Goldfaktor – und das nicht nur im Sport, sondern auch im Berufsleben!«

> **»Durch Fairness entwickelt sich der Spielfluss besser.«**
>
> **Markus Merk**

Inwiefern fördert Fairplay das Spiel im Sport und in anderen Bereichen?

Merk: »Verhalten sich die Protagonisten fair, kann sich der Spielfluss besser entwickeln. Ich sehe mich als Schiedsrichter, nicht nur als der Reglementierende, sondern mehr als Spielleiter, der dem Spiel – so weit wie möglich – seinen Lauf lässt. Wenn mir dies gelingt, dann ist ein ›tolles Spiel‹ stets auch mein Verdienst. Ähnlich ist es im Berufsleben, wenn ich mich einbringen und Akzente setzen konnte, das Projekt dann aber weitgehend ohne mich läuft, ja sich vielleicht sogar für alle Beteiligten ›vergoldet‹.«

Faires und vertrauensvolles Führungshandeln

Markus Merk hat in seiner Karriere einige hochbrisante Spiele gepfiffen und dürfte einige Male das Knistern in der Luft bereits vor dem Anstoß gespürt haben. Fußballspieler wie auch andere Sportler begehen nicht nur Regelwidrigkeiten, sondern provozieren ihre Gegner – und manchmal auch

Markus Merk

Kontrahenten aus dem eigenen Team – auf mehr oder weniger subtile Weise. Da fliegen »Schwalben« im Strafraum, es wird gerempelt, verbal gedroht oder beleidigt. Gerade Topsportler aber tragen oft zur Deeskalation bei, weil sie ihrer Brillanz wegen keine Regelverstöße nötig haben. In der Wirtschaft lässt sich davon lernen, indem in erster Linie die Führungskräfte einen respektvollen Umgang mit den Wettbewerbern, aber auch innerhalb der eigenen Gruppe aktiv fördern und vorleben. Mechanismen des Konfliktmanagements wie Gesprächsbereitschaft, Vertrauensaufbau und Interessenausgleich erzeugen ein Arbeitsklima, das den Leistungswillen jedes Einzelnen maximiert. Regelmäßiger Austausch schärft den Blick für die Probleme der anderen Abteilungen. Dennoch braucht jede Gruppe einen Wettbewerb unter den Mitgliedern, denn der wirkt motivierend und leistungsfördernd, wie es der Leistungssport immer wieder demonstriert. Auch Kritik an Kollegen ist erlaubt, ja sogar erwünscht, aber sie muss konstruktiv sein. Zu den Tabus gehören Angriffe unter der Gürtellinie und eine bewusste Herabsetzung.

Das Resultat sind überdurchschnittlich loyale Mitarbeiter, die bis an ihre Leistungsgrenze und oft darüber hinaus gehen. Unlauterkeit, Bestechlichkeit, einseitige Bevorzugungen, das Brechen von Versprechen und Ähnliches dagegen führen in jedem Unternehmen und in jedem Verein zum Verlust von Autorität und Glaubwürdigkeit. Auch wenn die »informellen Fouls« in der Wirtschaft nicht sofort geahndet werden: Unfaires Verhalten wird fast immer durch die innere Kündigung bestraft. Wer demgegenüber als Vorgesetzter seinen Mitarbeitern die verdiente Anerkennung zollt und sie ihre Persönlichkeit entfalten lässt, der etabliert damit eine Kultur, die sich oft als entscheidende Erfolgsstrategie entpuppt.

Fairness wird quasi reflektiert, denn anständig Behandelte identifizieren sich besonders stark mit »ihrem« Unternehmen. Die Formel lautet: »Faire Chefs haben faire Mitarbeiter!«, wofür der Spitzensport allemal ein gutes Studienobjekt ist. Topfußballer, -tennisspieler oder -radfahrer haben nämlich aufgrund des ständigen direkten Kontakts eine feine Antenne für die Fairness ihres Trainers. Fühlen sie dessen Sinn für Gerechtigkeit, dann fügen sie sich seinen Entscheidungen und setzen sie um. Faire Trainer werden akzeptiert und respektiert. Außerdem tragen

> **Faire Chefs haben faire Mitarbeiter.**

ein fairer Führungsstil sowie Ehrlichkeit und Zuverlässigkeit des Trainers dazu bei, dass aus vielen einzelnen Akteuren ein Team entsteht. Sich dann hängen zu lassen und die anderen damit zu noch mehr Anstrengung zu treiben, wäre unfair. Diese Blöße will sich keiner geben, so dass Fairness über den »Umweg« des Teambuilding zur Ausschöpfung der Leistungspotenziale beiträgt. Fehler sind erlaubt, aber jeder fordert von sich selbst maximale Leistung. Und das bedeutet schließlich auch Fairness gegenüber sich selbst, indem die eigenen Talente bestmöglich genutzt werden.

Die Erwartungen von Fans und Kunden erfüllen

Eine weitere Dimension der Fairness ist die gegenüber den Fans beziehungsweise den Kunden. »Nachhaltigen Geschäftserfolg erzielt man nur, wenn man die Partner überzeugen kann, dass es sich lohnt, mit uns im Geschäft zu bleiben«, sagt Berthold Leibinger[55], der die Firma Trumpf nach dieser

Erkenntnis geführt hat. Ähnlich argumentiert Manfred Maus, der Gründer der Obi-Heimwerkermärkte: »Wir versuchen den Kunden zu sagen: Bei Obi gibt es Fairness. Kein Kunde darf sich über den Tisch gezogen fühlen.«[56] Daraus folgen das Einhalten von Versprechen, die Preiswürdigkeit der Produkte oder eine vertrauensvolle Zusammenarbeit im Business-to-Business-Bereich. Ohne Fairness dieser Art kann zwar ein Unternehmen kurzfristig hohe Umsätze machen, aber kaum dauerhaft erfolgreich sein. Warum das so ist, zeigt der Spitzensport, wo die »Kunden« auf den Rängen sitzen, Fanartikel kaufen und den Fernseher einschalten, um die Übertragung eines Matches zu sehen. Sie erwarten legitimerweise höchsten Einsatz ihrer Idole, wie ihn die deutsche Handball-Nationalmannschaft bei der WM 2007 gezeigt hat. Das »Projekt Gold« war auch ein Projekt für die Fans, die von den auf dem Feld Agierenden nicht enttäuscht werden durften.

Die Fairness gegenüber den Fans und die gegenüber dem Gegner hängen eng zusammen, da kein Zuschauer einen nur dank grober Fouls errungenen Sieg feiern will. Gerade im Handball ist ein verantwortungsbewusster Umgang mit dem anderen wegen des relativ kleinen Spielfelds und der körperbetonten Spielweise ungewöhnlich wichtig, um die hohe Verletzungsgefahr zu bannen. Im Mannschaftssport allgemein »dürfen Rücksichtnahme und gegenseitige Achtung innerhalb des Teams sowie gegenüber dem Schiedsrichter nicht fehlen«, meint der ehemalige Handball-Nationalspieler Stefan Kretzschmar. »Nur so kann man sich über den Sieg richtig freuen.« Und nur so können die

> **In den entstehenden Netzwerken der Wirtschaft werden Win-win-Verhältnisse immer wichtiger.**

Fans diese Freude teilen! Die wird übrigens noch größer, wenn sich die Konkurrenten um dieselbe Position in der Mannschaft in erster Linie als Partner begreifen. Dies war und ist im deutschen Team etwa bei Markus Baur und Michael Kraus der Fall. Der erfahrene Baur unterstützt den wesentlich jüngeren Kraus, wovon die Mannschaft und damit auch die beiden Akteure profitieren – und natürlich die Fans.

Win-win-Situationen, wie sie beim solidarischen Verhalten zweier Teamplayer einer Mannschaft entstehen, werden auch in der Wirtschaft immer wichtiger. Für die gerade anstehende aktuelle Aufgabe sind rasch gebildete Allianzen gefragt – ob innerhalb eines Unternehmens oder auch über die Grenzen von Unternehmen hinweg. In Zukunft werden sich die Individuen und die Firmen stärker auf ihre Kernkompetenzen konzentrieren, weil sie angesichts des explodierenden Wissenszuwachses nur in engen Bereichen Spezialist genug sein können. Gleichzeitig werden die Probleme komplexer, so dass sich viele Kompetenzinseln auf der Suche nach der Lösung zusammenschließen müssen. Folge wird eine Struktur der Wirtschaft sein, die auf flexiblen Netzwerken beruht. Und die funktionieren nur dann, wenn die »Mitspieler« auf Partnerschaft und Fairness setzen. Dabei kann der Sport auch mit seinen höchst erfolgreichen multiethnischen Teams als Vorbild dienen – für Toleranz und gegen Diskriminierung in allen Lebensbereichen, speziell in der Wirtschaft.

Taktische Finesse statt unfairer Tricks

Fairplay, Fairness, Rücksichtnahme, Respekt, Ehrlichkeit, Unbestechlichkeit – viele Begriffe für eine wichtige Grundhaltung im Sport und in der Wirtschaft. Sie scheint auf den ersten Blick kontraproduktiv für den eigenen Erfolg zu sein, doch wie viele Beispiele zeigen, ist zumeist eher das Gegenteil der Fall. Die Einhaltung der geschriebenen und ungeschriebenen Gesetze fällt demjenigen nicht schwer, der seine Stärken genau kennt und um ihre Durchschlagskraft weiß. Der Weg nach ganz oben lässt sich durchaus mit fairen Mitteln zurücklegen, während unfair Agierende fast immer irgendwann scheitern und dann tief stürzen.

Keineswegs unfair allerdings sind taktische Manöver, selbst wenn sie der Verwirrung oder Überlistung von Konkurrenten dienen. Regelkonforme Strategien und Taktiken gehören zum Repertoire legitimer Maßnahmen bei der

> »Fairplay ist im Sport unverzichtbar, wobei fair nicht mit brav verwechselt werden darf.«
>
> **Heiner Brand**

Verfolgung der eigenen Ziele. Im Sport zählt das Taktiktraining zu den zentralen Bestandteilen der Vorbereitung auf einen Wettkampf, in Unternehmen werden Strategien zur Eroberung eines Marktes oder einer Zielgruppe entworfen. Noch unterentwickelt sind dagegen strategische und taktische Überlegungen beim Einzelnen, so dass hier in puncto Karriereplanung große Potenziale brachliegen.

Fair geht vor!

Der Erfolgsdruck ist groß wie nie – im Sport ebenso wie in der Wirtschaft. Um der Forderung nach dem »Höher, Schneller, Weiter« gerecht zu werden, wird mit harten Bandagen gekämpft. Dennoch sind wir überzeugt: Fairness zahlt sich aus! Spitzensportler, Topmanager und -unternehmer beweisen, dass Fairplay und Höchstleistung keine Gegensätze darstellen müssen. Mehr noch: dass Respekt und Ehrlichkeit eine grundsolide und die bessere Basis für Erfolg sind.

Sie haben sich für Fairplay entschieden?
Dann sollten Sie folgende Tipps beachten!

›› Kritisieren Sie – aber richtig!

Kritik kann durchaus sinnvoll und angebracht sein. Und Respekt vor dem anderen sollte nicht bedeuten, über dessen Fehler hinwegzusehen. Essenziell ist stets, wie Sie an Kollegen, Mitarbeitern oder dem Chef Kritik üben. Bleiben Sie sachlich und denken Sie an einen freundlichen Umgangston. Vermeiden Sie persönliche Angriffe! Geben Sie Kritik nur, wenn der andere es gerade auch annehmen kann. Formulieren Sie gezielt Verbesserungsvorschläge, d.h., seien Sie konstruktiv und respektvoll in Ihrer Kritik. Räumen Sie dabei auch eigene Fehler ein – *nobody is perfect!*

›› Seien Sie loyal gegenüber Kollegen und Vorgesetzten!

Den Kollegen beim Chef anschwärzen? Vielleicht verschafft Ihnen das kurzfristig Pluspunkte; langfristig ist es aber keine empfehlenswerte Erfolgsstrategie. Wer mit anderen über andere spricht, muss damit rechnen, dass auch über ihn gesprochen wird, und zwar meist hinter seinem Rücken. Besser also, Sie sind loyal. Gibt es Probleme, sollten diese angesprochen und ausgeräumt werden. Arbeiten Sie lieber mit statt gegen die Kollegen. Gemeinsam auf den Chef schimpfen – auch das sollte tabu sein. Machen Sie Ihrem Ärger ruhig mal Luft, aber versuchen Sie, Probleme mit dem Chef konstruktiv zu lösen und keine Fronten aufzubauen!

⟫⟫ Halten Sie Zusagen unbedingt ein!

Versprechen Sie nicht zu viel – Ihren Vorgesetzten ebenso wenig wie Ihren Kollegen oder Kunden. Von übereilten Zusagen mögen Sie kurzfristig profitieren. Können Sie diese aber langfristig nicht einhalten, werden Sie unglaubwürdig. Dafür gibt es jede Menge Beispiele aus unterschiedlichsten Bereichen.

Gerade Berufseinsteiger lassen sich häufig zu unrealistischen Zusagen gegenüber den Verantwortlichen hinreißen. Komplexe Präsentationen, eine ausgefeilte Kampagne oder eine durchdachte Projektplanung aber brauchen ihre Zeit. Wann immer möglich, sollten Sie nur Zusagen machen, die Sie auch wirklich einhalten können.

Haben Sie einem Kollegen Unterstützung versprochen, müssen Sie Ihr Versprechen auch einlösen – selbst wenn Ihr Schreibtisch überquillt. Überlegen Sie sich also rechtzeitig, ob Sie die Hilfe auch wirklich leisten können.

Auch Kunden sollten Sie keine Liefertermine versprechen, wenn Sie diese mit hoher Wahrscheinlichkeit nicht werden einhalten können. Selbst wenn Ihnen dadurch gelegentlich ein Auftrag entgeht!

⟫⟫ Seien Sie fair zu Ihren Kunden!

Auch wenn viele das bestreiten mögen: Wer mit wem Geschäfte macht, hat viel mit Emotionen zu tun. Zu einem guten Kundenverhältnis gehören zwingend nicht nur ökonomisch interessante Angebote, sondern auch ein vertrauensvolles Miteinander. Setzen Sie dieses Vertrauen nicht aufs Spiel, indem Sie bei Dritten über Ihre Kunden schimpfen – selbst wenn dazu einmal Anlass besteht! Und versuchen Sie niemals, Kunden mit Fehlinformationen oder Falschberatung in eine bestimmte Richtung zu manipulieren. Fast immer fliegen solche Strategien auf und das einst gute Verhältnis zum Kunden ist vielleicht für immer zerstört.

》》 Legen Sie Leitlinien für sich selbst fest. Regen Sie Leitlinien für Ihr Team und Ihr Unternehmen an!

Was ist Ihnen persönlich wichtig? Was erwarten Sie von Ihren Kollegen?

Zunächst einmal sollten Sie selbst Ihre Leitlinien in Sachen Fairplay genau festlegen, bevor Sie andere in die Pflicht nehmen.

Manche Unternehmen haben ihre Fairness-Philosophie schriftlich fixiert. Doch auch ungeschriebene Gesetze können Gültigkeit besitzen. Wichtig ist es, einmal intensiv über die eigenen Wertvorstellungen und Prinzipien zu reflektieren und sich mit den Kollegen und Vorgesetzten darüber auszutauschen. Welche (Werte-)Kultur herrscht in Ihrem Team, Ihrem Unternehmen? Was könnte in Sachen Fairplay und Respekt verbessert werden? Es lohnt sich durchaus, über die Dos and Don'ts in Ihrem Business nachzudenken. Der Idealfall ist, wenn am Ende eines Diskurses gemeinsame Leitlinien stehen, denen sich alle Mitarbeiter gemeinsam verpflichtet fühlen.

4. »Schnelle Mitte« und »erste Welle«

Überlegenheit dank Taktik und Strategie

> »Wer Entscheidungen nicht plant, sondern sich erst darum kümmert, wenn die Entscheidung fallen muss, der handelt zu spät.«
>
> **Konfuzius**

Keine Bundesligamannschaft – in welcher Sportart auch immer – würde in ein Spiel gehen, ohne sich intensiv auf den jeweiligen Gegner eingestellt zu haben. Jeder Formel-1-Fahrer studiert den Kurs des nächsten Rennens und die Wetterbedingungen, die zum Beispiel Einfluss auf die Auswahl der Reifen haben. Der Tennisspieler analysiert die Stärken und Schwächen seines Kontrahenten, um seine eigene Spielweise daran auszurichten. Handballer setzen bei Bedarf auf die »schnelle Mitte«, den sofortigen Anwurf nach einem Tor des Gegners und die »erste Welle«, den Tempogegenstoß nach Ballgewinn in der eigenen Deckung. Beide Angriffsmethoden versprechen vor allem dann Erfolg, wenn das gegnerische Team viel Zeit zur Koordination seiner Abwehr braucht. – Im Spitzensport gehören das Taktiktraining und die konkrete taktische Entwicklung für einen bestimmten Wettkampf zur Basiskompetenz, ohne die ab einem gewissen Niveau kein Sieg mehr errungen wird. Dasselbe gilt für langfristig angelegte Strategien, etwa den schrittweisen Aufbau einer Mannschaft durch den sukzessiven Einbau neuer Spieler.

In der Wirtschaft werden die Begriffe Taktik und Strategie zumeist auf die Sphäre der Führung eines Unternehmens beschränkt. Früher fanden Strategiebesprechungen ein- bis zweimal pro Jahr statt, heute beruft sie mancher Chef mehrmals pro Woche ein. Jeder Konzern muss in puncto Angebotsportfolio, Produktionsstätten, Eroberung von Märkten und eventuellem Börsengang sowie Entwicklung vorausplanen. Oft vernachlässigt und doch genauso wichtig sind taktische Überlegungen und die strategische Planung der Karriere für den Einzelnen. In einer permanent komplexer werdenden Welt müssen wir immer wieder Entscheidungen treffen, deren Konsequenzen wir nicht ad hoc abschätzen können. Wir brauchen daher eine methodische Annäherung an Probleme, welche die systematische Suche nach Lösungen ermöglicht. So wie Sportler aus bereits absolvierten Wettkämpfen lernen, sind auch im Business die in der Vergangenheit gesammelten Erfahrungen eine wertvolle Basis für den Erfolg in der Zukunft.

Ohne Taktik und Strategie sind keine Siege auf hohem Niveau möglich.

Auf der anderen Seite – und wiederum analog zum Bereich des Leistungssports – müssen wir dazu bereit sein, vermeintlich sicheres Terrain zu verlassen. Denn nicht immer reicht eine Extrapolation von Erfahrungen, also der Schluss von Bekanntem auf das Unbekannte, aus. Manchmal ist das Durchdenken alternativer Szenarien gefordert, um auf verschiedene Bedingungen rasch reagieren zu können. Vorbild sind Spitzensportler, die schnell auf eine neue Taktik umschalten, wenn die ursprüngliche sich als untauglich erwiesen hat. Ebenfalls vom Sport lernen lässt sich bei der Abwägung des eigenen Marktwerts – und bei der Verhandlung eines entsprechenden Gegenwerts in Euro! Nicht wenige Topsportler nutzen Angebote anderer Vereine, um bei ihrem aktuellen Club bessere Konditionen auszuhandeln. Eine Taktik, derer sich vor allem im mittleren Management nur wenige bedienen.

Von Hannibal zur Moderne – mit Planung zum Sieg

Die Wörter »Strategie« und »Taktik« stammen aus dem Griechischen und bezogen sich beide ursprünglich auf den militärischen Bereich. Strategie oder »strategema« bedeutet »Heerführung«, Taktik oder »taktike« bezeichnet die »Kunst der Anordnung oder Aufstellung eines Heeres«. An diesen beiden Übersetzungen wird die heute allerdings manchmal vernachlässigte Unterscheidung der beiden Planungsbegriffe ersichtlich: Die Strategie hat mit einem übergeordneten Ziel zu tun, während Taktik die Maßnahmen bestimmt, um Zwischenziele zu erreichen. Der karthagische Feldherr Hannibal beherrschte beides meisterlich. Seine Strategie war es, das römische Bundesgenossensystem zu bedrohen. Taktisch geschickt überraschte er den Gegner durch den Marsch über die winterlichen Alpen; durch Umfassungsmanöver besiegte er die zahlenmäßig zumeist klar überlegenen römischen Armeen. Wie das Beispiel Hannibal illustriert, zielen Strategie und Taktik auf den optimalen Einsatz der vorhandenen Mittel – und längst werden beide Begriffe nicht mehr nur im Militärwesen verwendet.

> **Die Strategie bestimmt das übergeordnete Ziel, die Taktik die Maßnahmen, die dorthin führen.**

Im Sport und in der Wirtschaft vermischen sich Strategie und Taktik häufig. Eher unter Ersteres fallen Grundsatzhaltungen, die sich zum Beispiel nach Angriffs-, Abwehr- und Eroberungsorientierung klassifizieren lassen. Henry Mintzberg, Professor für Betriebswirtschaftslehre und Management, definiert Strategie anhand der fünf Ps:

- **a plan** (Handlungsabsicht),
- **a pattern** (widerspruchsfreies Verhaltensmuster),
- **a position** (Positionierung),
- **a perspective** (Sichtweise und Interpretation der Welt),
- **a ploy** (Manöver).

Wer eine Strategie entwickelt, der positioniert sich beziehungsweise sein Unternehmen damit relativ eindeutig, was die Strategie auch zu einer Form der Abgrenzung macht. Dazu tritt das mehr zur Taktik gehörende Manöver oder die List – beide an einem konkreten Widerpart ausgerichtet, der überrascht und bezwungen werden soll. Taktik ist stets ganz nah am Kontrahenten, während die Strategie in erster Linie die eigene Vision im Blick hat.

Handball-WM 2007 – Taktik schlägt Körperkraft

Ein extrem von Taktik geprägtes Spiel ist der Handball. Um Tore zu erzielen beziehungsweise zu verhindern, genügt es nicht, Wurftechniken zu beherrschen sowie schnell und beweglich zu sein. Zum Erfolg führt zumindest im Spitzenhandball nur die situationsgerechte Anwendung einstudierter Spielzüge, wobei die individuelle Taktik, die Taktik zwischen einzelnen Spielern, und die der gesamten Mannschaft unterschieden werden. Im Wettkampf müssen aus dem Pool der vorhandenen taktischen Maßnahmen diejenigen herausgefiltert und schöpferisch umgesetzt werden, die unter den konkreten Bedingungen zum Sieg führen. Taktik bezieht sich sowohl auf das Spiel mit als auch auf das ohne den Ball. Zu den spieltaktischen Grundfähigkeiten gehören Raum-, Zeit- und Formationsgefühl sowie Wahrnehmungs-, Reaktions- und Anpassungsvermögen. Fehlen diese Fertigkeiten, helfen auch die größte Athletik und der härteste Wurf kaum weiter. Wie weit taktische Brillanz führen kann, demonstrierte die deutsche Mannschaft während der WM 2007. Neben dem herausragenden Teamgeist, der Leidenschaft und dem Siegeswillen in Kombination mit dem ambitionierten Ziel »Projekt Gold« war es vor allem die taktische Einstellung, gegen die selbst physisch überlegene Gegner den Kürzeren zogen.

Manchmal kann auch eine ungewöhnliche, völlig unerwartete Taktik den Gegner vor große Schwierigkeiten stellen. Der ehemalige deutsche Handball-Nationalspieler *Stefan Kretzschmar* erinnert an afrikanische Mannschaften, die bei großen Turnieren mit offener Manndeckung über das ganze Feld spielten. »Das führt zu überraschenden Spielverläufen, und es sind plötzlich im eigenen Team andere Akteure gefragt als bei ›normaler‹ Spielweise.« Der erfolgreiche Linksaußen, der für die DHB-Auswahl insgesamt 817 Tore erzielte, verrät eine weitere Taktik: »Gibt es einen überragenden Mann beim Gegner, dann sollte man den ruhig 15 Tore wer-

Stefan Kretzschmar

> **»Strategische Planung heißt, das Gesicht eines Teams und die dazu passende Taktik festzulegen.«**
>
> Heiner Brand

fen lassen und sich darauf konzentrieren, den Rest der Mannschaft auszuschalten.« Eine Erkenntnis, die auch außerhalb von Handballfeldern sinnvoll anzuwenden ist: So kann es Vergeudung von Energie sein, unbedingt einen Kontrahenten auf einem Gebiet übertrumpfen zu wollen, auf dem dieser herausragende Leistungen zeigt. Erheblich effizienter arbeitet der, welcher seine eigenen Stärken in die Waagschale wirft, beziehungsweise das Unternehmen, das dort zu punkten versucht, wo es den Wettbewerbern bereits ein Stück weit enteilt ist.

Erfolgsduo: Vision plus taktisches Kalkül

Der Erfolg der Deutschen bei der Handball-WM war zwei Dingen geschuldet: der Orientierung auf das große Ziel und dem optimalen Einsatz der Mittel in jedem Augenblick, sprich: in jedem Spiel. Ebenso müssen Unternehmensführer Visionäre sein, aber auch taktisch versiert im Alltagsgeschäft. Es gilt, Vorhaben wie beispielsweise eine Ausrichtung auf neue Märkte im Auge zu behalten und gleichzeitig bei der Realisierung pragmatisch zu agieren. Zur individuellen Taktik im Business zählt der geschickte Umgang mit hohen Belastungen, beispielsweise durch Zeitmanagement, Stresskontrolle und Stressmanagement. Stehen wichtige Entscheidungen an, kann den zu erwartenden Widerständen der davon Betroffenen taktisch geschickt vorgebeugt werden. Wie die Handballer die Reaktion auf bestimmte Angriffstaktiken des Gegners einstudieren, so sollte auch der Manager wissen, wie er auf welche Einwände oder Gegenvorschläge antwortet.

Spitzensportler trainieren die taktischen Spielzüge und Abläufe immer und immer wieder, bis sie automatisiert sind und auch unter Stress abgerufen werden können. Ebenso profitieren auch der Einkäufer und der Verkäufer im Unternehmen von einer strategischen und taktischen Vorbereitung. Beide müssen sich rechtzeitig eine Reihe von Fragen stellen und die Antworten finden, mit deren Hilfe sie das Gespräch mit dem (potenziellen) Kunden in die gewünschte Richtung lenken können: Wer wird mir gegenübersitzen? Welche Einwände wird der Kunde vielleicht vorbringen? Welchen überzeugenden Nutzen kann ich ihm bieten? Was genau macht mein Produkt beziehungsweise meine Dienstleistung für den Kunden unverzichtbar? Wie soll das Gespräch nach meinen Vorstellungen im Idealfall abgeschlossen werden?

Es mag geniale Verkäufer geben, die ohne die Beschäftigung mit diesen Fragen in die Unterredung mit wichtigen Kunden gehen, doch in aller Regel kennen sie dann die Antworten bereits. Ihre Taktik ist ihnen dank ihrer Erfahrung in Fleisch und Blut übergegangen. Doch selbst »alte Hasen« müssen bereit sein, ihr gewohntes Vorgehen infrage zu stellen, wenn es nicht mehr zu den aktuellen Herausforderungen passt. Taktisches und strategisches Lernen ist wie jede andere Form des Lernens ein lebenslanges Projekt. Spitzensportler wissen das, denn sie sind immer wieder gezwungen, sich in neue taktische Systeme einzupassen.

> »Wie für jedes Bundesligaspiel, so ist auch für jedes Gespräch mit einem Kunden eine individuelle Taktik nötig.«
>
> Jörg Löhr

Rasante Veränderungen erfordern mehr Eigenverantwortung

Taktisches Verständnis gewinnt an Bedeutung, weil sich Märkte und Unternehmen, Konsumenten und Gesellschaftsstrukturen heute rasant wandeln sowie immer stärker differenzieren. In der »alten Wirtschaft« wurden die Menschen so ausgebildet, dass sie in Jobs mit klar umrissenen und weitgehend konstanten Anforderungsprofilen passten. Heute muss jeder mit Instabilität und gravierendem Wandel leben, was konsequentes »Weiterlernen« bedingt, aber auch einen Neuentwurf der eigenen Strategie für beruflichen Erfolg. Die Fokussierung auf maximale fachliche Kompetenz und eine lineare Laufbahn ist antiquiert und führt allenfalls ins Mittelmaß. Statt einer äußeren Stabilität ist heute eine innere gefragt. Charakter, Urteilsvermögen, Kreativität, Risikobereitschaft, kommunikative Stärke werden künftig Karrieren entscheiden und tun das bereits. Die Lehrpläne an den Schulen und Universitäten sind allerdings längst noch nicht genügend angepasst worden, die Weiterbildung in den Betrieben fristet oft immer noch ein Schattendasein. So muss der Einzelne sein Glück selbst beim Schopfe packen, Initiative zeigen und aktiv werden. Mehr Eigenverantwortung zu übernehmen, dürfte zu einer der Erfolgsstrategien der Zukunft werden.

Siegertypen analysieren daher systematisch ihre Chancen, Pluspunkte und Mankos: Kann ich mich in kleinen überschaubaren Schritten, also *step by step,* schnell genug verändern, um die stetig wachsenden Ansprüche zu erfüllen? Oder habe ich einen Plan, also eine Strategie, die so revolutionär ist, dass sie mich erfolgreich im Spiel der Zukunft mitspielen lässt? Unternehmen wie Google und Ebay hatten fraglos solch umwerfende Strategien. Sie erkannten die künftige Dominanz des Internets im Wirtschaftsleben, ja in der gesamten Gesellschaft schneller als andere und richteten sich konsequent danach. Heute googelt, wer nach einer Information im weltweiten Datennetz sucht, und wer etwas Ausgefallenes günstig kaufen will, der wird zum Ebayer. Die Erfolgsgeschichte Internet ist jedoch noch längst nicht zu Ende erzählt. Vermutlich befinden wir uns gerade mal im ersten Kapitel. Unternehmen, die das wissen und danach handeln sowie strategische Allianzen schmieden, werden die künftigen Champions sein. Das globale Netz bietet außergewöhnliche Chancen, weil es den Abschluss von Geschäften immer und von überall erlaubt, also fast jeden zum potenziellen Kunden werden lässt. Das Internet erhöht aber auch die Gefahr zu scheitern, und zwar ebenfalls aufgrund seiner weltumspannenden Struktur, die jeden zum möglichen Konkurrenten macht.

»Strategien sind nichts Starres und ewig Gültiges, sondern müssen ständig an die sich verändernde Welt angepasst werden.«

Jörg Löhr

Für die Taktik heißt das: Nur wer schnell ist und Risiken eingeht, kann die Potenziale seiner Idee voll ausschöpfen. Kommt ihm ein anderer zuvor, ist der Zug der großen Profite bereits abgefahren. Anders als vom Business alter Prägung gewohnt, hat die Methode der langsamen, bedächtigen Umsetzung eines Projekts in der virtuellen Welt keine Berechtigung. An die Stelle der Strategie des hier prinzipiell unmöglichen totalen Überblicks tritt die des relativen Durchblicks in einer labyrinthischen Welt. Die Devise hieße in der internetgeprägten Wirtschaft »Volldampf voraus oder bleiben lassen. Ein Mittelweg ist ausgeschlossen«, so Tom Peters, Management-Vordenker und ehemaliger Vorstand von McKinsey & Co.[57] Im Spitzensport gilt dieses Prinzip beim letzten Versuch in einer Stabhochsprungkonkurrenz, auf der Zielgeraden des 5000-Meter-Laufes oder beim Wurf aus dem Rückraum im Handball in der letzten Spielminute. In solchen Fällen bedeuten eine verhaltene Offensive und ein Agieren mit angezogener Handbremse mit Sicherheit die Niederlage. Topsportler erkennen diese Situationen und handeln mit vollem Risiko, um ihre Siegeschance zu nutzen. Champions in der Wirtschaft folgen ihrem Beispiel.

> »Volldampf voraus oder bleiben lassen. Ein Mittelweg ist ausgeschlossen.«
>
> Tom Peters

Tradition plus Imagewandel – Strategie mit Risiko

Einer, der ein hohes Risiko einging und gewann, ist *Hasso Kaempfe*. 1998 stand der einstige Tchibo-Manager vor der Aufgabe, als Vorstandsvorsitzender der Mast-Jägermeister AG das Image der etwas angestaubten Spirituose Jägermeister zu verjüngen, ohne dabei die langjährigen Kunden abzuschrecken. Die Strategie war, Traditionelles mit Trendigem zu vermischen, um vor allem in Deutschland Marktanteile von italienischen Schnäpsen zurückzuholen. Kaempfe hatte beim geplanten Relaunch der Marke einiges zu verlieren, da das Unternehmen nahezu hundertprozentig vom Umsatz mit seinem Spitzenprodukt abhängig war. Und der gebürtige Hamburger ging tatsächlich aufs Ganze, ließ freche Werbespots drehen, sponserte Strandpartys und Hip-Hop-Konzerte, schickte »Jägerettes« in orangefarbenem Outfit und bauchfreien Tops in die Szenekneipen. Das Ergebnis: Jägermeister mauserte sich zum Szene- und Kultgetränk sowohl auf dem Inlandsmarkt als auch beispielsweise in den USA. Sogar Heavy-Metal-Fans tranken plötzlich den Magenbitter aus Wolfenbüttel. Trotz der völligen Umkrempelung der Werbung behielt Kaempfe den altertümlichen Fraktur-Schriftzug der Marke und ihr Symbol, das Hirschgeweih, bei. Auch das war Teil seiner Strategie, denn die »alten« Kunden in der Eckkneipe, beim Fußballspiel und der Feuerwehr im Dorf sollten bei der Stange gehalten werden – und sie orderten und ordern tatsächlich weiter Jägermeister!

Wie die Spirituosen von Jägermeister haben auch die Bleistifte der Firma Faber-Castell Kultcharakter, ja sie sind zum Lifestyle-Accessoire avanciert. Hersteller *Anton Wolfgang Graf von Faber-Castell* setzt kompromisslos auf Tradition und hat nie dem kurzlebigen Zeitgeist gehuldigt. Eine Strategie, die seinen Namen zum Inbegriff eines hochwertigen Bleistiftes machte, der auch im Computerzeitalter seine Kunden findet. Der in Stein bei Nürnberg ansässige Konzern gehört in der Branche zu den größten und zu den renommiertesten. Vor fast 250 Jahren begann der Schreiner Kaspar Faber mit der Produktion von Stiften und dieser langen Geschichte fühlt sich Graf von Faber-Castell verpflichtet. Er wolle »nicht in Quartalen, sondern in Generationen denken«, umreißt er sein Credo[58]. Dennoch oder gerade deshalb hat er sich von jeher keineswegs auf die ewige Fortführung des Erfolgreichen beschränkt. Vielmehr paart sich im mittlerweile global agierenden Unternehmen das Festhalten an Bewährtem mit einer enormen Innovationskraft. Letztere führte beispielsweise zur Ausweitung des Sortiments auf Produkte fürs »Spielen und Lernen« oder Basteln. Kern von Faber-Castells Strategie war und ist jedoch die Suche nach dem perfekten, dem ultimativen Zeichengerät. Sein silberfarbener »Grip 2001« im dreieckigen Design mit schwarzen Noppen kommt diesem Anspruch nahe, was auch die Verkaufszahlen des innovativen Stiftes belegen.

Joachim Löw – der Taktik-Tüftler geht neue Wege

Hasso Kaempfe und Graf von Faber-Castell sind und waren unter anderem durch ihre geradlinige Denkweise, das schlüssige und beharrliche Umsetzen ihrer Strategien erfolgreich. Im Spitzensport trifft man diese Eigenschaften immer wieder und besonders häufig an der Weltspitze an. Zwar gibt es beispielsweise im Fußball so genannte »Instinktkicker«, doch nicht nur *Joachim Löw* weiß, dass Gespür allein zu wenig ist: »Man muss Fußball denken. Dann läuft man im Spiel auch weniger und effizienter«, sagte er während der WM 2006. »Man spart Kraft, wenn man nicht einfach nur intuitiv dahinkickt und kreuz und quer über den Platz läuft. Damit gewinnt man heute nicht mehr.« Löw, damals Assistent Jürgen Klinsmanns und heute Bundestrainer, galt immer als Taktik-Tüftler, wobei seine taktischen Maßnahmen von einer übergeordneten Strategie diktiert werden. Offensive und Defensive habe er aus seinem Wortschatz gestrichen, kommentiert *Löw* sein Konzept: »Alle Spieler müssen an der Balleroberung mitwirken und dann auch Lösungen finden, wie wir einen Angriff beginnen.«[59]

Es reiche nicht, Ballack und Co. zu sagen, sie seien hervorragende Fußballer, die einfach rausgehen und spielen sollten. »Man muss den Spielern immer Handlungslösungen und Strategien anbieten. Sie müssen Spielsituationen schon im Training erlebt haben, sie müssen das Gefühl für den Raum und den Mitspieler kennen«, beschreibt Joachim Löw sein Verständnis von taktischer Vorbereitung.[60] Der Schwabe möchte den Zufall möglichst völlig ausschalten und eine durchkalkulierte Spielweise an seine Stelle setzen. Wie erfolgreich diese Strategie ist, hat er nicht nur als entscheidender Mann hinter Klinsmann während der WM 2006 bewiesen, sondern auch als Cheftrainer. Zwar sind die List, die Cleverness des Einzelnen hilfreich, aber letzten Endes siegt im Fußball das Kollektiv, und das braucht nach Löws Überzeugung einen Masterplan, in dessen Rahmen die individuellen Stärken strategisch geschickt eingesetzt werden und damit optimal zur Geltung kommen.

■ Joachim Löw: »Bedeutung der Taktik ist gewachsen«

Joachim »Jogi« Löw ist ein anerkannter Fußballfachmann und hatte schon am Erfolg des »Sommermärchens«, der WM 2006, entscheidenden Anteil. Seit 1. August 2006 ist er Trainer der deutschen Fußball-Nationalmannschaft und beeindruckte gleich zum Start mit herausragenden Leistungen und einer außergewöhnlichen Siegesserie.

Herr Löw, wie stark ist die Bedeutung von Strategie und Taktik im Fußball?

Joachim Löw: »Strategie und Taktik sind im Fußball enorm wichtig – und ihre Bedeutung ist in den vergangenen Jahren meiner Meinung nach größer geworden. Da sich die Mannschaften bei den körperlichen Voraussetzungen angeglichen haben, ist es umso wichtiger, jedes Detail auszunutzen, um sich einen Vorteil zu verschaffen. Dafür braucht man eine Taktik und auch Strategien. Man braucht im Fußball, wo ein Tor enorme Auswirkungen auf den weiteren Spielverlauf hat, ebenso Strategien für den Plan B, falls unvorhergesehene Dinge passieren.«

Kennen Sie Beispiele, in denen ein überlegener Gegner anhand der besseren Taktik der anderen Mannschaft besiegt wurde?

Löw: »Nein, das kann man so nicht sagen, weil der Vergleich von Spielverläufen ja immer hypothetisch ist und weil ein Fußballspiel mit 22 Spielern auf dem Feld sehr komplex ist. Die Taktik ist zwar überaus wichtig – aber es gibt ja auch andere Elemente, die genauso passen müssen. Die beste Taktik nützt nichts, wenn der Torhüter zweimal patzt. Man kann dies im Fußball nicht auf einen Bereich reduzieren. Wir erleben es beispielsweise immer wieder im DFB-Pokal – aber auch da kommen dann in bestimmten Phasen über die Zuschauer Emotionen hinzu, die ebenfalls wichtig sind. Im Fußball müssen elf Spieler perfekt zusammenspielen – da gibt es viele Unwägbarkeiten, die fast genauso wichtig sind wie eine Taktik. Deshalb kann man nicht sagen, ein Spiel sei allein durch die Taktik entschieden worden.«

Joachim Löw mit Jürgen Klinsmann

Sie nehmen sich »konzeptionelle Tage«, an denen Sie im Büro arbeiten. Wie sieht das konkret aus?

Löw: »Für mich ist es eine Selbstverständlichkeit, dass ein Trainer alle Möglichkeiten ausnutzt. Und dazu gehört auch, sich in Ruhe Gedanken zu machen, wie wir weiterarbeiten. Jede Trainingseinheit ist doch viel zu wichtig, als dass man sie nutzlos verstreichen lässt. Wir müssen die Spieler verbessern, um somit auch das Niveau der Mannschaft anzuheben. Und dies kann nur über das Training erfolgen. Ich will mich beispielsweise einen Monat ganz aus der sonstigen Arbeit – wie Medienarbeit – herausziehen, um die Vorbereitung auf die EM im Detail zu planen: Wann trainieren wir, wie trainieren wir? Natürlich ist es letztendlich abhängig von der Verfassung der

> **»Keine Trainings-einheit sollte nutzlos verstreichen.«**
>
> Joachim Löw

Spieler – aber wir müssen ja jetzt schon einen Plan haben, wie wir dann reagieren.«

Sie sprachen einmal von der Notwendigkeit, dass die Spieler Spielsituationen schon im Training erlebt haben. Was heißt das für die Trainingsarbeit?

Löw: »Es ist doch im ganzen Leben so: Was ich schon einmal erlebt habe, kann ich leichter wiederholen. Es gibt Sicherheit, wenn man auf bestimmte Situationen vorbereitet ist. Man kann üben, wie man auf bestimmte Dinge im Spiel reagiert – es müssen dann Automatismen greifen, die wiederum stark von der Philosophie der Mannschaft abhängen. Wir haben im Fußball keine Auszeit, in der man die Dinge besprechen könnte. Deshalb ist es wichtig, sich in theoretischen oder auch in praktischen Einheiten auf bestimmte Dinge vorzubereiten.«

Führung von Mitarbeitern und Karriereplanung

Von Löw und anderen Trainern zu lernen heißt, auch in der Unternehmensstrategie einen Schwerpunkt auf das Element der »Menschenführung« zu legen. Sie ist in Zeiten, da das Humankapital über Erfolg und Misserfolg entscheidet, womöglich noch wichtiger als der richtige Einsatz materieller, technischer und finanzieller Ressourcen. Projektleiter und Personalchefs, Theaterintendanten und Agenturchefs stehen vor der Aufgabe, die Fähigkeiten ihrer Mitarbeiter zu fördern und in einer stimmigen Gesamtstrategie zu integrieren. Es geht dabei auch um die Synchronisation der vielen individuellen Ziele in Richtung auf das Unternehmensziel, ohne dass dabei die Kreativität des Einzelnen zu sehr beschnitten wird.

Auch aus Sicht des Einzelnen ist Strategie – kurz gefasst – die Kunst zu gewinnen. Siegertypen untersuchen daher ihre aktuelle Position und ihren Arbeitgeber daraufhin, ob sie dort ihre persönlichen Talente einsetzen und ihre Ziele erreichen können. Zu ihrer Karriereplanung gehört die Taktik, Stellen zu wechseln, wenn es der eigenen Weiterentwicklung dient. Gefragt ist also neben Beharrlichkeit die Fähigkeit loszulassen. Hasso Kaempfe beispielsweise verließ Tchibo, bevor er den neuen Job bei Jägermeister annahm, und er wiederholte diese Taktik, als er Mitte 2007 auf eine Verlängerung seines Vertrags in Wolfenbüttel verzichtete. Ähnlich handelte Klinsmann, als er nach Abschluss des Projekts WM 2006 die längerfristige Führung der Fußball-Nationalmannschaft ablehnte. Demgegenüber sind an-

> **»Wie ein Schachspieler seine Figuren, muss jeder Spieler seine individuellen Fähigkeiten strategisch geschickt einsetzen.«**
> **Heiner Brand**

dere Manager, andere Trainer (und Sportler) über Jahrzehnte mit einem Unternehmen, einem Verein verbunden. Jeder sollte für sich entscheiden, welchen Weg er geht, und natürlich können beide Wege zum Erfolg führen. Die persönliche Strategie spiegelt daher immer auch die Einstellungen, Wünsche, Wertvorstellungen und Lebensentwürfe desjenigen wider, der sie entwirft.

Rituale oder Minimierung des Energieeinsatzes

Was übernehme ich von erfolgreichen Konkurrenten, wie grenze ich mich ab? Mit wem kooperiere ich und wo versuche ich, eine dominante Stellung zu erreichen? Strategien und Taktiken – sowohl von Mannschaften und Einzelsportlern als auch von Unternehmen und Mitarbeitern – sind in der Regel konkurrenzbezogen. Strategie oder eher Taktik unterstützt aber auch beim Kampf gegen sich selbst, also beispielsweise wider die eigene Bequemlichkeit und allerlei Ausreden. Viele Spitzensportler nutzen die Macht des positiven Rituals, um den »inneren Schweinehund« zu besiegen. Sie trainieren, essen und entspannen zu exakt festgelegten Zeiten, bringen sich direkt vor dem Wettkampf und in den Wettkampfpausen mit immer denselben Bewegungen oder verbalen Formeln in Stimmung. Eine intelligente Form des Energiemanagements im physischen, psychischen und mentalen Bereich! Das sei alles »nur« Disziplin und eiserner Wille, wird mancher sagen, aber es steckt noch etwas anderes dahinter: die Verselbstständigung eingeübter Verhaltensweisen in Form von Ritualen. Der Sportler kann sich irgendwann nicht mehr bewusst für oder gegen das Training um 14 Uhr oder den Kohlenhydratschub um 18 Uhr entscheiden, denn sein Unterbewusstsein hat längst Ja gesagt. Das spart Energie, weil man sich nicht mehr tagtäglich selbst überreden muss.

Ritualisierte Maßnahmen haben auch außerhalb des Leistungssports ihren Sinn. Wer jeden Morgen um 6.30 Uhr joggt, um sich körperlich fit zu halten, der fragt sich nicht mehr: »Soll ich heute oder soll ich nicht?« Er zieht sich automatisch seine Laufschuhe an und geht hinaus – so wie er ohne jedes Nachdenken nach dem Frühstück die Zähne putzt. Rituale, einmal »installiert«, bringen uns übergangslos ins Handeln, was in vielerlei Bereichen unsere Effektivität und Produktivität erhöht. Die Planung eines Tages, einer Woche, eines Monats entlastet unseren Energiehaushalt, weil feststeht, was wann zu tun ist. Ist an jedem Abend eine halbe Stunde fürs Businessenglisch reserviert, muss nicht jedes Mal Energie für den Entscheidungsprozess verschwendet werden, um ein paar Minuten für diese notwendige Aktion der Weiterbildung zu schinden.

Der innere Schweinehund lässt sich durch ritualisierte Verhaltensweisen überwinden.

Rituale schaffen feste Strukturen und sorgen in den entstehenden Freiräumen für mehr Spontaneität und Improvisation. Auf einem Fundament aus Sicherheit und Kontinuität kann sich der Mensch freier entfalten als ohne diese Basis. Natürlich sollten dabei Rituale nicht auf ewig blind befolgt, sondern von Zeit zu Zeit überdacht und den neuen Erfordernissen angepasst werden. Für Sportler mit ihren aufbauenden Trainingsplänen ist das selbstverständlich. Ihnen helfen Rituale außerdem beim Umgang mit Leistungsdruck, was viele Topmanager kopieren, indem sie beispielsweise vor einem wichtigen Termin einen kurzen Spaziergang machen oder den Verlauf des anstehenden Gesprächs visualisieren.

Wenn Taktik allein nicht hilft – mit Kampfkraft zum Sieg

Persönliche Rituale, die strategische Ausrichtung und die taktischen Maßnahmen sind das Ergebnis rationaler Prozesse und Elemente vorausschauender Planung. Beides kann schriftlich niedergelegt, und beides muss immer wieder an die sich verändernden Gegebenheiten angepasst werden. Geborene Taktiker sind Typen, die sich selbst gut unter Kontrolle haben und auch das Geschehen um sich herum kontrollieren möchten. Sie investieren viel Zeit in die Vorbereitung eines Wettkampfs – ob im Sport oder in der Wirtschaft – und erarbeiten sich dadurch Vorteile gegenüber den Konkurrenten.

Allerdings siegt niemand allein durch eine überragende Taktik, da häufig auch die Gegner taktisch hervorragend disponiert sind. Hinzu kommen unvorhersehbare oder zumindest nicht fest einkalkulierbare Ereignisse – wie zum Beispiel die Verletzung des Spielmachers im Mannschaftssport oder das Angebot einer feindlichen Übernahme durch ein anderes Unternehmen. Schnell ist die dann einmal festgelegte Taktik hinfällig, und es zählen andere Tugenden: die Flexibilität, das Durchhaltevermögen und vor allem die Fähigkeit zum Fighten. Nicht nur Fußballmannschaften, auch andere Sportler und genauso der Vorstandsvorsitzende oder der Projektleiter kommen immer wieder in Situationen, in denen der Kampf alles andere dominiert.

Vom Triumph der Taktik

Erfolg bedingt neben einer klaren Strategie auch taktisches Geschick – im Sport ebenso wie im Business

Taktik ist Teil des sportlichen Wettkampfes – heute mehr denn je. So ist die taktische Einstellung einer Mannschaft zu einer der wichtigsten Aufgaben des Trainers geworden. Sie setzt voraus, dass eine Mannschaft zwar eine klare Strategie verfolgt, aber auch in der Lage ist, je nach Spielsituation wechselnde taktische Systeme einzusetzen. Ob ein wichtiger Spieler nach einer Verletzung ausgewechselt werden muss, ob ein Spieler die rote Karte erhält, ob eine Mannschaft führt oder früh in Rückstand gerät – die Mannschaft muss sich den jeweiligen Spielsituationen flexibel anpassen können. Auch im Business braucht, wer erfolgreich sein will, neben einer langfristigen Strategie taktisches Knowhow, das er – in einer konkreten »Wettkampfsituation« – einsetzen kann.

Unsere Tipps

>> Sie kennen Ihr Ziel. Analysieren Sie zunächst genau Ihr Potenzial und Ihre Wettbewerber. Legen Sie jetzt klar Ihre Strategie fest. Und fragen Sie sich: Habe ich eine aktive (noch besser revolutionäre) Strategie, um entscheidende Wettbewerbsvorteile aufzubauen? Bin ich bereit, Bestehendes durch Neues zu ersetzen, anstatt nur zu bewahren? Dieses Prinzip können Sie auf Ihre persönliche Karriere im Übrigen ebenso anwenden wie auf ein aktuelles Projekt oder ein ganzes Unternehmen.

>> Spielen Sie im Vorfeld eines »Wettkampfs« – etwa einer großen Präsentation, eines wichtigen Kundengesprächs, eines für Ihr Projekt entscheidenden Meetings – verschiedene Szenarien im Kopf durch. Überlegen Sie sich: **Wie reagiere ich, wenn ...**

- **… meine Vorschläge auf Skepsis stoßen?**

  Behalten Sie zum Beispiel ein paar schlagkräftige Argumente in der Hinterhand, die Sie bei einer anschließenden Diskussion gezielt einsetzen können.

- **… Zwischenfragen meine Präsentation unterbrechen?**

  Werten Sie sachliche Zwischenfragen als Interesse an Ihrer Arbeit und bereiten Sie sich gezielt darauf vor. Sie sind der Experte! Überlegen Sie sich, was Sie entgegnen, wenn Sie jemand persönlich angreifen will.

- **… mein Anliegen vertagt werden soll und ich fürchten muss, dass es in Vergessenheit gerät?**

  Versuchen Sie, das Thema fest auf die nächste Tagesordnung setzen zu lassen, und sammeln Sie dann akribisch Material und Argumente, um bei der nächsten Sitzung entscheidend zu überzeugen.

- **… mir alle Kollegen im Vorfeld zugestimmt haben, aber jetzt – vor dem Chef – Zurückhaltung üben?**

  Versuchen Sie zum Beispiel, Kollegen konkret in Ihre Präsentation einzubinden bzw. direkt anzusprechen: »Markus, deine weiterführende Idee zu diesem Thema fand ich hervorragend …« Zum Auditorium gewandt: »Herr Müller hatte in einem gemeinsamen Gespräch den Gedanken, …«

- **… ich von einem Projekt, das man mir übertragen hat, im Gegensatz zu meinem Chef nicht wirklich überzeugt bin?**

  Befassen Sie sich gründlich mit dem Thema und bereiten Sie eine Projektpräsentation vor. Denken Sie jedoch konkret über Alternativen und Verbesserungsvorschläge nach und stellen Sie diese – wenn möglich – direkt im Anschluss an die Präsentation vor. Sammeln Sie so viele gute Argumente wie möglich.

Sie tragen Personalverantwortung und wollen Ihr Team taktisch auf einen »Wettbewerb« einstellen?

>> Versuchen Sie, Erfahrung mit Frische zu mischen. Das heißt: Lassen Sie den »alten Hasen« durchaus mal seine Erfahrung mit dem Newcomer im Team teilen und beide gemeinsam ein Projekt schultern. Versuchen Sie, Entscheidungsspielräume zu schaffen, aber Handlungsmöglichkeiten vorzugeben. Fördern Sie die Fähigkeiten Ihrer Mitarbeiter und integrieren Sie diese gezielt in die Gesamtstrategie.

>> Spielen Sie mit Ihrem Team im Vorfeld eines »Wettkampfes« verschiedene Szenarien durch. Fallbeispiel: Eine wichtige Verhandlung mit einem Kunden. Hier kann es durchaus von Vorteil sein, wenn zwei Vertreter Ihres Teams unterschiedliche taktische Rollen übernehmen – eine Art *Good-guy-bad-guy*-Szenario. Dabei können Workshops und Seminare zu den Themen Präsentation und Verhandlung wertvolle Inspirationen liefern.

5. Fighten um jeden Punkt

Mit Kampfkraft über Hürden und durch Krisen

> »Was einem im Leben wichtig erscheint,
> dafür sollte man kämpfen. Nachher zu bereuen,
> nicht gekämpft zu haben, ist schlimmer,
> als den Kampf zu verlieren.«
>
> **Unbekannt**

Die Mannschaft habe den Sieg in erster Linie ihrer Kampfkraft zu verdanken, lautet ein häufiger Kommentar etwa nach einem Fußball- oder Hockeymatch. Nicht selten schwingt dabei eine Geringschätzung sonstiger Fähigkeiten wie Ballgefühl oder Schusstechnik mit. Weil das Team nicht die personellen Möglichkeiten seines Gegners habe, müsse es sich aufs Kämpfen verlegen, bekennen Trainer und Führungsspieler. Doch ist Kampf tatsächlich das Mittel der Wahl der ansonsten immer nur Unterlegenen? Keineswegs, denn Siegertypen legen beides an den Tag: überragendes Talent und die Power, dieses zur Geltung zu bringen. In der Sphäre von Spitzenleistungen reicht weder das eine noch das andere allein aus, um die Kontrahenten hinter sich zu lassen. Dennoch kann ein Fußballer gewisse Abstriche bei der Ballfertigkeit wettmachen mit Wille, Unerschütterlichkeit und einer überdurchschnittlich ausgeprägten Bereitschaft, sich zu quälen. Gemeinhin gelten diese Charakteristika als typisch teutonische Tugenden, was aber nicht heißt, dass Sportler anderer Nationen sie nicht besitzen. Das Fighten um jeden Punkt, jeden Zentimeter, jede Zehntelsekunde ist vielmehr eine Eigenschaft von Champions, die diesen den entscheidenden Vorsprung verschafft.

Auch in der Wirtschaft kommt niemand mit Kampf allein in Spitzenpositionen. Doch der bedingungslose Einsatz hilft, Krisen zu überstehen und Hindernisse zu überwinden. Im Laufe jeder Karriere gibt es Stufen, die plötzlich als zu hoch erscheinen, um erklommen werden zu können. Hartnäckigkeit und eine gewisse Härte (auch gegen sich selbst) sind dann gefragt. Kämpfernaturen im Business besitzen dieselbe absolute Fokussierung auf den Moment wie Spitzensportler. Sie nutzen selbst die Chancen, die für andere allenfalls in der Fantasie vorhanden sind. Auch in aussichtslosen Lagen geben sie ihr Äußerstes und überstehen damit Durststrecken, an deren Beginn viele sofort aufgegeben hätten. Kennzeichen kampfstarker Typen sind eine hohe Frustrationstoleranz und Geduld. Letztere äußert sich nicht als gleichmütiges Abwarten eines Phlegmatikers, sondern in Form von unablässiger, zielgerichteter Aktivität. Kampf ist Handeln, und Handeln macht selbstbewusst, was wiederum die Erfolgschancen erhöht. Wenn die Quartalszahlen schlecht aussehen, wird der kämpferische Vertriebschef seine Anstrengungen verdoppeln, statt zu resignieren.

> »Fighten kann den Glauben an sich selbst neu entfachen und mobilisiert die letzten Reserven, die oft den Unterschied ausmachen.«
>
> **Jörg Löhr**

Von Sparta bis heute – jede Chance nutzen

Der Begriff »Kampf« kommt wie »Strategie« und »Taktik« aus dem Heereswesen der Antike. »Campus« bedeutet im Lateinischen »Feld« und wurde auch im Sinne von »Schlachtfeld« gebraucht. Zum Mythos wurde die Kampfkraft der Spartiaten, der Vollbürger Spartas, die mit Todesverachtung in die zahlreichen Kriege des antiken Griechenland gezogen sein sollen. Mehr als die Kampfkraft auf dem Schlachtfeld bewog die Macher einer Ausstellung zum 900. Todestag Heinrich IV., den deutschen Kaiser als »Kämpfer« zu titulieren. Der von Papst Gregor VII. gebannte Herrscher aus dem Geschlecht der Salier drohte seine Macht im Reich zu verlieren, da seine Untertanen durch das Urteil des Pontifex von ihren Treuepflichten entbunden waren. Heinrich IV. konnte nicht mehr mit Waffengewalt seinen Thron verteidigen, sondern musste den Papst zur Aufhebung des Bannspruchs bewegen. Es folgte der berühmt gewordene »Gang nach Canossa«, wo Heinrich IV. drei Tage in Eiseskälte ausharrte, bis Gregor VII. die Exkommunikation aufhob.

Die Rettungsaktion Heinrichs IV. ist deshalb so interessant, weil sie keineswegs auf echter Buße beruhte. Vielmehr nutzte der spätere Kaiser das ritualisierte Sühnen, das den Papst nach damaligen Gepflogenheiten zur Lösung des Banns zwang. Heinrich IV. verließ sich also nicht unterwürfig auf die Gnade seines Gegenspielers, sondern er rang ihn mit den einzig verbliebenen Mitteln nieder. Der Salierkaiser gab auch in scheinbar hoffnungsloser Lage nicht auf – und genau das ist einer der Aspekte der Erfolgsstrategie Fighten. Mittlerweile hat sich der Begriff »Kampf« in Sport und Wirtschaft längst komplett von seiner ursprünglichen Bedeutung emanzipiert. Nicht mit Armbrust und Schwert wird dort gefochten, sondern mit Laufvermögen und Ideen, Belastbarkeit und Durchhaltevermögen, Kreativität und dem Glauben an die eigene Stärke.

> **»Wer kämpft, der handelt – und Handeln ist die Grundvoraussetzung für jeden Erfolg.«**
>
> Jörg Löhr

Astrid Benöhr – das Fighten genießen

Wer fightet, der holt das Letzte aus sich heraus und erlebt dadurch, dass man auch bei totaler Erschöpfung immer noch ein paar Reserven anzapfen kann. Das wiederum spornt zu weiterem Fighten an. Eine positive Spirale, die uns zu Höchstleistungen schraubt. Vielleicht mehr als in jeder anderen Sportart gilt das im Ultra-Triathlon, weil hier wohl jeder mindestens einmal im Wettkampf den Punkt erreicht, an dem es nicht weiterzugehen scheint.

Keine einzige Zelle ihres Körpers habe nach den ersten 30 Kilometern des abschließenden Laufs beim Zehnfach-Ultra-Triathlon in Luckau noch weitermachen wollen, erinnert sich *Astrid Benöhr*. Da steckten der deutschen Triathletin, die ohne Trainer und Pulsuhr auskommt, bereits 38 Kilometer Schwimmen und 1800 Kilometer Radfahren in den Knochen. Sie ignorierte ihre Schmerzen und spulte auch die restlichen 400 Kilometer Laufen noch herunter. Nach 187 Stunden, 18 Minuten und 37 Sekunden kam sie ins Ziel. Fast acht Tage Bewegung am Stück, unterbrochen durch nur insgesamt achteinhalb Stunden Schlaf! Die Ausnahmesportlerin stellte damit einen fabelhaften Weltrekord auf, den bisher auch kein Mann erreichen konnte. Möglich war diese außerordentliche Leistung nur, weil Benöhr ihr eher durchschnittliches Talent mit weit überdurchschnittlicher Kampfkraft wettgemacht hat.

> »Die Fähigkeit, bis zur letzten Sekunde zu fighten, ist eine typische Eigenschaft von Gewinnertypen.«
>
> **Heiner Brand**

Beim Triathlon zählen die richtige Einteilung der Kräfte, die durchdachte Ernährung und Regeneration. Mehr noch als um diese vor allem mit dem Kopf geschaffenen Voraussetzungen geht es um den Kampf gegen sich selbst. Widerstand gegen die eigene Müdigkeit, bei dem sich Astrid Benöhr zum Beispiel von Musik unterstützen lässt, die das Einschlafen beim nächtlichen Rennen verhindert. Ihre Lust an Herausforderungen und daran, diese zu bewältigen, beschreibt Benöhr so: »Wenn man Dinge überwindet, kann man auch gestärkt daraus hervorgehen.« Für die Ausdauersportlerin der Extremkategorie ist das Losrennen, das tiefe Durchatmen und Abschalten, das Kennenlernen der Grenzen des Körpers »ein sehr positives Gefühl«. Um einen Ultra-Triathlon durchzustehen, muss zur physischen Kondition die psychische kommen. Laut Benöhr ist dabei die Erfahrung ausschlaggebend.

Außerdem gehöre eiserner Wille ebenso zum Durchhalten wie die Fähigkeit, sich Schwächen zuzugestehen. Und: »Der Weg ist bei dieser Sportart das Ziel. Das Schönste ist es, den Wettkampf bewusst zu genießen.«[61]

Fighten als Genuss – das ist wohl einer der Schlüssel zum Verständnis von Kämpfernaturen im Sport wie in anderen Bereichen. Die allerletzten Energiereserven zu investieren lohnt jedoch nur dort, wo der zusätzliche Input etwas bringt. Fighten nur um des Fightens willen ist wenig attraktiv, und kein Siegertyp versucht sich immer wieder in einer Disziplin, bei der er aufgrund fehlenden Talents keinerlei Gewinnchance hat. Insofern ist Kampfkraft nicht von den übrigen Erfolgsstrategien zu trennen, wenn sie auch bei dem einen etwas mehr ausgeprägt sein mag als bei dem anderen.

Henning Fritz – Aggressivität zum Stressabbau

Aus dem ganzen Pool an Erfolgsstrategien schöpfte das deutsche Handball-Nationalteam der Männer bei der WM 2007. Auch Fighten bis zur letzten Sekunde war fest eingeplant auf dem Weg zur Umsetzung des »Projekts Gold«, zumal das Team bei einigen Gegnern mit spielerischer und körperlicher Überlegenheit rechnen musste. Die Losung konnte daher nur heißen, sich auf enge Spiele einzustellen sowie darauf, auch einmal mit einem Rückstand konfrontiert zu werden. Beides trat ein und verlangte den deutschen Akteuren absolute Kampfeseifer ab. Einer der Helden in dieser Disziplin: Torwart *Henning Fritz*. Unvergessen werden vor allem seine unglaublichen Paraden im Halbfinale gegen Frankreich bleiben. Als in der zweiten Verlängerung nur noch Sekunden zu spielen waren, brachte Fritz bei zwei wuchtigen Würfen des Franzosen Daniel Narcisse seine Fußspitze exakt an die richtige Stelle und sicherte so den 32:31-Sieg gegen die Equipe Trikolore. »Er weiß, dass er ein Titan ist«, kommentierte sein Mannschaftskollege Dominik Klein – vermutlich in Anspielung auf den Fußball-Torhüter Oliver Kahn, den ebenfalls ungewöhnliche Kampfkraft auszeichnet.

Für Henning Fritz ist Aggressivität im positiven Sinn ein zentraler Bestandteil seines Spiels. Sie sei ein Zeichen für höchste Konzentration, meint der gebürtige Magdeburger, der 2004 als erster Torwart zum »Welthandballer des Jahres« gewählt wurde. Im Tor müsse man jede Sekunde voll da

Henning Fritz

sein und die Wurfbilder der potenziellen Schützen im Kopf haben. »Das erzeugt einen enormen Druck, und wenn sich der nach einer gelungenen Aktion mit einer aggressiv wirkenden Geste entlädt, dann ist das auch Stressabbau und Mittel der Selbstbeherrschung«, analysiert *Fritz,* der mit seinen Clubs mehrfach Deutscher Meister und 2007 Champions-League-Sieger wurde. Im Laufe der WM 2007 wuchs der Keeper trotz zuvor eher mittelmäßiger Leistungen über sich hinaus, was nicht zuletzt seiner neu erwachten Kampfkraft zu verdanken war. Für ihn ist das Kämpfen um jeden Ball auch Ausdruck der Verpflichtung gegenüber den Fans. Weil er diese fühlt, nahm *Henning Fritz* 2007 wie zuvor bereits bei der WM 2003, bei Olympia 2004 und bei der EM 2004 die Idealform eines Torhüters an: »Er verdichtete sich zur Wand«, wie es in einem Porträt [62] über eine der Schlüsselfiguren des deutschen Teams hieß.

Für die Nähe der Kampfkraft zur Aggressivität ist der Handball-Torhüter Henning Fritz nur ein Beispiel. Auch seine Teamkollegen Florian Kehrmann und Oliver Roggisch beeindrucken immer wieder durch ihre Durchsetzungsfähigkeit. Der ehemalige Handball-Nationalspieler Volker Zerbe zeigte nach außen nie große Emotionen, besaß aber dennoch eine innere Aggressivität. *Stefan Effenberg*, ehemaliger Star des Fußball-Clubs FC Bayern München, drückte seine Angriffslust sogar bildlich aus. Auf seinem Hinterkopf ließ er sich die Haare in einem Tigermuster schneiden und färben. Offenbar fand »Effe«, das starke und dominante Raubtier passe zu ihm und seiner Spielweise. Die war allerdings nicht immer top. Eine schwache Vorstellung gegen Südkorea bei der WM 1994 brachte Effenberg Pfiffe von den Rängen ein. Darauf reagierte der »Tiger«, indem er den deutschen Schlachtenbummlern den ausgestreckten Mittelfinger präsentierte. Der damalige Bundestrainer Berti Vogts wechselte Effenberg sofort aus und schloss ihn verständlicherweise aus der Nationalmannschaft aus. Die Karriere des gebürtigen Hamburgers beeinflusste dies allerdings nicht in dramatischer Weise, denn Effenberg überzeugte zumeist durch Leistung. In der Saison 2001/2002 wurde er gar als »wertvollster Spieler der Champions League« ausgezeichnet, die er mit Bayern München auch gewann. So umstritten Effenberg vielleicht als Mensch war, so beeindruckte er auf dem Platz häufig Mitspieler und Gegner, weil er – typisch für geborene Kämpfer – stets wie ein Sieger auftrat.

Steve Jobs – mit Ausdauer Krisen bewältigen

Als Sieger, der Zeit seines Lebens gekämpft hatte, machte *Steve Jobs* das Silicon Valley zu einem Mythos, zur Keimzelle der Veränderung der Welt durch die Digitalisierung. Genau dort, im sonnigen Kalifornien, wurden die ersten Heimcomputer und später der Macintosh geboren, der für viele Menschen noch heute mehr als nur ein Rechner ist. Apple, das Unternehmen dazu, gründete Jobs gemeinsam mit seinem kongenialen Partner Steve Wozniak in einer Garage. Ein nüchterner Programmierer allerdings war Jobs nie, und Stromlinienform kann man ihm ebenfalls kaum nachsagen. Manche bezeichnen die Kultfigur als »Radikalen«, sogar als »heißer Messias« wurde er bereits apostrophiert.[63] Der Erfolg des *Mac* verhinderte allerdings nicht Jobs' Niederlage in einem *Apple*-internen Machtkampf, woraufhin er »sein« Unternehmen verließ. Der mit jeder Menge Charisma Gesegnete nahm es sportlich und resignierte nie. Stattdessen wurde eine neue Aufgabe angepackt und eine Firma mit dem Namen NeXT Computer gegründet. Deren Produkte besaßen einen technologischen Vorsprung, doch sie erlangten niemals die Popularität des Mac, und NeXT wurde schließlich von Apple gekauft.

Auch das ernüchterte und entmutigte Jobs nicht! Im Gegenteil: Über verschiedene Positionen stieg er wieder zum Geschäftsführer in dem einst von ihm gegründeten Unternehmen auf. Das befand sich in einer prekären wirtschaftlichen Lage, und Jobs arbeitete über mehrere Jahre für ein Gehalt von einem Dollar pro Jahr. Erneut nahm er die nicht zuletzt von ihm selbst

Steve Jobs

ausgesprochene Aufforderung zum Kampf an und sorgte für eine Rückkehr von Apple in die Gewinnzone.

Später kam es mit der Expansion im Bereich der Unterhaltungselektronik zu einem weiteren Höhenflug des Unternehmens mit dem Apfel-Logo und dessen heutigem Großaktionär Steve Jobs. Der hat sich nie um die Meinung anderer gekümmert, ignorierte auch die Einschätzungen so genannter Experten und galt stets als schwieriger Mensch. Dennoch folgte man Jobs, was sicher nicht zuletzt mit seinem Kämpferherz zu tun hat, das beeindruckt und auch einschüchtert.

Nicht loslassen und kämpfen um jeden Kunden

Steve Jobs war nicht immer sofort kommerziell erfolgreich, doch mit Ausdauer und Mut zum Risiko holte er Apple aus einem tiefen Tal wieder heraus. Sogar sich selbst »rettete« er dank dieser Qualitäten, denn ihm wurden keineswegs beste Voraussetzungen für eine große Karriere in die Wiege gelegt. Da seine leiblichen Eltern den kleinen Steve nicht ernähren konnten, gaben sie ihn zur Adoption frei. Später schrieb sich Jobs am Reed College in Portland ein, verließ es aber ohne Abschluss bereits nach dem ersten Semester. Allein diese Hindernisse und Misserfolge hinderten ihn nicht an seinem Aufstieg. Der spätere Pionier der Computerbranche war also von Anfang an hartnäckig, trotzig, unbeirrbar – und er glaubte an sich. Alles Eigenschaften, die auf allen Ebenen des Business erfolgversprechend sind. Wir alle kennen etwa den sympathischen Verkäufer, der uns beharrlich und zäh von den unschlagbaren Vorteilen seines Angebots zu überzeugen versucht. Vielleicht wollten wir ursprünglich woanders kaufen, doch letztendlich geben wir demjenigen den Zuschlag, dessen Engagement Begeisterung vermittelt und der – im positiven Sinne – schlicht nicht losgelassen hat.

> **Wer kämpft, der kann verlieren. Wer nicht kämpft, der hat schon verloren.**

Einsatz zahlt sich aus: Manchester United jubelt, und die Bayern haben das Nachsehen

Das Fighten um jeden Kunden eint Siegertypen in der Wirtschaft mit Sportlern, die keinen Ball, kein Match verloren geben. Wer kämpft, der kann zwar durchaus verlieren. Aber wer nicht kämpft, der hat schon verloren! Diese Weisheit hatten offenbar die Spieler des Fußball-Clubs Manchester United inhaliert, als sie am 26. Mai 1999 im Finale der Champions League gegen Bayern München bis zum Schluss alles gaben. In der ersten Minute der Nachspielzeit führten die Münchner mit 1:0, und die Reservespieler auf der Bank waren bereits aufgesprungen, um den Triumph zu feiern. Da fiel, nach einem Befreiungsschlag von Thorsten Fink, dem Engländer Ryan Giggs der Ball vor die Füße. Nächste Station war Teddy Sheringham, und der versenkte das Leder zum 1:1. Die geschockten Bayern stellten sich auf eine Verlängerung ein, doch es sollte noch schlimmer kommen. Nur 103 Sekunden nach dem Ausgleich erzielte Manchester den Siegtreffer und hatte damit die Königsklasse gewonnen.

Der Spitzensport ist reich an ähnlich dramatischen Wettkämpfen, bei denen der vermeintliche Verlierer in der letzten Minute noch zum Sieger wurde. Beispiel Tennis: 1995 stand Deutschland im Daviscup-Halbfinale gegen Russland. Im entscheidenden Einzel hatte Michael Stich alle Trümpfe in der Hand, doch er vergab neun Matchbälle und verlor den letzten Satz mit 12:14. Das Ende der deutschen Träume vom Gewinn des Cups! Aus der Sicht von Stichs Gegner Andrei Chesnokov aber zahlte es sich aus, dass er um jeden Punkt gerungen hatte – auch und gerade in den Momenten, als er kaum noch eine Chance zu haben schien.

Ähnlich denkt und agiert der Autoverkäufer, der durch Beharrlichkeit zum Abschluss kommt, obwohl sein potenzieller Kunde nach ersten Gesprächen nichts mehr von sich hören ließ. Oder der Bewerber um den Posten des Vertriebschefs, der sich gegen eine Phalanx von Konkurrenten durchsetzt. Wenn den anderen vor dem Abpfiff die Puste ausgeht, kann ein »Spiel« noch gedreht werden. Nicht nur bei beruflichen Zielen ist es wichtig, nach Frustrationserlebnissen nicht gleich alles hinzuwerfen. Geduld wird belohnt, wenn sie mit dem letzten Biss gepaart ist.

> **Im Sport wie im Leben zählt manchmal der lange Atem.**

Biss zeigen, sich quälen, mehr arbeiten als andere

Biss und Ausdauer prägen die Erfolgsgeschichten vieler Manager – und nicht selten waren diese zuvor Topsportler. Bereits unter den Studenten zeichnen sich oft gerade diejenigen durch sportliche Erfolge aus, die auch von Anfang an zielstrebig ihre berufliche Karriere vorantreiben. Der Siemens-Chef Peter Löscher etwa war parallel zu seinem Wirtschaftsstudium in Wien Kapitän der österreichischen Volleyball-Nationalmannschaft gewesen. Zum deutschen Jugendmeister im Skispringen brachte es Heiner Finkbeiner, Inhaber des vielfach preisgekrönten Hotels Traube-Tonbach in Baiersbronn. Als Vorstandschef des Touristikgiganten Thomas Cook maß Stefan Pichler Entfernungen vor allem in Flugkilometern, während er es einst als Mittelstreckenläufer bis ins Team der deutschen Nationalmannschaft geschafft hatte. Löscher, Finkbeiner, Pichler und andere profitierten im Job von ihren Erfahrungen als Sportler: Sie hatten Moral bewiesen, wenn es darauf ankam. Sie erlebten, dass die eigenen Reserven immer größer sind, als man denkt.

Weiteres Beispiel: *Hans-Joachim Körber,* Vorstandsvorsitzender der Metro-Gruppe. Er ist Marathonläufer und war Wasserball-Nationalspieler. Weder bei Kilometer 25 mit schmerzendem Knie beim Berlin-Marathon 2003 noch beim Machtkampf mit dem ehemaligen Metro-Aufsichtsratsvorsitzenden Erwin Conradi kam für Körber ein Aufgeben infrage. Allerdings blieb er dabei durchaus immer realistisch: »Um erfolgreich kämpfen zu können, muss man seine Siegchancen einschätzen können«, analysiert Körber.[64] Als Wasserballer und Läufer lernte er diese klare Sicht auf seine Möglichkeiten genauso wie das Quälen bis an die Schmerzgrenze – und das gilt für alle Spitzensportler. Kein Wunder also, dass außergewöhnlicher Erfolg im Sport und ebensolcher im Business häufig zusammenfallen. Zahlreiche einstige Topsportler kamen später in der Wirtschaft bis in die obersten Chefetagen. Headhunter wissen das und machen Jagd auf BWL-Studenten, die nebenher Sport auf hohem Niveau betreiben.

> **»Zum Kampf und vollen Einsatz bereite Spieler werden zu Führungsfiguren, weil sie das ganze Team mitreißen.«**
>
> **Heiner Brand**

Steffi Graf – Ehrgeiz plus Perfektion plus Kampfkraft

Ein absoluter Profi in ihrem Bereich war *Steffi Graf,* die beste deutsche Tennisspielerin aller Zeiten und bereits heute eine Legende. Mit 15 Jahren stand sie zum ersten Mal im Achtelfinale von Wimbledon, dem Ort, an dem sie später siebenmal triumphierte. Drei Jahre später gewann sie alle Grand-Slam-Turniere sowie Gold bei den Olympischen Spielen. Insgesamt 377 Wochen führte Graf die Weltrangliste an, eroberte 107 Titel und wurde zweimal »Weltsportlerin des Jahres«. Ihre Gegnerinnen bewunderten und fürchteten den Drang von »Fräulein Vorhand« nach Perfektion sowie ihren unvergleichlichen Ehrgeiz. Beides war die Basis für Grafs Kampfkraft auf dem Platz – und das ebenso im Match wie auch im Training. Nach zwei schlechten Bällen beim Üben soll sie bereits mit sich gehadert und sich bei ihrem Coach für ihre Fehler entschuldigt haben.

Nicht nur beim Abwehren eines Matchballs im Tennis oder in anderen kritischen Situationen ist Kampfkraft gefragt. Auch Wettkämpfe, die schon vor dem Anpfiff gewonnen scheinen oder bei denen der Ausgang nur von geringem Interesse ist, erfordern oft Einsatz bis zum Letzten. Die deutsche Handball-Nationalmannschaft etwa hätte nach dem Sieg in der Hauptrunde gegen Frankreich durchaus gegen Island verlieren können und wäre dennoch ins Viertelfinale gekommen. Trotzdem spielten sie, als wenn es um alles oder nichts gegangen wäre – und gewannen. Gleiches galt für die deutsche Fußball-Nationalmannschaft bei der Fußball-WM 2006 beim Spiel gegen Ecuador. Das Achtelfinale war dank der Siege gegen Costa Rica und Polen bereits erreicht, aber Jürgen Klinsmann und Joachim Löw ließen ihre Spieler keineswegs einen Gang zurückschalten. Resultat: Die Mannschaft kämpfte wie in einem alles entscheidenden Match.

Die Lehre aus diesen und ähnlichen Beispielen ist auf das Business übertragbar: Es gilt, immer das Möglichste aus sich herauszuholen und niemals zuzulassen, dass die Spannung entweicht und man sich mit weniger als dem Optimum zufriedengibt. Ein Verkäufer etwa sollte auch bei Kunden alles geben, die bereits so gut wie unterschrieben haben oder bei denen er nur geringfügigen Gewinn erwartet. Grund: Man kann niemals im Vorhinein wissen, bei welchen Kunden welche Umsätze und welche Empfehlungen entstehen. Dagegen würde Halbherzigkeit – wann auch immer – die Position des Verkäufers beim nächsten Gespräch schwächen, und seine Gegner witterten Morgenluft. Die Botschaft lautet also, in keinem Falle die Zügel schleifen zu lassen. Eine solche Einstellung trimmt auf Höchstleistung!

Steffi Graf

Kämpfen stärkt die Kampfkraft

Kampf ist immer auch Demonstration von Dominanz, was sich im Sport als sehr wirkungsvoll erweist. Das Anrennen und Abblocken, Mauern und Überrollen, Stürmen und Sperren macht dem Gegner klar: Hier kommt jemand, der sich nicht unterkriegen lassen will. Im Business treten dieselben Verhaltensweisen im übertragenen Sinne auf, vor allem in Form differenzierten geistigen Durchsetzungsvermögens. Werden etwa taktische Überlegenheit und Siegesgewissheit signalisiert, so lässt man damit »die Muskeln spielen«, woraufhin der Kontrahent nicht selten resigniert. Gleichzeitig reguliert der Agierende seine psychische Energie, lädt seine Speicher neu auf und bekommt so das Gefühl, Bäume ausreißen zu können. Das Kämpfen selbst ist es daher, das die Kampfkraft stärkt und das als Motivationstechnik der nahezu unfehlbaren Art fungiert.

> **Man sollte sich niemals mit weniger als dem Optimum zufriedengeben.**

Eine herausragende Kampfkraft aber ist oftmals das Tüpfelchen auf dem i, die entscheidende Ergänzung des Arsenals an Erfolgstugenden. Im Sport wie in der Wirtschaft kann sie tagtäglich trainiert werden, wobei die einzelnen Rädchen der Vorbereitung auf einen Wettkampf oder auf einen Höhepunkt des Jahres ineinandergreifen. Alle Fähigkeiten von Siegertypen – das außergewöhnliche Talent, die Begeisterung, die Zielklarheit, die Disziplin und eben auch die Kampfkraft – verstärken und bedingen sich gegenseitig. Es fightet und beweist Ausdauer, wer ein ehrgeiziges Ziel hat. Fighterqualitäten der Einzelnen helfen beim Entstehen von Teamspirit. Dasselbe gilt für den Wettkampf selbst, sei es nun eine sportliche Konkurrenz oder eine solche in anderen Bereichen. Das Umformen von Druck in Ansporn, die Impulse des Fairplay, strategisch-taktische Kompetenz und Konzentrationsfähigkeit machen Champions – und wenn es knapp wird, gibt das Quäntchen mehr an Durchhaltevermögen den Ausschlag. Was aber passiert danach? Wie agieren und reagieren Siegertypen, wenn der Schlusspfiff ertönt, die Konferenz beendet ist? Sie beherzigen die Devise »Nach dem Spiel ist vor dem Spiel«, denn nach jedem Wettkampf wartet der nächste!

Bereit zum Kampf

Bis zur letzten Sekunde alles geben: Echte Champions fighten für ihr großes Ziel

Alles geben. Um jeden Punkt, jedes Tor und jeden Zentimeter kämpfen. Sich bedingungslos einsetzen. Kampfgeist im Wettkampf – bei unserer sportlichen Elite setzen wir ihn voraus. Fighten wollen wir sie sehen, unsere Topathleten – dann lässt sich, wie bei der Fußball-WM 2006, auch einmal verzeihen, wenn es nicht für die Goldmedaille reicht.

Doch erwarten wir das, was wir von jedem Hochleistungssportler einfordern, auch von uns selbst? Wie weit geht unser Einsatz, unser Kampfgeist in unseren eigenen »Wettkämpfen«?

Natürlich reicht Kampfgeist allein nicht aus und ist nur ein Baustein auf dem Weg zum großen Erefolg. Wo Talent fehlt, es an Training und Zielklarheit mangelt, da läuft auch die Kampfkraft ins Leere. Doch wer Höchstleistungen erbringen will, muss lernen zu fighten – Punkt für Punkt, Position für Position, bis zum großen Ziel. Das ist im Sport so und im Business nicht anders.

Unsere Tipps

Eine spannende Aufgabe, für die sich auch einige Kollegen interessieren? Ein lukrativer Auftrag, um den sich auch die Konkurrenz bemüht? Was Ihr »Wettkampf« auch beinhaltet, es gilt:

>>> Analysieren Sie zunächst Ihre Ausgangsposition und vergleichen Sie Ihr Potenzial mit dem Ihrer Bewerber.

>>> Wie schätzen Sie den Kampfgeist Ihrer »Kontrahenten« ein? Können Sie mit Kampfkraft punkten? Können Sie mehr Biss zeigen, sich mehr quälen als andere?

>>> Wenn Sie antreten, dann kämpfen Sie um jeden Punkt, sprich um jeden Kunden, jeden Auftrag, jede gute Idee. Genau das schafft Höchstleistungen.

>>> Erinnern Sie sich an vergangene »Siege«. Was hat Sie damals stark gemacht? Wie haben Sie damals Ihren Kampfgeist angefacht? Welche Einstellung an den Tag gelegt? Versuchen Sie sich die Situationen in Ihr Gedächtnis zurückzuholen.

>>> Lernen Sie aus der Erfahrung anderer. Mentor, Coach, Vorgesetzter – holen Sie sich Ratschläge von Experten. Lassen Sie sich auch vom Kampfgeist anderer inspirieren! Etwa vom letzten Profiboxkampf einer Regina Halmich – unglaublich, mit welcher Entschlossenheit sie auch in ihrem letzten Kampf fightete!

>>> Suchen Sie sich (moralische) Unterstützung. Ihre Kollegen, Ihr Partner, Ihre Freunde – sie alle können Verbündete werden, um Sie in Ihrem Ziel zu bestärken. Sie brauchen jetzt starken Rückhalt!

>>> Kämpfen Sie nie an zu vielen Fronten gleichzeitig. Konzentrieren Sie sich am besten auf nur einen »Wettkampf«. Auch private Probleme können Sie von Ihrem Ziel ablenken, versuchen Sie diese zu lösen, bevor Sie in einen »Wettkampf« gehen.

>>> Mobilisieren Sie – wenn nötig – alle Reserven. Sie werden staunen, was Sie leisten können, wenn Sie bis ans Äußerste gehen.

>>> Vergessen Sie nicht, Ihre leergelaufenen Energietanks wieder aufzufüllen. Nach Höchstleistungen, die alles an Kampfgeist von Ihnen gefordert haben, brauchen Sie entsprechende Regenerationspausen.

PHASE III:

NACH DEM SPIEL IST VOR DEM SPIEL

PHASE III: NACH DEM SPIEL IST VOR DEM SPIEL

Henning Fritz, Christian Schwarzer, Pascal Hens, Florian Kehrmann und Co. mit aufgeklebten Schnauzbärten – Marke »Heiner Brand« – und ihrem Trainer auf den Schultern. Junge Männer im Freudentaumel und knallende Sektkorken. Diese Bilder vom Finale der Handball-Weltmeisterschaft 2007 gingen um die Welt. Zum Sieg gehören positive Emotionen und das Öffnen von Ventilen. Gleichzeitig gilt aber stets die Weisheit: »Nach dem Spiel ist vor dem Spiel.« Der nächste Wettkampf kommt bestimmt. Vor allem nach Etappenerfolgen wie dem Erreichen der Endrunde oder des Halbfinales gewinnt bei Siegertypen schnell die Konzentration auf die kommende Herausforderung die Oberhand. Das gilt umso mehr nach einer Niederlage, die selbstverständlich auch Champions erleiden. Mit einer hohen Frustrationstoleranz und dem Wissen um die eigene Stärke werden Negativerlebnisse, die oft erst den entscheidenden Kick in Richtung Höchstleistung geben, in positive Impulse umgemünzt. Dasselbe können die Begeisterung der Fans, aber auch die Häme unzufriedener Anhänger bewirken. Und schließlich braucht jeder Spitzensportler seine Auszeiten nach dem Spiel und nach dem Turnier, denn Batterien im Dauereinsatz versagen unweigerlich in absehbarer Zeit ihren Dienst.

»Nach dem Spiel ist vor dem Spiel« heißt die Losung auch für die Leistungselite in der Wirtschaft. Nach jedem Aufstieg wartet der nächste, und wer tatsächlich am Ende der Karriereleiter angekommen ist, der muss seine Position permanent rechtfertigen. Oder richtiger: Er darf sich immer wieder beweisen, ist doch der Wettkampf für echte Champions Lebenselixier. Der Abschluss eines Millionengeschäfts und die vom Geschäftsführer abgesegnete neue Marketingstrategie sind Anlässe zum Feiern. Die bereits terminierten weiteren Fixpunkte des Jahres – wie etwa die Eröffnung der neuen Produktionsstätte oder das Gespräch mit dem Personalchef über die Vergrößerung des eigenen Teams – werden dabei jedoch nicht aus den Augen verloren. Hat es bei einem Vorstellungsgespräch nicht geklappt oder ist ein Projekt gefloppt, dann lernen Siegertypen daraus, statt zu verzweifeln – und nehmen einen neuen Anlauf. Begeisterungsstürme lassen sie nicht in ihrem Eifer erlahmen und Kritikerschelte bringt sie nicht von dem für sich als richtig erkannten Weg ab. Nicht zuletzt wissen Champions die Balance zwischen intensiver Arbeit und ebenso intensiver Erholung zu wahren – genauso wie Spitzensportler!

1. »Spiel, Satz und Sieg!«

Angemessenes Feiern lädt Motivationsspeicher auf

> »Dem Sieg folgt Freude.«
>
> **Aus Hawaii**

In Douglas Adams' fantastischer Geschichte *Per Anhalter durch die Galaxis* fliegt der Held Arthur über seinen Heimatplaneten, als er am Boden seinen Reisebeutel entdeckt. Sollte er versuchen, ihn aufzuheben? Arthur beginnt zu sinnieren: »Wäre es nicht vielleicht doch besser, wenn er in diesem Punkt einfach ganz vernünftig wäre und für ein, zwei Augenblicke aus der Luft wieder auf den Boden zurückkehrte? Wenn er das täte, würde er je wieder fliegen können? Als er sich über dieses Gefühl klarzuwerden erlaubte, empfand cr es als auf so friedliche Weise ekstatisch, dass er den Gedanken nicht ertragen konnte, darauf verzichten zu müssen, vielleicht für immer.« Arthur bekam Angst vor der Rückkehr der Erdenschwere und schwebte wieder ein kleines Stück nach oben, »bloß um dieses Gefühl zu spüren, diese überraschende und mühelose Bewegung«.

Viele Olympiasieger oder Weltmeister mögen im Augenblick des Erfolgsrausches ähnlich denken. Alle Anstrengungen, Versagensängste, die Erschöpfung sind in dem Moment vergessen, in dem der Pokal in die Höhe gereckt wird. Für wenige Augenblicke scheint es so, als seien alle Gegner für immer besiegt und die eigene Unsterblichkeit besiegelt.

Henning Fritz, dem deutschen Handball-Nationaltorwart, wird es nach dem Schlusspfiff des WM-Halbfinales 2007 so ergangen sein. Fast

Michael Schumacher

wie von Sinnen rannte er über das Feld, den Ball fest in der Hand. Sekunden zuvor hatte er beim Stand von 32:31 für Deutschland den letzten Wurf der Franzosen abgewehrt. Diese Aktion hatte alles entschieden, den Weg für die Vollendung des »Projekts Gold« freigemacht. Mehr als bei einem klaren Sieg werden bei einem sehr knappen Emotionen bei Beteiligten und Zuschauern freigesetzt. Als würde ein klassisches Drama gespielt, erfahren sie die Reinigung von Jammer und Schauder. Eine Befreiung von den zuvor erlebten Leidenschaften also, die Aristoteles »Katharsis« nannte. Nicht von ungefähr waren Tragödien im antiken Griechenland Teil der sinnenfrohen Dionysien, der Festspiele zu Ehren von Dionysos, unter anderem Gott des Rausches und der Ekstase. Und Sieger gab es dabei auch, denn gefeiert wurden die Gewinner verschiedener Wettbewerbe, griechisch »Agone« genannt.

Vom Sprung aufs Siegerpodest zur »Kultur des Feierns«

In der Wirtschaft gibt es in der Regel keine auffälligen Pokale, die den Kunden oder Mitbewerbern präsentiert werden könnten. Auch enthemmte Jubelarien à la Henning Fritz sind in Vorstandsetagen, Architekturbüros und Agenturen eher fehl am Platze. Dennoch hat das Feiern von Erfolgen in allen Bereichen seine Berechtigung als ersehnte Belohnung für erlittene Strapazen, disziplinierte Arbeit und investierte Zeit. Über das Wie muss man sich im Business etwas mehr Gedanken machen als im Sport, wo ritualisierte Inszenierungen weit verbreitet sind. Der Gewinner eines Formel-1-Rennens verspritzt zwangsläufig Champagner, Olympiasieger dürfen der Nationalhymne lauschen, und viele Sieger bieten ihren Fans einen Pokal dar. Auch das Besteigen von Podesten, das Umhängen der Goldmedaille und die anerkennenden Worte der Funktionäre sind vorhersagbar wiederkehrende Etappen der Würdigung von Siegern in der Leichtathletik, im Schwimmen, im Fußball und in fast allen anderen Sportarten. Selbst den zurückhaltenden, in sich gekehrten, sich stets selbst kontrollierenden Typen käme es nicht in den Sinn, nach einem Weltrekord oder Turniersieg übergangslos zur Tagesordnung zu wechseln.

> **»Man muss Erfolge auskosten und richtig genießen. Denn: Wenn man es nicht selbst tut, wer dann?«**
>
> Jörg Löhr

Mancher Unternehmensberater hat sich offenbar vom Sport inspirieren lassen und empfiehlt seinen Kunden den Aufbau einer »Kultur des Feierns«. Und die existiert keineswegs in allen Unternehmen, auch wenn fast jeder Betrieb bereits im Jahresplan bestimmte »Feiern« – wie die vor Weihnachten – festlegt. Solche Treffen, bei denen der Vorstand schon bei der Ankunft den Chauffeur für die Fahrt nach Hause auf 22 Uhr bestellt hat und sich kurz darauf einer nach dem anderen aus der Belegschaft verabschiedet, haben wenig mit der Feier eines Weltmeistertitels gemein. Zwar sind Veranstaltungen des »Modells« Weihnachtsfeier wie im Sport ritualisiert, aber ihnen fehlt der tiefere Grund. Sie finden an einem fixen Datum statt und nicht nach einer besonderen Leistung. Die Anlässe sind externer Natur und erwachsen nicht aus der Mitte des eigenen Unternehmens. Natürlich wird beim Essen zum Jahresende auch das mehr oder weniger erfolgreich verlaufene Geschäftsjahr begangen, doch es ist für die Terminierung unerheblich, ob es gerade in diesem Moment tatsächlich etwas zu feiern gibt oder ob vielleicht die Endphase eines wichtigen Projektes erst noch bevorsteht.

Feiern werfen Erinnerungsanker und stärken Frustrationstoleranz

Natürlich sollten Übergänge wie runde Geburtstage oder wiederkehrende Feste bewusst gestaltet werden. Sie strukturieren den Jahreslauf, haben eine Unterhaltungs- und Ablenkungsfunktion. Für die berufliche Ebene wichtiger ist aber das Feiern von Ereignissen, die im Kontext mit den Ergebnissen der eigenen Arbeit stehen. Dazu gehören abgeschlossene Kurse, bestandene Prüfungen, gelungene Präsentationen oder Reden, das erfolgreiche Bewerbungsgespräch. Diese Anlässe zu feiern zeugt von Anerkennung für die eigene Leistung und bereitet damit den nächsten Schritt zum nächsten Ziel vor. So wird die Vollendung sinnvoller Phasen des Lernens markiert und Erinnerungsanker werden geworfen, die sich in der Rückschau wieder aufspüren lassen. Solche Fixpunkte dienen in Augenblicken von Niederlagen oder Überanstrengung als wirksame Motivationsquelle. Das Feiern von Erfolgen ist also keineswegs nur eine Angelegenheit im Hier und Jetzt, sondern es hilft beim Aufbau von Frustrationstoleranz – und das ist ein typisches Charakteristikum von Siegertypen, sowohl im Sport als auch anderswo.

Während viele Mitarbeiter und wohl noch mehr Führungskräfte die alljährliche Weihnachtsfeier eher wie einen notwendigen Abendtermin absolvieren, sind sie bei der spontan verabredeten Party – zum Beispiel nach der Abgabe eines Wettbewerbsbeitrags – mit Begeisterung dabei. Und doch gewinnen viele Menschen (und Unternehmen) Tag für Tag, ohne sich dabei auch nur einmal selbst zu beglückwünschen. Sie rackern sich ab, vergessen aber, ihren Energieeinsatz angemessen herauszuheben. Manche mögen damit argumentieren, dass sie zum Feiern schlicht zu beschäftigt seien und nicht aus ihrer Konzentration herausgerissen werden wollten, um den nächsten Erfolg nicht zu gefährden. Eine Ansicht, die nicht weit trägt, wie gerade besonders erfolgreiche Manager beweisen. Sie wissen um die positive Energie, welche die dank gemeinsamen Feierns erzeugte Atmosphäre freisetzt. Sie wissen auch um die große Bedeutung der Arbeit für unser Leben, die es unverzeihbar macht, die Momente des Erfolgs ohne adäquate Würdigung verstreichen zu lassen. Und sie wissen um den Wunsch nahezu jedes Menschen, bedeutend zu sein und Anerkennung zu bekommen, der als eine starke Triebfeder die beruflichen Karrieren bestimmt.

> **»Die Arbeit ist ein zu großer Teil unseres Lebens, als dass wir dort errungene Erfolge einfach links liegen lassen könnten.«**
>
> **Jörg Löhr**

Feiern als Entscheidung von Herz und Kopf

Im Sport haben so gut wie alle Champions und Trainer verinnerlicht, welchen Kick das Feiern von Erfolgen auslöst. Ohnehin ließe sich hier das ausgelassene Jubeln allenfalls theoretisch unterdrücken. Sportler stehen in der Regel bis kurz vor der Gewissheit des Triumphes unter großer Anspannung – und die muss sich entladen in Gesängen und einem Taumel der Freude. Sport findet stets in Echtzeit statt. Die Anstrengung ist klar erkennbar und ebenso ihr Effekt, nämlich das Ergebnis. Es gibt keine Reflexion, die sich zwischen den Erfolg und den Jubel schöbe und Letzteren verzögerte. Zudem sind Sportler in Bewegung, ja sie erringen ihren Sieg in der Regel in und durch Bewegung. Sport ist Explosion und Adrenalin, Energie und Leidenschaft, Passion und Drama. So wäre es ein Kraftakt, die Dynamik zu drosseln, während das Jubeln eine organische Steigerung der Bewegung darstellt.

In der Wirtschaft existiert zwar auch oftmals eine extreme Anspannung, weniger aber der singuläre Augenblick, zumindest nicht die einzige Sekunde, in der über Sieg oder Niederlage entschieden wird. Kleinere Fehler sind meist auszubügeln, während ein »Treffer« im übertragenen Sinne noch lange keine Sicherheit bedeutet. Hier geht es mehr um Prozesse statt um ein einziges Tor oder einen 10-Sekunden-Lauf. Zudem arbeitet in nichtsportlichen Bereichen in erster Linie der Geist. Hier ist daher das Feiern von Erfolgen, das stets auch den Körper mit einbezieht, viel mehr ein bewusster Akt als im Sport. Man-

> »Ausgelassenheit nach einem Sieg ist ein Ventil für die Anspannung, die jedem Triumph vorausgeht.«
>
> **Heiner Brand**

che, die zu dieser Entscheidung nicht in der Lage sind, begründen dies mit Understatement und Bescheidenheit. Oder sie glauben, der Akt des Feierns habe einen zu geringen Anspruch, als dass sie sich damit abgeben sollten. Es sind jedoch gerade die souveränen Siegertypen, die feiern können und wollen – und die erkennen, welche Potenziale darin liegen.

Selbstverständlich wird das Feiern in Unternehmen niemals wie die Jubelarien im Sport sein. Die Intentionen und die Folgen aber gleichen sich durchaus. Hier wie dort bedeuten die Stunden des Feierns eine Auszeit vom streng reglementierten Training beziehungsweise einem vollgepackten Terminkalender. Hier wie dort bauen sie Stress ab und schweißen die Beteiligten zusammen. Auch Teamspirit entsteht nicht zuletzt durch gemeinsames Feiern, und Führungsstärke erweist sich an der Fähigkeit, solche Erlebnisse zu initiieren. Die Frage bleibt jedoch, wie ebendies konkret funktioniert.

Wie lässt sich in einem Unternehmen eine Kultur des Feierns etablieren? Zweierlei ist klar: Feiern ist schon aus Respekt gegenüber den am Erfolg beteiligten Mitarbeitern geboten, doch aufoktroyiert werden kann es nicht. Dem Willen zu feiern liegen bestimmte Einstellungen und Erwartungen zugrunde, die gefördert, nicht jedoch per Order implementiert werden können. Entscheidend ist daher die Vorbildwirkung der Führungskräfte. Wer ohne Sinn für den ab und zu nötigen Break immer nur voranprescht, der wird Nachahmer »produzieren« und eher ein Einzelkämpfertum begünstigen. Wer dagegen selbst zu feiern versteht, der schlägt Brücken zu seinen Mitarbeitern; ist doch der Ausdruck von Freude etwas zutiefst Menschliches, das leicht über die Grenzen der Hierarchie diffundiert.

Anerkennung von anderen und Eigenlob

Das Feiern nach einem Erfolg schafft wie kaum etwas anderes ein intensives Gemeinschaftserlebnis und fördert die Kommunikation untereinander. Teamkollegen in Sport und Wirtschaft nehmen plötzlich ganz neue Seiten aneinander wahr, weil Menschen in der Freude über Geleistetes ihre Reserviertheit aufgeben und mehr von sich offenbaren. So wächst auf der einen Seite das Wir-Gefühl, aber auch das Verständnis füreinander. Der andere wird danach nicht mehr nur als guter Stürmer oder begabter Programmierer »gespeichert«, sondern beispielsweise als äußerst humorvoll, sozial engagiert oder begeisterter Schachspieler. Nicht umsonst gelten Feste und Feiern als eine der ursprünglichen Methoden des Lernens – neben dem Gespräch, der Arbeit und dem Spiel. Womöglich werden bei den Kollegen Eigenschaften entdeckt, die für die nächsten Projekte nützlich sein können. Außerdem baut der enge Kontakt auf halb beruflicher und halb privater Ebene Konkurrenzdenken im Team ab und verstärkt die Identifikation mit dem Unternehmen. Gemeinsames Feiern schafft so Reserven, aus denen sich in Krisensituationen schöpfen lässt. Es fällt leichter, sich für jemanden einzusetzen, mit dem man bereits Triumphe bejubelt hat. Nicht zuletzt fühlt jeder, der in die Gruppe der Feiernden aufgenommen wird, den Respekt für seine Arbeit. Und kaum etwas beflügelt mehr zu Höchstleistungen als der Beifall der anderen. Denn: Das, was wir erreichen können, wird stets von dem beeinflusst, was andere uns zutrauen!

Feste und Feiern sind ursprüngliche Lernmethoden.

Neben dem Feiern als Teamerlebnis gibt es auch das Feiern der eigenen Person. Sofort fallen einem dabei Sportler ein, die sich nach einer persönlichen Höchstleistung selbst durch oftmals ritualisierte Gesten auf ein Podest heben. Beispiele sind der Fußballer Miroslav Klose mit seinem Salto nach spektakulären Treffern oder viele seiner Kollegen, die Tänze aufführen oder sich – mit Blick auf die Fans – demonstrativ auf das Emblem ihres Vereins auf der Brust klopfen. Gemeint ist beim Feiern der eigenen Großtaten aber auch das Jubeln ohne Zuschauer, das in der Wirtschaft der Normalfall sein dürfte. Die Abgabe eines über Wochen sehr gewissenhaft erstellten Berichtes für die Geschäftsführung oder der Auftrag eines Großkunden sind Ereignisse, welche die Arbeit strukturieren und nach Beachtung verlangen. Feiern und Feste schaffen Zäsuren im Alltag, die ein Auftanken der Energiespeicher ermöglichen. Sie setzen allerdings den Einklang mit sich selbst, die Überzeugung von der Richtigkeit des eigenen Wegs voraus. Als Gegenpol zur kritischen Bewusstseinskultur, als »Ausdruck der Zustimmungskultur, also ein Medium apollinischer Affirmation«[65] bezeichnet der Medienwissenschaftler Norbert Bolz jedes Fest. Ja, die Begeisterung für sich selbst ist der Kern des Feierns – und sie ist eines der vielen Merkmale von Siegertypen.

> **Es ist wichtig, sich auch selbst Anerkennung zu schenken.**

Gründe, um ausgiebig zu feiern, sind kein Massengut, wie auch der Spitzensportler nicht ständig als großer Sieger durchs Ziel läuft. Doch so gut wie an jedem Tag lassen sich Dinge finden, die einem ungewöhnlich gut gelungen sind. Anerkennung, die wir uns selbst schenken, ist unabdingbar – schlicht deshalb, weil nicht immer andere bereitstehen, um uns zu loben. Sich selbst zu belohnen, zum Beispiel auch für die Erledigung unangenehmer Aufgaben, spornt an und erleichtert die Überwindung innerer oder äußerer Hindernisse. Meister der Motivation schaffen es zudem, sich auch über scheinbare Nichtigkeiten zu freuen. Ohnehin ist es immer eine Frage der Perspektive, was als unbedeutend eingestuft wird, so wie Optimisten bekanntermaßen ein zur Hälfte gefülltes Glas als »halb voll«, Pessimisten dieses aber als »halb leer« beschreiben. Selbstredend zählen Spitzenathleten meist zur ersten Kategorie, und sie heben nach einem Wettkampf die gelungenen Aktionen heraus, selbst wenn diese nicht eben zahlreich gewesen sein sollten. Manager, die diese Betrachtungsweise übernehmen, blicken mit Stolz auf das Erreichte, statt den Fokus lediglich auf die Probleme zu legen. Das steigert den Mut und hilft dabei, es beim nächsten Mal besser zu machen. Die Freude als »kleine Schwester« des ekstatischen Feierns wirkt damit als Kick in Richtung künftiger Erfolge.

Feiern als Sieg über den Zufall

Sich auch über kleine Erfolge spektakulär freuen konnte der ehemalige deutsche Fußball-Nationalspieler Fredi Bobic. Sein Jubel kannte kaum Grenzen, wenn er mit gereckter Faust schreiend hinter des Gegners Tor rannte. Nach der Analyse des Feuilletonisten Christian Thomas ist die gestische und mimische Ausdrucksvielfalt von Bobic Ausdruck einer »erfolgreichen Bewältigung risikoreicher Herausforderungen«.[66] Selbst der genialste Spielzug garantiere ja nicht den Torerfolg. So beschwöre das Fußballspiel für jeden der 22 Akteure die Konfrontation mit dem Ungewissen herauf und beruhe jedes Match auf der ununterbrochenen Anstrengung, das Zufällige zu minimieren. Im Jubel werde nicht nur der Triumph des Gelingens gefeiert, sondern »ein noch viel größeres Wunder zelebriert: die Überwindung der Kontingenz«. Was Thomas unter Verwendung eines Begriffs aus der Soziologie – »contingere« heißt in der spätlateinischen Bedeutung »Möglichkeit« – meint, ist die Überführung der prinzipiellen Offenheit menschlicher Lebenserfahrungen in die Gewissheit des Sieges.

Wird Jubel als Lobpreisung des Außergewöhnlichen erklärt, heißt das im Umkehrschluss: Nicht zu jubeln entwertet den Erfolg, indem er ihn zu etwas Selbstverständlichem herabwürdigt. Wer eine Leistung nicht feiert, der drückt sie auf ein Niveau, dessen Erreichung keinen Aufwand außerhalb der Norm erfordert. Was aber keiner Mühe bedarf, erzeugt keine Konzentration und Motivation im Vorfeld. Ein Mangel, der im Spitzensport, wo die Leistungsdichte sehr hoch ist, Siege so gut wie unmöglich machte. Dagegen wissen Gewinnertypen sehr wohl um die Notwendigkeit der extremen Anstrengung – und entsprechend feiern sie ihre Triumphe, weil diese Singularitäten darstellen und alles andere als normal sind. Das Bewusstsein um die Brillanz des Geleisteten ist damit ein weiterer Grund, warum das

Feiern im Sport zwangsläufig erfolgt. Nebenbei würde ein Sportler, der seinen Sieg wie etwas Nebensächliches, Erwartetes hinnimmt, damit außer der eigenen Leistung auch die des Gegners entwerten. So betrachtet, kann Jubel sogar ein Akt der Fairness sein, wie ja auch im Sport der Handschlag mit dem Unterlegenen selbstverständlich ist.

> **Nicht zu feiern entwertet den Erfolg und lässt ihn selbstverständlich erscheinen.**

Vom spontanen Feiern der Spitzensportler zu lernen heißt, die Unberechenbarkeit des Erfolgs einzugestehen – und das wiederum betont den eigenen Anteil an einem Sieg. Ein quasi naturgesetzlich erzielter Triumph wäre kein Anlass, um stolz zu sein, die Bewältigung einer schwierigen Aufgabe und das Bestehen in stark umkämpften Märkten dagegen schon. Während die nach Protokoll ablaufenden Feste planbar sind, gilt das nicht für die improvisierten Feiern – etwa unerwartet guter Quartalszahlen oder einer plötzlich entdeckten Lösung für ein kniffliges Problem in der Produktion. Der hohe Grad an Impulsivität und nicht Vorhersagbarem sollte jedoch kein Grund sein, diese Art von Happenings zu unterdrücken. Im Gegenteil: Hier kann sich jeder Mitarbeiter beteiligen, seine Wünsche artikulieren und umsetzen. Eine Erfahrung, die genauso das Engagement verstärkt wie eine Belohnung in Form von Gewinnbeteiligungen oder eines höheres Gehalts.

Materielle und sonstige Prämien sind allerdings ebenfalls ein Ausdruck des Feierns herausragender Leistungen. Neben dem Plus bei der monatlichen Gehaltsüberweisung gehören dazu das größere Büro, der eigene Parkplatz, mehr Verantwortung und verschiedenste Privilegien. Sie entsprechen den Siegprämien oder sonstigen Zulagen für den Weltmeistertitel oder den Olympiasieg. Dabei zählen vor allem in der Wirtschaft nicht nur mehr Geld, der zusätzliche Platz oder die größere Bequemlichkeit. Wichtiger sind der Symbolgehalt und die Korrespondenz mit den erbrachten Leistungen. Die Feier eines Gehaltssprungs spiegelt meist weniger die Genugtuung über das

Mehr an Kaufkraft als die Freude über die Zufriedenheit mit dem Erreichten. Die Gratifikation beweist, dass Chancen optimal genutzt wurden und der Chef das offensichtlich honoriert.

Maßhalten beim Feiern von Etappensiegen

Bevor allerdings Prämien gefeiert werden können, ist zumeist ein Erfolg nötig, der aus der Reihe des Gewöhnlichen tanzt. Im Sport fokussieren sich die Athleten daher auf die übergeordneten Saisonziele wie große Turniere oder Qualifikationen. Bei der Handball-WM 2007 war bereits das Überstehen der Hauptrunde der Lohn harter Arbeit und mehr noch der Einzug ins Halbfinale sowie schließlich ins Finale. Die Feiern an diesen Zwischenzielen mögen – wie beim Torwart Henning Fritz nach dem Schlusspfiff des Halbfinales – zum Teil enthusiastisch gewesen sein, doch alle Spieler kehrten relativ schnell auf den Boden zurück. Nur so war die erneute Konzentration auf das eine große Ziel, das Projekt Gold, möglich. Sehr ambitionierte Vorhaben drosseln daher die Feierlust, wenn noch mindestens eine Aufgabe unerledigt ist. Champions besitzen die Fähigkeit, sich

> »Entscheidend für den Erfolg ist nicht nur die Freude am Sieg, sondern auch die am Weg dorthin.«
>
> Heiner Brand

kurz und intensiv zu freuen, um anschließend das noch auf sie Wartende in Angriff zu nehmen – und dann nach dem endgültigen Schlusspfiff im Finale, der Kür in der Endrunde, dem letzten Wurf in der Konkurrenz zu »explodieren«.

Auch in der Wirtschaft gibt es die großen, sich über einen langen Zeitraum hinziehenden Projekte, bei denen eine völlig lückenlose Konzentration schwerfällt oder unmöglich ist. Die Motivation zum Durchhalten erhöht sich, wenn man Teilaufgaben definiert und sich an jedem Etappenziel selbst belohnt. Dies in Form öffentlich oder auch nur im eigenen Unternehmen bekundeter Freude zu tun, ist allerdings noch schwieriger als beim Errei-

Jubel nach dem Sieg bei der Handball-WM 2007

chen der übergeordneten, der Jahresziele. Warum das so notwendige Feiern im Business seine Tücken hat, erläutert der Medienwissenschaftler Norbert Bolz durch einen Vergleich mit dem Sport: Beispielsweise der Fußball produziere in aller Deutlichkeit Sieger und Verlierer. »Nur hier winkt uns noch die Anerkennung als ›überlegen‹ und ›besser‹. Nur im Sport darf man noch siegen. Überall sonst wäre ein Sieg, diese antike Gestalt des Glücks, in unserer Kultur der Gleichheit eine Peinlichkeit oder gar ein Skandal«[67]. Gewinnertypen ignorieren das – und eben deshalb stehen sie ganz oben!

Keine Karriere ohne Niederlagen

Das gekonnte Feiern ist ein integrativer Bestandteil der Erfolgsstrategien von Champions – derer auf dem Fußballplatz genauso wie derer in den Chefsesseln. Beispiele und auch theoretische Reflexionen führen schnell auf die enorme Motivationswirkung von Feiern, die Schweiß und Belastungen leichter erträglich machen. Die ausgiebige Freude über vollbrachte Leistungen spornt darüber hinaus zu weiteren Anstrengungen an. Sie macht also weitere Erfolge wahrscheinlicher, als wenn Siege nur registriert, aber nicht weiter präsentiert würden. Entsteht damit quasi zwangsläufig eine ewige Kette, auf der Erfolge und Feiern sich ständig abwechseln, ja schrauben sich beide nach Art einer Spirale in immer größere Höhen? Auf die deutsche Meisterschaft folgen der Europameistertitel und dann die Goldmedaille bei Olympia? Vom Posten des Projektleiters geht es weiter auf die Position des Vertriebschefs und später auf die des Geschäftsführers? Natürlich gibt es diese Karrieren, und sie sind realisierbar, doch bei genauerem Hinsehen ist die Spirale niemals eine ideale. Fast jeder Mensch muss auf seinem Lebensweg Niederlagen erleiden und das Gefühl des Scheiterns kennenlernen. Der intelligente Umgang damit ist ebenso ein Merkmal von Gewinnern wie die Begabung, Erfolge zu feiern.

Erfolge feiern, Leistung würdigen

Wie eine »Kultur« des Feierns Anerkennung für Geleistetes schafft – und Teams zusammenschweißt!

Geschafft! Der Vertrag ist unterschrieben, der Auftrag zur großen Zufriedenheit aller erledigt, der Pitch gewonnen oder der Kunde überzeugt. Wer jetzt einfach zur Tagesordnung übergeht, verpasst wertvolle Chancen. Gemeinsame Freude und gemeinsames Feiern von Erfolgen sind nicht nur gerechter Lohn getaner Arbeit, sie erfüllen auch verschiedene Funktionen – vom Motivationsschub für kommende Projekte bis zum wertvollen Erinnerungsanker für erfolglose Durststrecken.

Unsere Tipps

>>> Denken Sie daran: In allem, was er tut, strebt der Mensch nach Anerkennung. Und wer Menschen diese Bestätigung nicht gibt, zeigt ihnen, dass ihre Arbeit keinen Wert hat. Seien Sie also bereit, diese Anerkennung zu geben.

>>> Schätzen Sie aber auch die eigene Leistung und freuen Sie sich ehrlich daran.

>>> Erkennen und anerkennen Sie die Leistungen anderer. Erfolg ist (fast) immer Teamsache. Vergessen Sie also nicht, sich bei all jenen zu bedanken, die Sie auf dem Weg zum Erfolg begleitet haben, und betonen Sie gezielt auch deren Leistung.

>>> Zeigen Sie Emotionen! Wer den großen Auftrag abräumt, den Wettbewerb gewinnt, der kann sich – unternehmensintern – auch offen darüber freuen. Ob Luftsprung oder geballte Faust – die Anspannung einer Höchstleistung fordert geradezu nach einem Ventil.

⟫ Wenn Sie eine Feier organisieren, denken Sie daran: Gutes Essen ist wichtig, aber nicht alles. Lassen Sie sich etwas einfallen, wie Sie Ihre Anerkennung ausdrücken. Vielleicht, indem Sie für jeden der Beteiligten ein paar persönliche Worte finden. Oder jeden mit einer kleinen persönlichen Aufmerksamkeit belohnen. Oder aber dem Team gemeinsam etwas schenken. Lassen Sie Ihre Fantasie spielen!

⟫ Halten Sie die Erinnerung an Erfolge und die Freude darüber wach. Sprechen Sie darüber und bewahren Sie Fotos von »Erfolgsgeschichten« sowie Auszeichnungen sorgfältig auf. Setzen Sie zum Beispiel Urkunden, Zertifikate etc. der Mitarbeiter, des Teams dort in Szene, wo sie auch jeder sehen kann.

⟫ Definieren Sie für jedes Projekt Etappenziele, für deren Erreichen Sie (sich) belohnen. Verlieren Sie dabei aber nicht das große Ziel aus den Augen. Visualisieren Sie es und spüren Sie die Freude, die Sie fühlen werden, wenn Sie es erreichen.

⟫ Gerade keine Erfolge zu feiern? Dann mobilisieren Sie alle Kräfte in der Erinnerung an vergangene Siege. Bauen Sie so Ihr Selbstvertrauen wieder auf und stärken Sie sich für den nächsten Wettkampf.

2. Aus Niederlagen lernen

Optimismus macht Fehlschläge zu Erfolgsbrücken

> »Fast jeder Erfolg ist begründet
> auf einer vorherigen Niederlage.«
>
> Jüdisches Sprichwort

Werden Menschen nach ihrem Lebensmotto gefragt, taucht unter den Antworten immer wieder folgende Weisheit eines unbekannten Autors auf: »Gib mir die Gelassenheit, Dinge hinzunehmen, die ich nicht ändern kann. Gib mir den Mut, Dinge zu ändern, die ich ändern kann. Und schenke mir die Weisheit, das eine vom anderen zu unterscheiden.« Tatsächlich beinhalten diese drei Sätze eine Lehre, die sich in vielen Lebenssituationen anwenden lässt. Insbesondere komprimieren sie das Rezept zum konstruktiven Umgang mit Niederlagen. Wie zahlreiche Spitzensportler exemplarisch vorführen, müssen Misserfolge abgehakt werden, damit sie nicht die Oberhand gewinnen und dauerhaft auf unsere Stimmung drücken. Abhaken aber ist nicht gleichbedeutend mit Ignorieren und Vergessen. Vielmehr stellen sich Spitzenathleten ihren Niederlagen, analysieren sie und lernen aus ihnen. Manche von ihnen werden als Stehaufmännchen bezeichnet, was den Kern jedoch nicht trifft. Niederlagen werfen starke und selbstbewusste Persönlichkeiten keineswegs zwangsläufig aus der Bahn. Zu verlieren ist zwar im jeweiligen Moment unangenehm, jedoch ein wichtiger Teil des Lebens und der Karriere, der seinen Sinn hat und zumindest im Rückblick als wertvoll erkannt wird.

Dasselbe Muster findet sich in der Wirtschaft, in der Politik und anderswo: Fast alle, die oben stehen und Erfolge feiern, haben auf ihrem Weg dorthin einige Niederlagen erlitten. Und sie haben daraus ihre Schlüsse gezogen, denn sonst wären sie nie in ihre jetzigen Positionen gelangt. Es zeugt von Souveränität, eigene Fehler zuzugeben, statt Fehlschläge einer Verkettung unglücklicher Umstände zuzuschieben. Wer Erklärungen und nicht Entschuldigungen sucht, der hat außerdem bereits den ersten Schritt in Richtung Neuanfang getan. Er gibt nicht etwa auf und wartet auch nicht untätig auf eine günstige Gelegenheit, sondern er packt an und handelt. Der Glaube an sich selbst und die eigenen

> **Niederlagen müssen analysiert und verarbeitet werden.**

Stärken, lohnende Ziele und jede Menge Optimismus gehören dazu. Spitzensportler und ihre Geschichten bieten dafür reichlich Anschauungsmaterial, zählt doch auch bei Topathleten das Wegstecken von Niederlagen zwar nicht zum täglich Brot, aber sicher zu den immer wiederkehrenden Ereignissen.

Das Optimum herausholen und Niederlagen wegstecken

Die deutschen Handball-Nationalspieler kennen das Gefühl des Scheiterns und wurden dennoch oder unter anderem deswegen im Jahr 2007 Weltmeister im eigenen Land. Bei der WM 2005 in Tunesien etwa stand am Ende ein von den Fans fast als tragisch empfundener neunter Platz in der Statistik. Im Vergleich mit vorherigen großen Turnieren war die Enttäuschung sicher berechtigt, aber bei genauerem Hinsehen schmolz die Unzufriedenheit und wandelte sich in Zuversicht. Vor der WM 2005 hatten fünf Leistungsträger ihren Abschied aus dem Nationalteam genommen, weitere wichtige Spieler waren verletzungsbedingt nicht dabei. Unter diesen sehr ungünstigen Voraussetzungen machte die Mannschaft viele ansprechende Spiele und sah sogar gegen den späteren Weltmeister Spanien gut aus. Wenn die Grundeinstellung stimmt, ist auch eine Niederlage kein Untergang, sondern Teil einer notwendigen Entwicklung, beispielsweise im Handball das Wachsen eines Mannschaftsgefüges. In einer fairen Bewertung hatte daher das Team keineswegs versagt, sondern das Beste aus einer schwierigen Situation herausgeholt. Das galt mehr noch ein Jahr zuvor, bei der Europameisterschaft 2004. Hier hatte Deutschland nach einer Auftaktniederlage gegen Serbien-Montenegro bereits kurz vor dem Ausscheiden gestanden und gewann dennoch den Titel – und nebenbei die Erfahrung, aus eigener Kraft wieder nach oben kommen zu können.

Nicht ganz so dramatisch, aber ebenfalls prekär war die Lage bei der WM 2007 nach der bitteren Vorrundenniederlage gegen Polen. Die Spieler reagierten in der Manier echter Siegertypen und nahmen das 22:24 zum Anlass für zunächst intensive Selbstkritik und anschließendes Aufbäumen.

> »Wer motiviert und begeistert auf seine klaren Ziele zusteuert, der ist auch von Niederlagen nicht zu beeindrucken.«
>
> Jörg Löhr

Obwohl das nicht gerade eine angenehme Unterhaltung war, wurde die Partie gegen Polen fast komplett auf Video betrachtet, um die eigene Leistung realistisch beurteilen zu können. Auf dem Spielfeld ist eine solche umfassende Diagnose kaum möglich, weil hier die Anspannung und die Konzentration auf die nächste Aktion viel zu groß sind. Die Spieler erkannten im Rückblick klar, welche gravierenden Fehler sie begangen hatten, und gingen schonungslos mit sich selbst ins Gericht. Sie waren erschrocken, zogen aber nicht den Kopf ein. Stattdessen wurde die Niederlage gegen Polen in der Vorrunde zum Ausgangspunkt für eine sehr positive Entwicklung mit den folgenden Siegen, bei denen die Deutschen einen völlig anderen, absolut erfolgsorientierten Handball zeigten. Vor dem Finale gegen Polen war das Vorrundenspiel gegen ebendiesen Gegner nur noch bei der taktischen Vorbereitung ein Thema. Die Niederlage hatte das Team längst ad acta gelegt. Man ging mit entsprechend großem Selbstvertrauen ins Endspiel – und gewann dieses in beeindruckender Art und Weise.

Sicher bergen Niederlagen die Gefahr, an Selbstvertrauen einzubüßen. Zumal dann, wenn die Reaktion der Öffentlichkeit und der Medien diese

Tendenz verstärkt. In diesem Fall gilt es, die Ruhe zu bewahren, sich von der von außen initiierten Hektik abzuschirmen und die Augen fest auf das Positive zu heften. Die deutsche Handball-Nationalmannschaft lehrt im Umgang mit Niederlagen dreierlei: Bei jeder Schlappe muss das scheinbare Versagen in Relation zu dem gesetzt werden, was realistischerweise hätte erreicht werden können. Zum anderen darf ein Misserfolg niemals Resignation erzeugen, sondern ausschließlich eine Besinnung auf die eigenen Stärken. Und außerdem müssen Niederlagen analysiert und dann vergessen werden. Genau diese drei Grundlinien des Verhaltens finden sich bei vielen Spitzensportlern und ebenso bei vielen Siegertypen in der Wirtschaft wieder. Hat bei einem Topautoverkäufer ein fast schon sicher geglaubter Deal nicht geklappt, stürzt er sich mit Feuereifer auf den nächsten Kunden, die nächste Chance. Später wird er das ohne Abschluss verlaufene Gespräch Revue passieren lassen und daraus seine Lehren ziehen, was möglicherweise zur Anpassung seiner Strategien führt. Vielleicht wird er aber auch erkennen, wie unwahrscheinlich ein Erfolg gewesen ist, weil der potenzielle Käufer immer schon eine andere Marke bevorzugte und sich lediglich unverbindlich über Alternativen informieren wollte.

> **»Positives Denken auch in Krisen ist kein Geschenk des Himmels, sondern lässt sich trainieren.«**
>
> **Jörg Löhr**

Rolf Benz oder der feste Glaube an sich selbst

Eine einzige Fehlentscheidung und eine einzige Fehleinschätzung waren es, die *Rolf Benz* seine Möbelfirma kosteten. Ende der 70er-Jahre wollte der Möbeldesigner und Unternehmer zugleich seine Firma ausbauen und seine Marke aufbauen. »Das ging g'schwind zu schnell«, urteilt der am Rande des Schwarzwalds Geborene im Rückblick über diese Strategie.[68] Mit der Übernahme eines Schrankwandherstellers und einer Holzgestellfertigung hatte er sich schlicht übernommen. Zudem erkannte er den Trend in Richtung Ledermöbel zu spät, und so folgte auf das erfolgreichste Geschäftsjahr der Rolf Benz GmbH deren schwerste Krise. Benz war gezwungen, die Anteilsmehrheit an seinem Unternehmen an die Paderborner Welle-Gruppe zu verkaufen, und agierte fortan als angestellter Geschäftsführer in dem Betrieb, der ihm einst gehört und den er gegründet hatte. Zwar ging dieser Schock nicht spurlos an Benz vorbei, aber er zeigte Rückgrat. Mit Hilfe von Fremdkapital und seiner ureigenen Genialität rettete er sein Lebenswerk und machte die 80er-Jahre zum »Jahrzehnt der Marke Rolf Benz«. Auch wenn der Verlust seiner Firma schmerzte, wog eines mehr: der Glaube an sich sowie sein Können als Designer und Geschäftsmann. Mit Ausnahme jener einen Fehlbeurteilung hatte *Benz* stets wie ein Seismograf die kommenden Bedürfnisse seiner Kunden erspürt – und er wusste um dieses Talent.

Möglicherweise wird Rolf Benz sich im Augenblick seiner größten Niederlage an eines seiner fantastischen Werbemotive erinnert haben: eine Frau mit wehenden Haaren an einer griechischen Küste und mitten im Bild ein schneeweißes Benz-Sofa. Damit hatte er ähnlich klar die Träume der Menschen erkannt wie viele Jahre früher mit den Über-Eck-Couchgarnituren, die parallel zur Ausbreitung des Fernsehens zum Verkaufsschlager geworden waren. Benz wusste nicht zuletzt dank vergangener Erfolge, wie gut er war, und ließ sich deshalb durch eine – wenn auch folgenschwere – Niederlage nicht allzu sehr beeindrucken. Ja, er führte nicht nur seine von Welle übernommene ehemalige Firma zu neuen Höhen, sondern übernahm gleichzeitig Anfang der 90er-Jahre den Aufsichtsratsposten beim angeschlagenen traditionsreichen Polstermöbelhaus Knoll. Den polierte Rolf Benz zusammen mit seinem Sohn Markus Benz als Geschäftsführer kräftig auf. Heute ist aus dem fast pleitegegangenen Unternehmen Knoll einer der Branchenführer geworden, der unter anderem Botschaften, VIP-Lounges und erstklassige Businessadressen ausstattet. Benz junior kommentiert das Stehvermögen von Benz senior so: »Eine der größten Vaterleistungen war, dass er nicht gezuckt hat, als es hier hart auf hart stand. Er hat uns immer die Sicherheit gegeben, dass es klappt.«[69]

»Analysiert man schlechte Leistungen, sind sie oftmals der Ausgangspunkt für eine positive Entwicklung.«

Heiner Brand

Große Frustrationstoleranz hatte der Selfmade-Möbeldesigner *Benz* bereits in sehr jungen Jahren beweisen müssen, was mit seiner ersten großen »Niederlage« zusammenhing. Zum Geschäftsführer des Aussteuergeschäftes seiner Eltern in Nagold wurde nicht er, sondern sein Bruder bestimmt, weil der die besseren Schulnoten hatte. *Rolf Benz* aber machte, wie später so oft, das Beste daraus. Nach einer Polstererlehre ging er in die Polstermöbelwerkstatt seines Onkels Benjamin Gabelmann. Und als dieser nach einem Autounfall starb, übernahm der 19-jährige *Benz* den Betrieb gemeinsam mit seinem 20-jährigen Cousin. Leicht gemacht wurde es der späteren Unternehmerikone von Anfang an nicht; die Bewältigung der Herausforderungen gab ihm das Selbstvertrauen, jede knifflige Situation zu meistern. Darin ähnelt er den vielen Spitzensportlern, die sich nach schweren Krisen wieder nach oben boxen. Plötzliche Leistungseinbrüche oder Disqualifikationen bei wichtigen Wettkämpfen sind solche Tiefpunkte, von denen aus betrachtet es nur nach oben gehen kann. Auch langwierige Verletzungen können zu den Niederlagen gezählt werden. Sie haben zwar nichts mit der eigentlichen Leistung zu tun, werfen aber den Betroffenen in seinem Streben nach Erfolg oft sehr weit zurück.

Niederlagen mit Spaß und Realismus verarbeiten

Ein spannendes Beispiel für einen Topathleten, der trotz einer schwerwiegenden Verletzung wieder erfolgreich wurde, ist *Gerd Schönfelder.* Als 19-Jähriger verlor er beim Versuch, auf einen fahrenden Zug aufzuspringen, den rechten Arm und vier Finger an der verbliebenen linken Hand. Nach anfänglicher teilweiser Lähmung dachte er im Krankenhaus ausschließlich daran, möglichst schnell wieder zu trainieren – und heute ist er einer der erfolgreichsten deutschen Behindertensportler im alpinen Skifahren. Parallelen finden sich in der Karriere von *Nia Künzer,* die nach vier Kreuzbandrissen innerhalb von acht Jahren immer wieder ein Comeback schaffte. Die ehemalige deutsche Fußball-Nationalspielerin verlegte sich nie aufs Jammern, sondern kämpfte sich stets mit mühevoller Aufbauarbeit wieder an die Weltspitze heran. »Nias brutaler Wille, alle Rückschläge immer wieder wegzustecken, ist mir fast ein Rätsel«, kommentiert Nias Vater die Robust-

Nia Künzer

heit seiner Tochter. Die Fußballerin selbst meinte nach ihrer vierten Reha: »Vielleicht ist es wirklich nicht das Naheliegendste, wieder zu spielen. Aber man wird ja nicht immer nur von der Vernunft gesteuert.«[70]

Nia Künzer macht die Emotionen im positiven Sinne dafür verantwortlich, dass sie die Strapazen des Wiederaufbaus in Kauf nahm. Eine Einschätzung, die schnell zu einer der Hauptmotivationen von Menschen führt, die sich nach Niederlagen in Form von Verletzungen wieder emporarbeiten: Es ist der Spaß an dem, was sie tun und was ihren Talenten entspricht. Begeisterung und Freude, die stets in uns selbst geboren werden, sind viel nachhaltiger antreibende Kräfte als alle Anfeuerungen von außen! Zum professionellen Umgang mit Verletzungen gehört es allerdings auch, nicht das Unmögliche zu versuchen oder den Körper zu sehr zu gefährden. Im Jahr 2006 erklärte die in Botswana geborene Nia Künzer daher ihren Rücktritt aus der Nationalmannschaft. Den Spaß am Spiel mit dem runden Leder hat sie dennoch nicht verloren und lebt ihn heute unter anderem in ihrer Arbeit als Frauenfußballexpertin für die ARD aus.

Spaß an seiner Tätigkeit und Realismus zeichnen auch Lars Hinrichs aus, den Gründer des Internetnetzwerks Xing. In seinem Arbeitszimmer sollen sich Handys, Computerzubehör, Kameras, Laser und allerhand ähnliche Dinge stapeln, denn Hinrichs ist ein Technikfreak. So war es für ihn naheliegend, sich im Web 2.0 seine Nische zu suchen, was zum Aufbau von Xing, dem ehemaligen Open BC, führte. Auf der erfolgreichen Internet-Plattform für Kontakte können Menschen ihr Profil, ein Foto und biografische Daten hinterlegen sowie als Premiumkunden gegen eine Gebühr einsehen, wer sich diese Daten angesehen hat. Die Xing-Klientel ist meist akademisch gebildet und verdient gut – eine optimale Grundlage für das eigentliche Ziel von Xing, nämlich die Vermittlung von Geschäftskontakten. Als Hinrichs mit Xing an die Börse ging, ließen allerdings die großen Fonds die Finger von der neuen Option. Die Plattform war zu stark überbewertet – mit einem Börsenwert, der mehr als das 140-Fache des Jahresgewinns betrug. Die Börsianer scheuten das Risiko, sich bei Xing einzukaufen, gelten doch allenfalls Bewertungen mit dem Faktor 10 bis 15 als solide. Das war durchaus als Niederlage für den Start-up-Gründer Lars Hinrichs zu interpretieren, doch der betrachtete die Lage nüchtern: »Wir machen effektiv Gewinn. Wir machen Umsätze.«[71] Unbeirrbar hält er an seinem Ziel fest, Xing global zu etablieren – und das vermutlich nicht zuletzt deshalb, weil ihm das Mitspielen an vorderster Technikfront enormen Spaß macht. Momentan ist der Ausgang noch offen, doch Xing hat nach Meinung von Experten gute Chancen beim Kampf um die Marktführerschaft.

Stefan Kretzschmar – noch mehr Gas geben statt aufgeben

»Ich hätte das alles nicht ohne Spaß machen können«, sagt *Stefan Kretzschmar,* ehemaliger Handball-Nationalspieler. Der gebürtige Leipziger und Linksaußen stand bei der WM 2003 sowie bei Olympia 2004 im Finale und gewann mit dem SC Magdeburg 2002 die Champions League. Jede Menge Erfolge, zu denen aber auch bei »Kretsche« die eine oder andere Niederlage kam. Besonders niederschmetternd war diese: Im Viertelfinale gegen Spanien bei Olympia 2000 stand es 26:26, und es waren noch 55 Sekunden zu spielen. Das ist im Handball eine lange Zeit. Zudem war sein Team in der Überzahl. Doch statt die Uhr bis zu den letzten Sekunden »herunterzuspielen«, warf Kretzschmar bereits nach 15 Sekunden. Der Ball landete an der Latte, von dort beim Gegner und wenig später im deutschen Tor. Kretsches Team schied aus – der Traum vom Olympiasieg war zerstört. »Einem Spieler hilft dann ein intaktes Umfeld, das ihn wieder aufrichtet. Das ist ganz ähnlich wie bei Höhenflügen, wo es guttut, wieder auf den Boden zurückgeholt zu werden«, erinnert sich Kretzschmar an den wohl schwärzesten Tag seiner Karriere.

Der als »Popstar des deutschen Handballs« Bezeichnete wäre jedoch kein Spitzenathlet, wenn er nicht alles daran gesetzt hätte, seinen Fehler wettzumachen: »Der Prozess der Verarbeitung einer Niederlage wird stark gefördert, wenn man erneut gegen seinen Bezwinger antritt.« In seinem Fall kam es vier Jahre später bei Olympia in Athen zu einer Neuauflage des Matches gegen Spanien – und das deutsche Team gewann 32:30! Folgerichtig rät Kretzschmar anderen Sportlern, Niederlagen offensiv zu behandeln: »Ich würde sicher niemandem empfehlen, es locker zu nehmen. Vielmehr würde ich jeden auffordern, noch mehr Gas zu geben als zuletzt. Ich würde dabei auch an die Ehre und den Stolz appellieren. Man kämpft ja nicht nur für sich, sondern auch für die Fans und den Verein oder sein

Stefan Kretzschmar mit Heiner Brand

Land.« Eine Botschaft, die sich auf die Wirtschaft übertragen lässt: Aufgeben nach einer Niederlage hieße, den eigenen Aufstieg ebenso zu gefährden wie möglicherweise das Wohl des Unternehmens. Und auch hier befreit ein erneuter und von mehr Erfolg gekrönter Versuch in einer ähnlichen Situation von frustrierenden Erinnerungen.

Unmut und Verärgerung über sich selbst sind die Folge eines Miss-verhältnisses von Erwartungen und Ergebnis. Kretzschmar hatte selbst-verständlich das erlösende Tor werfen wollen. Scheitert ein Vorhaben, re-agieren Menschen oft mit Rebellion, wollen zunächst nicht begreifen, was geschehen ist. Stefan Kretzschmar hält sich für einen eher nachdenklichen Typen, der nach einer Niederlage nie öffentlich explodierte, obwohl es in seinem Inneren kochte. Andere Charaktere lassen die Wut heraus, um ih-rem Frust ein Ventil zu geben. In jedem Fall sollten nach einem Misserfolg negative Gefühle zugelassen und nicht verdrängt werden. Nur Gefühle, die im Fluss sind, können sich ändern. Und eine solche Änderung ist un-erlässlich, um Ärger als konstruktives Element zu nutzen, die Emotionen wieder kontrollieren zu können und vor allem wieder ins Handeln zu kommen.

Alberto Alessi – Flops als Beweis von Kreativität

Mit dem Handeln überhaupt kein Problem hat *Alberto Alessi,* wobei ihn das Risiko eines Misserfolgs eher anfeuert als bremst. »Fiaskos sind für den Geschäftsführer der gleichnamigen Designfabrik definitiv überlebenswich-tig. Ein Unternehmen ohne Niederlagen ist kreativ tot.«[72] Ein Designbetrieb wie der seine sei dazu verdammt, so nahe wie möglich an der Borderline zu arbeiten, »auch wenn das gefährlich ist«. Weil die Grenze zwischen Flops und Bestsellern nicht genau definiert und durch keine Marktforschung mar-kiert werden könne, bewegten sich Massenproduzenten immer möglichst weit von dieser unsichtbaren Linie entfernt. Alessi tat stets das Gegenteil, was letztlich seine Designführerschaft begründete. Die blieb von zahlrei-chen grandiosen Irrtümern – wie einem Wasserkessel von Philippe Starck – stets unbeeinflusst. Auch Alberto Alessi selbst zeigte sich stets resistent ge-genüber Fehleinschätzungen – wie zu Beginn seiner Karriere, als er eine Skulptur von Salvador Dali in großer Stückzahl produzieren lassen woll-te. Sein Vater stoppte ihn damals, was Alberto hinnehmen musste. Doch der Filius probierte einfach etwas Neues und reüssierte schließlich mit von namhaften Designern entworfenen Haushaltsgeräten, für die Alessi heute weltweit berühmt ist.

Seine Niederlagen nahm der Piemonteser immer sportlich. Statt mit sich oder gar anderen Mächten zu hadern, akzeptierte er seine Fiaskos und nahm sofort das nächste Projekt in Angriff. Nichts anderes macht ein Sportler, der bei einem Wettkampf versagt hat und sofort alle Kräfte auf den nächsten konzentriert. Experten wissen: Weil das Gehirn assoziativ strukturiert ist, führt die Erinnerung an eine Niederlage zu einem Verlust an Energie und Kraft. Topathleten wie Topmanager entgehen einer solchen Ermattung, weil sie das positive Denken perfekt beherrschen. Eine große Rolle spielte dieses etwa bei der Vorbereitung der deut-

> **Handlungs- statt defizitorientierte Botschaften legen den Fokus auf Verbesserungsmöglichkeiten statt auf Kritik.**

schen Fußball-Nationalmannschaft auf die WM 2006. Die Botschaften der Erfolgstrainer Jürgen Klinsmann und Joachim Löw waren stets handlungs- und nie defizitorientiert, was harte Kritik in der Öffentlichkeit ausschloss. Zwar wurden die Spieler durchaus mit den eigenen Schwächen konfrontiert, aber eben intern und immer mit dem Fokus auf Verbesserungsmöglichkeiten. Mit dieser Strategie konnten sie ihren Spielern die eigene Stärke buchstäblich einreden!

Positives Denken statt Konzentration auf die Niederlagen

Kritik muss sein, aber sie sollte den Betroffenen aufbauen, so dass er aufrecht in den nächsten Wettkampf gehen kann. Das betrifft den Sportler, aber ebenso Menschen in jedem anderen Beruf. Eine Dosis positiven Denkens ist beim Aufbau von Selbstbewusstsein und Verarbeiten von Misserfolgen ein mächtiger Verbündeter. Sie setzt Energien frei und steigert die Leistungsfähigkeit in nahezu allen Bereichen. Positiv denkende Menschen haben im Vergleich zu notorischen Pessimisten eine bessere Merkfähigkeit, sind kreativer, ausgeglichener, fühlen sich körperlich wohler und betrachten

Probleme als Herausforderungen. Niederlagen sind für Optimisten etwas Vorübergehendes, auf das sie mit einer »Jetzt-erst-recht«-Einstellung reagieren. Übertriebene Ängste, zu große Vorsicht und manchmal auch Realismus lähmen – gerade dann, wenn kürzlich etwas nicht so gelungen ist. Positives Denken dagegen durchbricht negative Muster und führt zur Kultivierung der lebensbejahenden Seite, die prinzipiell jeder Mensch besitzt. Das Positive, das in jedem Negativerlebnis steckt, haben Spitzensportler erfahren, die nach vielen zweiten Plätzen immer wieder alles gaben und schließlich doch den »Gipfel« des Siegerpodests erreichten. Dieser Kampfeswille sollte ins Geschäftsleben übertragen werden! Verinnerlicht hat ihn etwa der Verkäufer, der sich sagt: Wenn ich einen wichtigen Kunden bei zwei Telefonaten nicht überzeugen konnte, dann wird es sicher beim dritten Mal klappen.

Langfristige Perspektiven haben den Vorrang vor kurzfristigen Niederlagen.

Unternehmen und der Einzelne können sich vom positiven Denken der Spitzensportler einiges abschauen. Zwar gibt es Vorgaben, die erfüllt werden müssen. Doch nicht bei jeder Abweichung des Quartalsberichts von der Wunschvorstellung der Analysten sollte gleich Katzenjammer angesagt sein. Auch kurzfristiger Aktionismus ist in solchen Fällen fehl am Platze. Stattdessen geht es darum, eine mittel- und langfristige Perspektive zu entwickeln – so wie zum Beispiel bei der Glasmanufaktur Theresienthal. Der Betrieb im Bayerischen Wald, der einst europäische Königshäuser beliefert hatte, meldete nach Management- und Marketingfehlern im Jahr 2001 Insolvenz an. Der Betriebsleiter Max Hannes aber kümmerte sich darum, dass alles funktionstüchtig blieb – und sein Einsatz sowie sein Glauben an die alte Glasbläserkunst wurden belohnt. Im Jahr 2005 nahm die Manufaktur mit der Hilfe der Eberhard-von-Kuenheim-Stiftung und mit neuen Entwürfen von Hamburger Designexperten die Produktion wieder auf. Sogar ein Dokumentarfilm mit dem Titel *Die Unzerbrechlichen* wurde über diese aus einer Niederlage geborene Erfolgsstory gedreht. In der Hauptrolle: Max Hannes, der immer dem Prinzip Hoffnung gefolgt war.

Richtiges Scheitern und die Fehlervermeidungskultur

Karriereberater *Hans-Jürgen Stöhr* aus Rostock kennt viele Geschichten von Niederlagen, die in solche des Erfolgs mündeten. Worauf es dabei ankommt, vermittelt der Dozent und Diplom-Philosoph als Leiter der Agentur für gescheites Scheitern. Was wie ein witziges Wortspiel wirkt, hat durchaus seinen Sinn. Stöhrs Erfahrung nach muss nämlich beim Scheitern differenziert werden. Das schlechte Scheitern beschreibt er so: »Anstatt nach Alternativen zu suchen, pulvert man weiter Kraft und Geld in eine Sache, um doch noch zum Erfolg zu kommen – obwohl es schon längst aussichtslos ist«.[73] Demgegenüber nehme man beim guten Scheitern »zum rechten Zeitpunkt wahr, dass man sich von einem Projekt verabschieden muss«. Wenn das gelinge, sei es viel einfacher, sich neu zu orientieren. Spitzensportler machen genau das, wenn sie den Verein wechseln, weil das Umfeld nicht stimmt oder sie in der Mannschaft keine Chance bekommen. Und auch Siegertypen in der Wirtschaft handeln so. Überträgt ihnen ihr Arbeitgeber beispielsweise nicht die Verantwortung, nach der sie streben, dann suchen sie sich einen neuen Wirkungskreis, vielleicht sogar in einer völlig neuen Branche. Sie nehmen ihr Schicksal in die eigenen Hände und lassen sich nicht davon beirren, wenn nicht alles auf Anhieb klappt.

Die Initiative für das eigene Leben, den eigenen Erfolg spiegelt sich auch in einem Detail des Umgangs mit Niederlagen: Leistungsfähige und Leistungsbereite geben niemals anderen die Schuld, sondern suchen die Fehler bei sich selbst. Dazu gehören Mut und Offenheit, durch die sich Siegertypen im Sport und anderswo auszeichnen. Das Eingeständnis eigener Fehler eröffnet erst die Möglichkeit, sich weiterzuentwickeln, weil es einem das Heft in die Hand gibt. Der Fortschritt beginnt mit der Analyse des Misserfolgs: Was ist schiefgelaufen und warum? Was hat die Konkurrenz besser gemacht als ich? Sportler kommen dabei möglicherweise auf zu wenig Training, Manager auf eine Vernachlässigung der Markt-

> »Ob ein Ergebnis eine Niederlage ist oder nicht, hängt immer auch von den Voraussetzungen und von der Art des Einsatzes ab.«
>
> Heiner Brand

Bill Gates

forschung oder der Kundenbedürfnisse. Anschließend werden die Ursachen beseitigt, was durchaus zu völlig neuen Wegen führen kann. Unter Dinge, die sich nicht mehr ändern lassen, ziehen Champions einen Schlussstrich, doch sie vermeiden es, dieselben Fehler nochmals zu begehen.

Von einer Fehlerbehebungs- oder einer Fehlervermeidungskultur spricht denn auch der Unternehmensberater Emmanuel Siregar, derzeit Mitglied der Geschäftsführung des Warenhauses Karstadt. »Das Kreative am Umgang mit Fehlern ist die sich anschließende konstruktive Korrektur«, so der gebürtige Brüsseler mit japanischen und indonesischen Wurzeln.[74] Habe man einmal eine Krise, ein Scheitern erlebt, erhöhe dies die Sensibilität, Risikosignale früher wahrzunehmen, meint die Psychologin Mirjam Gollenia. Mit jedem überstandenen Schiffbruch wächst der Erfahrungsschatz, was die Gefahr zu resignieren verringert und die Risikobereitschaft auf hohem Niveau hält. Und das wird in der Zukunft an Bedeutung zunehmen, denn in der Berufswelt von morgen werden sich die Menschen immer schneller auf veränderte Situationen einstellen müssen. Mit Festhalten am Bewährten funktioniert das nicht, sondern nur mit Loslassen und Wagnis – auch wenn diese Haltung den Keim des Scheiterns in sich trägt. Das übrigens musste sogar Microsoft-Gründer Bill Gates erleben, der in den 80er-Jahren fest an sein Betriebssystem OS2 glaubte und Windows nur nebenher entwickelte. OS2 floppte, was Gates allerdings schnell erkannte und zum raschen Umsatteln brachte.

Die Rolle von Fans und Kunden im Sieg und in der Niederlage

Wie die Beispiele belegen, zeichnet der an der Zukunft orientierte Umgang mit Niederlagen und Misserfolgen Siegertypen aus. Sie beweisen ihre überdurchschnittliche Ausdauer, Kreativität und Flexibilität gerade dann, wenn es mal nicht nach Wunsch läuft. Sportler und Manager trainieren und arbeiten noch härter oder verlassen die Wege, die sich als Sackgassen erwiesen haben. Verluste werden eher als nützliche Erfahrungen denn als Katastrophen verbucht und die Fehler nie bei anderen, sondern immer bei sich selbst gesucht. Antreibende Kraft beim Wiederaufstehen und Weitermachen ist natürlich das Ziel, ob es sich dabei um eine Medaille oder die Verdopplung des Umsatzes handelt. Es geht aber auch um den Spaß an der Sache, den sich geborene Champions niemals nehmen lassen. Und es geht um die Fans beziehungsweise die Kunden sowie um die öffentliche Wahrnehmung in Form der Medien. Gerade in der Niederlage erweist sich, wer über eine tragfähige Vertrauensbasis und über Kredit bei seinen Anhängern verfügt sowie über Respekt bei seinen Kritikern.

Niederlagen als Chancen nutzen – unsere Tipps

Befasst man sich intensiver mit den Biografien erfolgreicher Menschen, dann wird offenbar, was erfolgreiche von weniger erfolgreichen Menschen unterscheidet: Es ist nicht das Fehlen von Fehlschlägen, sondern schlicht die Reaktion darauf. Erfolgreiche Menschen lassen sich nicht so schnell entmutigen. Im Gegenteil: Sie analysieren Misserfolge, versuchen ähnliche Fehler beim zweiten Mal zu vermeiden und gehen oft gestärkt und um eine Erfahrung reicher aus der Niederlage hervor. Sie verändern vielleicht ihre Strategie, nicht aber den Glauben an sich selbst!

Phase 1: So reagieren Sie richtig, wenn das Projekt gescheitert ist oder die Kunden verloren sind

>> Suchen Sie keine Ausreden. Suchen Sie die Schuld nicht nur bei anderen. Bekennen Sie sich offen zu einem Misserfolg und zu Ihrem Anteil daran.

>> Analysieren Sie, wie es zu dieser Niederlage kommen konnte. Hätte ein Misserfolg aus eigener Kraft verhindert werden können? Wenn ja, wie hätte er verhindert werden können? Welche Fehler wurden gemacht? Welche Fehleinschätzungen führten zum Misserfolg? Etc.

>> Stellen Sie sich gegebenenfalls vor Ihr Team oder Ihre Kollegen und übernehmen Sie Verantwortung. Nur so können Sie sich Respekt verschaffen und bewirken, dass auch noch künftig alle motiviert bei der Sache sind.

>> Analysieren Sie interne Fehlerquellen bzw. die Gründe, die zu diesem Misserfolg geführt haben. Sprechen Sie mit den einzelnen Teammitgliedern.

>>> Beziehen Sie zwingend Ihr Team in die Analyse mit ein. Fordern Sie von den Kollegen und Mitarbeitern konstruktive Verbesserungsvorschläge ein. Welche Lehren können aus diesem Misserfolg gezogen werden? Und was bedeutet das konkret für das Unternehmen, die Strategie, den eingeschlagenen Weg, das gesteckte Ziel?

>>> Legen Sie – nach der gründlichen Analyse – den Misserfolg auch wirklich zu den Akten. Setzen Sie ihn nicht ein, um Mitarbeiter oder Kollegen später noch unter Druck zu setzen. Es ist gesagt, was gesagt werden musste. Zeigen Sie nun Optimismus und stellen Sie Perspektiven dar, getreu dem Motto: »Jetzt erst recht!«

Phase 2: Nehmen Sie den Misserfolg, die Niederlage als Anlass, um im Unternehmen eine (neue) »Fehlerkultur« zu etablieren.

>>> Die Menschheitsgeschichte ist auch eine Geschichte der Fehler: Von Anbeginn an machten Menschen Fehler, erkannten Fehler und lernten aus Fehlern. Und das ist auch heute noch so.

>>> Wer einen Fehler macht und nicht korrigiert, begeht einen zweiten. Nur die Auseinandersetzung mit Fehlern bringt Menschen und Unternehmen weiter.

>>> Ein Unternehmen sollte aktiv Instrumentarien zum Umgang mit Fehlern entwickeln und sie auch nutzen. Welche Instrumentarien könnten in Ihrem Unternehmen zum Einsatz kommen?

>>> Ein Unternehmen braucht Mitarbeiterinnen und Mitarbeiter, die Fehler erkennen und daraus lernen können. Die also eine Art »Fehlerkompetenz« entwickelt haben. Wie kann diese »Fehlerkompetenz« gefördert werden?

3. »Zwölfter Mann« oder Pfiffe

Fankurven und Kunden fordern ihr Recht

> »Die Kunden, deren Erwartungen wir übertreffen, kommen wieder.«
>
> **Kaufmannsspruch**

»Wir orientieren uns nicht an anderen Agenturen. Sondern an Real Madrid, Madonna und McDonald's. Denn wir wollen Kunden nicht zufriedenstellen: Wir wollen sie zu Fans machen.« Das verkündet eine Werbeagentur aus Münster auf ihrer Homepage im Internet.[75] Ob der Bezug auf den iberischen Fußballclub Zufall ist oder nicht: Es lohnt sich, in Sachen Umgang mit seinen Kunden den Spitzensport zu studieren. Vereine wie die legendären Königsblauen aus der spanischen Hauptstadt leben von ihren Fans; sie wissen das und handeln entsprechend. In der Wirtschaft dagegen werden Kunden immer noch häufig allein als Käufer betrachtet, die Produkte in mehr oder weniger guter Qualität geliefert bekommen und ansonsten mit dem Unternehmen nichts zu tun haben. Die Realität sieht angesichts globaler Konkurrenz und meist austauschbarer Angebote anders aus. Kunden reicht es längst nicht mehr aus, lediglich ordentlich bedient zu werden. Sie wollen eine Beziehung zu der Firma aufbauen, bei der sie etwas bestellen, und sich mit einer Marke identifizieren. Sie wollen rational und vor allem emotional erreicht werden, also zu leidenschaftlichen Fans werden.

Natürlich treiben die Fans ihre Mannschaft nicht immer nur nach vorn wie als »zwölfter Mann« beim Fußball. Sie sind auch mal wütend und quittieren es mit Pfiffen, wenn ihr Team oder ihr Idol nicht gewonnen hat. Das lässt sich niemals ganz vermeiden, doch Topsportler sind sich darüber im Klaren, was sie ihren Anhängern schulden. Neben der von innen heraus kommenden Motivation spornt Athleten auch die Erwartungshaltung auf den Zuschauerrängen an. Sie tun alles, um Menschen nicht zu enttäuschen, die vielleicht über Hunderte von Kilometern zu einem Wettkampf angereist sind.

> »Kunden zu Fans zu machen, ist eines der Geheimnisse ungewöhnlich erfolgreicher Unternehmen.«
>
> Jörg Löhr

An dieser Einstellung können sich Manager und Verkäufer, Entwickler und Dienstleister ein Beispiel nehmen. Sie agieren wie Handballer oder Schwimmer nicht in einem eigenen Universum, in dem sie niemandem Rechenschaft schulden. Auch wenn manche Konzerne wie ein kleiner Kosmos wirken mögen: Nachhaltiger Erfolg lässt sich nicht erzielen ohne Verantwortungsbewusstsein gegenüber den Shareholdern genauso wie gegenüber den Stakeholdern. Zu Letzteren gehören auf jeden Fall die Kunden und bei vielen Unternehmen auch die gesamte Öffentlichkeit. Auch die professionelle Kommunikation mit den Medien zählt daher zum Repertoire der Elite – im Sport und in jedem Business!

Handball-WM: Euphorie auf den Rängen treibt an

Wie von selbst klappte die Kommunikation zwischen Fans und Spielern bei der Handball-WM 2007. Unbändiger Jubel auf den Rängen erzeugte eine unvergleichliche Atmosphäre in den im Vergleich zu Fußballstadien kleinen Arenen. Auch bei den *Public Viewings* – vor allem in den Handball-Hochburgen – herrschte ein Freudentaumel, der bis dahin in dieser Sportart unbekannt war. Die Fans trugen damit einen Gutteil zur Verwirklichung des Projekts Gold bei und halfen, dass auf das Fußball-Sommermärchen 2006 ein Wintermärchen mit einem noch erfolgreicheren Abschluss folgte. Dabei war die Wirkung der Zuschauer auf die Spieler – über den gesamten Turnierverlauf betrachtet – durchaus eine ambivalente. Weil das Turnier im eigenen Land stattfand, musste das Team von Beginn an mit hohen Erwartungen zurechtkommen. Die Öffentlichkeit addierte sozusagen zur spielerischen Stärke den Heimvorteil und leitete daraus zumindest die Rolle eines Mitfavoriten ab, obwohl dies von den zuvor erzielten Ergebnissen her nicht unbedingt gerechtfertigt schien. Entsprechend groß war der Druck, was in den ersten beiden Spielen zu mäßigen Leistungen und im dritten sogar zu einer Niederlage gegen Polen führte. Bis dahin war die Euphorie der Zuschauer quasi ein Vorschuss gewesen, weil ihr noch keine realen Ereignisse Nahrung gaben.

In der anschließenden Hauptrunde aber kippte dies: Nun sahen die Fans eine Mannschaft, die fightete und sich für die Schlappe gegen Polen revanchieren wollte. Plötzlich beflügelten die Anfeuerungsrufe der Anhänger die Akteure auf dem Feld, statt sie wie zuvor zu hemmen. Die Fanbegeisterung wurde also von Kampfkraft und spielerischer Klasse der Bejubelten verursacht und nicht umgekehrt. Fans sind häufig Katalysator, selten Auslöser von Spitzenleistungen. »Wir haben den Funken auf das Publikum übertragen, und von der Tribüne strahlte es intensiv zurück. Das hat uns eine wahnsinnige Energie gegeben«, analysiert Kreisläufer Christian Schwarzer. »Je mehr es in Richtung der entscheidenden K.o.-Spiele ging, desto mehr Emotionen waren im Spiel«, erzählt Schwarzers Teamkollege Dominik Klein. »Wenn 19 500 Fans hinter einem ›stehen‹ – das ist schon imposant.« Nach einem Sieg habe das Publikum gar nicht aufgehört zu feiern, und »so wollten wir Spieler am liebsten in der Halle bleiben«. Nach dem Match noch zu den Fans zu gehen und Autogramme zu schreiben, sei für ihn keine lästige Pflicht, meint Klein. »Mir macht das Spaß. Es ist wie eine dritte Halbzeit.« Zur Pflege des Kontakts zu seinen Anhängern gehörten auch die ständige Aktualisierung seiner Homepage und der direkte E-Mail-Kontakt. »Es ist undenkbar für mich, dies durch Dritte erledigen zu lassen.« Was sie ihren Fans schuldig ist,

> »Eine Mannschaft, die richtig fightet, wird von den Fans hundertprozentig unterstützt und zu Höchstleistungen gepusht.«
>
> **Heiner Brand**

weiß auch die ehemalige deutsche Boxerin Regina Halmich. Nach 56 WM-Kämpfen, von denen sie 54 gewann, beendete sie am 30. November 2007 ihre Karriere dank eines Siegs als Weltmeisterin. »Liebe Boxfans, danke für eure Unterstützung«[76], konnten ihre Anhänger auf der Startseite von Halmichs Homepage im Internet lesen!

Beim E-Mail-Austausch oder der Ansprache über die Homepage ist die Berührung zwischen den Fans und ihrem Star lediglich eine virtuelle, bei der La-Ola-Welle in den Handball-Arenen war sie eine sehr reale, wenn auch nicht körperliche. Der Begriff »Zuschauer« ist für engagierte Anhänger im Grunde der falsche Ausdruck, denn sie fühlen sich viel eher als »Mitmacher«, und sie identifizieren sich voll mit ihren Helden. Und das bezieht sich keineswegs nur auf die Aktionen während des Wettkampfs. In Italien wird ein Fan oft mit »partigiano« bezeichnet, was mit »Parteigänger« zu übersetzen ist. Sportler und Mannschaften, die sich wie Dominik Klein permanent um ihre Anhänger kümmern, machen sich diese zu Freunden. Freunde aber verzeihen auch mal eine schlechtere Leistung, ohne ihrem Idol sogleich die Unterstützung zu entziehen. Wichtige Mittel der Fanbindung sind zum Beispiel der persönliche Kontakt der Spieler zu den Fans oder die Organisation von Fahrten für Schlachtenbummler zu Auswärtsspielen im Fußball. Die Anhänger wollen umworben werden, und sie wollen sich als zusammengehörende Gruppe präsentieren können.

Andere für sich und die eigenen Ziele gewinnen

Sportler brauchen naturnotwendig ein Publikum. Ohne Menschen, die den Sieg im Sprint oder im Springreiten bejubeln, hat ein sportlicher Wettkampf wenig Reiz. Zwar besitzt der *Homo sapiens sapiens* das »Konkurrenzgen«, das ihn dazu antreibt, seine Talente mit seinesgleichen zu messen. Er will der Schnellste, Stärkste, Geschickteste sein, doch er will dies in der Regel nicht ohne Beobachter beweisen. Bereits im antiken Griechenland fanden die Wettläufe, Ringkämpfe und Wagenrennen vor den Augen vieler begeisterter Menschen statt. Sportliche Veranstaltungen begleiteten meist wichtige Versammlungen aus religiösem oder politischem Anlass – und vor allem bei den panhellenischen Spielen in Olympia, Delphi oder Korinth war der

Sport für viele Besucher die Hauptattraktion. Die Athleten wurden verehrt, ihre Kraft und die Eleganz ihrer Bewegungen bestaunt. »Man kann gar nicht aufhören, ihnen zu applaudieren«, schrieb der griechische Schriftsteller Lukian schon um 150 n. Chr. In diesen Worten lässt sich bereits die Aura erahnen, die heutige Spitzensportler umgibt.

Was aber können der Topmanager und der Spitzenverkäufer daraus lernen? Menschen also, die keine Medaillen erringen, aber in ihrem Bereich auf dem obersten Podestplatz stehen. Sicher sollten sie keinen Starkult um die eigene Person errichten, der auch zumeist kaum zu etablieren wäre. Die Botschaft des Spitzensports ans Business ist vielmehr eine eher indirekte: Setze alles daran, andere für deine Ziele zu gewinnen und sie von deinen Angeboten zu überzeugen. Dem Weltklassefußballer fällt das nicht schwer, sind doch seine Ziele auch die seiner Fans. Er will spektakuläre Tore erzielen – und seine Anhänger wollen diese bewundern. Er will Titel gewinnen – und seine Anhänger wollen diese bejubeln dürfen. Demgegenüber müssen der Manager und der Verkäufer ein wenig tiefer in die Trickkiste greifen. Fachwissen allein bringt sie nicht weiter, denn damit erzeugt niemand Emotionen. Sie brauchen persönliche Qualitäten wie eine positive Ausstrahlung, Charme, sicheres Auftreten, Kommunikationsstärke, Einfühlungsvermögen und die Fähigkeit, sich sowie andere zu begeistern. Erfolg ist unter anderem auch Ergebnis der Kunst, richtig mit Menschen umzugehen. Die Karriere fördert der »gute Draht« zu Mitarbeitern, Kollegen, Vorgesetzten und vor allem zu denjenigen, denen wir unsere Leistungen verkaufen wollen. Und diesen Draht kann durchaus auch die Glückwunschkarte oder die ausdrückliche Würdigung einer außergewöhnlichen Leistung verstärken.

Orientierung am Spitzensport heißt immer, den Anspruch an sich selbst zu maximieren. Das gilt ebenso in puncto Beziehung zu anderen Menschen. Vorbild sind die Fans in den Stadien und an den Bildschirmen. Sie suchen stets jemanden, zu dem sie aufblicken können, der sie fasziniert, dessen

Setze alles daran, andere für deine Ziele zu gewinnen und sie von deinen Angeboten zu überzeugen.

Leistungen weit über den eigenen stehen und der als Identifikationsfigur taugt. Mittelmaß produziert kaum Respekt und nie Enthusiasmus. Der italienische Starfußballer Luca Toni und die Formel-1-Ikone Michael Schumacher werden beziehungsweise wurden verehrt, nicht der Kreisklasse-Kicker oder der Formel-3-Pilot. Sportler »on the top« sind unerreichbar. Doch sie sind uns zugleich auch ganz nah, weil wir alle das, was sie erreicht haben, aus unseren Träumen kennen.

Wer ihnen im Business nahekommen will, der muss durch seine Persönlichkeit unverwechselbar werden. Er muss andere Menschen auf seine Seite bringen und sie daher auf der emotionalen Schiene erreichen, was nie mit fachlicher Kompetenz allein gelingt. Die viel zitierten und viel geforderten Soft Skills machen einen der Unterschiede zwischen Champion und Zuarbeiter. Zudem sollten die Körpersprache, die Gestik und die Mimik von Stärke künden und diese zu den Gesprächspartnern, den Zuhörern transportieren. Wie ein Olympiasieger ist auch eine Topführungskraft immer ein wenig entrückt. Sie darf sich nicht zu sehr anbiedern, damit sie ihre Autorität behält.

Sich selbst zur Marke machen

Menschen, die wie Sportler andere zu Anhängern der eigenen Person und Ideen machen, erinnern an Markenprodukte. Sie werden selbst zur Marke, indem sie sich durch eindeutige Positionierung und ein klares Profil von anderen abheben. Ihre Einzigartigkeit ist es, die ihnen den entscheidenden Vorsprung vor Konkurrenten verschafft. Dabei sind sie allerdings nur dann erfolgreich, wenn ihre Projekte das Denken und Fühlen derer treffen, die für die Umsetzung der Vorhaben gebraucht werden. Die Spur Egozentrik, die alle Siegertypen haben, wirkt unterstützend beim Werben um andere Menschen – sofern sie nicht alleinige Dominanz hat. Intelligentes Selbstmarketing ist gefragt, wenn die Eigeninteressen und die Wünsche anderer zur Deckung gebracht werden sollen. Viele Sportler beherrschen das mustergültig und konstruieren eine tragfähige Bindung zu ihren Fans, deren Beitrag zu großen Siegen hervorgehoben und denen für die Unterstützung gedankt wird. »Die Zuschauer haben mir die nötige Kraft gegeben. Zum

Schluss habe ich mich gefühlt wie ein junger Hase«, bekannte etwa der Triathlet *Daniel Unger* gegenüber dem *ZDF*[77], nachdem er im September 2007 den Weltmeistertitel auf der Kurzdistanz geholt hatte. Getragen von der frenetischen Anfeuerung aus 200 000 Kehlen war es ihm in einem Herzschlagfinale gelungen, den Europameister und Favoriten Javier Gomez aus Spanien abzuhängen.

Unger und anderen Spitzenathleten gelingt es, zunächst Unbeteiligte zu Mitstreitern aufzuwerten. Dabei entspringt der Dank an die Fans meist

Daniel Unger

der spontanen Freude über einen Triumph. Im Business dagegen taucht ein Dankeschön an die Kunden, die Mitarbeiter, die Lieferanten und Partnerbetriebe oft allenfalls als Floskel auf. Im alljährlichen Geschäftsbericht zum Beispiel oder in der Rede des Geschäftsführers anlässlich der Weihnachtsfeier. Vom Sport zu lernen bedingt demnach im Falle von Unternehmen eine stärkere Hinwendung zu den (potenziellen) Käufern der eigenen Produkte. In Pressemitteilungen könnte etwa die Inspiration der Entwickler durch die Konsumenten und deren Wünsche herausgestellt werden. Oder eine Firma führt eine Kundenbefragung durch, um diese Begehrlichkeiten zu entdecken. So in das Geschehen Integrierte fühlen sich ernst genommen und identifizieren sich viel eher mit »ihrem« Unternehmen.

Eben dies geschieht bei erfolgreichen Markenprodukten, mit denen stets viel mehr als nur der Nutzwert gekauft wird. Ihre Anziehungskraft beruht darauf, dass sie Eintritt in oft elitäre oder auch innovative Erlebniswelten gewähren. So campierten Menschen tagelang vor einem Apple-Store, um ein neues iPhone zu ergattern. Und einen Porsche oder Mercedes zu fahren, ist ein Statement für Stilbewusstsein. Megamarken rangieren wie Spitzensportler im Faszinationsranking ganz oben. Beide berühren die Träume der Menschen und wecken Emotionen. Sie führen Einzigartigkeit vor und beglücken mit der Ahnung von einer anderen, weniger monotonen, spannenderen, dramatischeren, reizvolleren Welt. Unternehmen, die auf starke Marken setzen, zelebrieren Kundenorientierung in Reinform, haben Charisma und einen Stammplatz im Bewusstsein ihrer Zielgruppe. Sie besitzen nicht selten Weltgeltung und bleiben nie unbeachtet. Sie stehen für ein Qualitätsversprechen und gehen »nahe« – alles Parallelen zu Spitzensportlern!

> **Starke Marken sprechen für Kundenorientierung.**

Auf dem Boden bleiben – Erdung nach Lobeshymnen

Natürlich siegt kein Topathlet am laufenden Band und hat kein hoch gelobter Wirtschaftsführer jedes Jahr exorbitante Umsatzsteigerungen vorzuweisen. Um auch mit weniger glamourösen Phasen zurechtzukommen, müssen sich daher beide nach Lobeshymnen ihrer Anhänger schnell wieder erden. Besonders gut kennen Sportler das Wechselbad der Gefühle: Heute werden sie geliebt und verehrt, morgen ausgepfiffen. Eben noch waren die deutschen Nationalspieler »Rumpelfußballer«, bald darauf sind sie »gefühlte Weltmeister«. Um die erste Periode zu überstehen, darf einen die zweite nicht abheben lassen. Eine Strategie dafür ist es, sein Leben auch bei großen Erfolgen nicht grundlegend zu ändern. »Ich bin Profifußballer, aber ansonsten lebe ich relativ normal«, sagt z.B. Philipp Lahm. »Deshalb habe ich mit dem ganzen Trubel um mich auch keine Probleme.«[78]

Stabilität des Umfelds und klare Selbsterkenntnis sind Mechanismen zur Erdung. Bei *Uwe Seeler* erfüllte diese Funktion seine Liebe zum Hamburger Sportverein und der Stadt, in der er seine gesamte Karriere absolvierte. Für »uns Uwe« seien immer zuerst die Sache, das Spiel, die Mannschaft gekommen, sagte Bundespräsident Horst Köhler anlässlich des 70. Geburtstags des ehemaligen Nationalstürmers.[79] Er habe nicht auf Kosten anderer glänzen, »sondern mit den anderen spielen, kämpfen, siegen und verlieren« wollen.

Unternehmer, die wie Seeler denken und fühlen, sind oft die typischen Besitzer von Familienunternehmen. Der 2007 verstorbene *Rudolf-August Oetker*, der die Oetker-Gruppe von 1944 bis 1981 als Alleineigner führte, bewies immer Nähe zu seinen Mitarbeitern. Zu seinem 90. Geburtstag lud er 500 Rentner seiner Firma in den Garten seines Landhauses ein. Wenn jemand sein Büro betrat, soll Oetker sich stets erhoben und leicht verneigt haben. Gefragt nach seinem Beruf, nannte er sich angeblich einen »Kaufmann«.[80] Eine Bodenhaftung, die keinesfalls unternehmerischen Weitblick und Innovationskraft verhinderte. So ist die Oetker-Gruppe heute auch in den Bereichen Banken, Versicherungen und Schifffahrt aktiv. Ein weiter Weg von der ausschließlichen Backpulverproduktion, mit der Oetkers Großvater einst begonnen hatte!

Mitarbeiter zu Fans, Kunden zu Mitgestaltern

»Nur nicht abheben« war stets auch die Maxime von *Wolfgang Dondorf,* 2007 Vorstandsvorsitzender der Pfeiffer Vacuum Technology AG. 1996 hatte er den Vakuumpumpenhersteller aus Aßlar bei Wetzlar als ersten deutschen Mittelständler an der New Yorker Stock Exchange platziert. Der Wert der Pfeiffer Vacuum Aktie hatte sich Ende 2006, gut zehn Jahre nach dem Börsengang, mehr als verzehnfacht. Außerdem verfügt der Weltmarktführer im Bereich von Turbomolekularpumpen über eine beachtliche Liquidität, eine grundsolide Bilanzstruktur und ein hohes Wachstumspotenzial. Gründe genug also für Dondorf, um stolz auf das Erreichte zu sein. An seinem Wohnort allerdings wollte er nie im Rampenlicht stehen, sondern sich nach all den Trips rund um den Globus einfach nur entspannen und mit ganz »normalen« Menschen umgeben. Bei einem Nachbarn helfen, die Wände zu verputzen? Für Wolfgang Dondorf keineswegs eine abstruse Idee, wie zumindest ein Reporter beim Besuch im Dannenberger Haus des Börsenpioniers beobachtete.[81] Dazu passt, dass die Mitarbeiter bei der Erstemission der Pfeiffer-Aktien als *Friends of Family* bevorzugt wurden. Gleichzeitig durften sie nur maximal zwei Monatsgehälter investieren – eine Vorsichtsmaßnahme Dondorfs zum Schutz »seiner Leute« im Fall eines sinkenden Kurses. Verständlich, dass Unternehmer dieses Kalibers ihre Mitarbeiter zu ihren Fans machen, inklusive dem entsprechenden Kick bei Motivation und Leistung.

> **Die Partizipation der »Mitarbeiter« weitet sich durchs Internet aus.**

Die Partizipation der Mitarbeiter wird derzeit im Web 2.0 ausgeweitet zur »Kultur des Teilens«, wie *Stefan Uhrenbacher* das Prinzip des Internets der zweiten Generation nennt.[82] Sein Start-up-Unternehmen Qype ist ein virtuelles Stadtmagazin, in dem User ihre Kommentare zu den verschiedensten Plätzen einer Stadt – wie Gastronomie oder Geschäften – abgeben können. Wie andere junge Unternehmen des Web 2.0 lebt auch Qype vom Mitmachen, der Intelligenz und der Erfahrung vieler Kunden, die zugleich

Fans sind. Der soziale Austausch unter den Internet-Usern wird gefördert; je größer die Gemeinschaft, desto besser ist das Angebot. Das Gleiche gilt letztlich auch für bereits etablierte Web-Unternehmen wie Ebay oder Amazon, denn auch hier sind viele Kunden nicht nur Käufer, sondern sie bewerten Verkäufer oder rezensieren Bücher. Qype ist ein Paradebeispiel für die positive Wirkung von Begeisterung »auf den Rängen«, was stark an den Spitzensport erinnert. Schließlich liefe auch bei den Athleten wenig ohne das Feuer auf der Tribüne, ohne die innere Anteilnahme von Tifosi und Co.

Kritik annehmen und daraus lernen

Selbstredend werden weder Spitzensportler noch die Eliten der Wirtschaft pausenlos bewundert. Nach schlechten Spielen, einer unpopulären Entscheidung oder (vermeintlichen) Fehlern setzt es bisweilen harsche Kritik. Der Umgang damit ist wohl noch schwieriger als der mit Lob. Beanstandungen, Tadel, Rügen und Einwände kratzen am Selbstbewusstsein und packen uns an der Ehre. Dabei gibt die Bedeutung des vom griechischen »kritiké« abgeleiteten Begriffs »Kritik« keinen Anlass, demoralisiert zu sein. Kritik ist nämlich die Kunst der Beurteilung, des Auseinanderhaltens von Fakten und der Infragestellung – ein Wissen, das die Pfiffe nach einer Niederlage nicht weniger schlimm macht, doch bei deren nachträglicher Einordnung hilft.

> **»Begründete Kritik von außen muss ernst genommen werden und enthält meist wertvolle Anregungen.«**
>
> **Heiner Brand**

Wenn Fans, Kunden oder andere Dritte kritisieren, weisen sie auf Dinge hin, die in ihren Augen Missstände sind. Das muss nicht der Wahrheit entsprechen, doch zumeist lohnt es sich, einmal die Perspektive der Kritiker einzunehmen. Warum nicht mal in Gedanken »die Seiten wechseln«, die Unmutsäußerungen ernst nehmen und sein eigenes Verhalten auf den Prüfstand stellen? Das zeugt von Souveränität, wie sie Persönlichkeiten eigen ist.

Sportler brauchen diese Selbstsicherheit gerade in Deutschland, wie der Sport-, Medien- und Kommunikationswissenschaftler Josef Hackworth festgestellt hat. In zwei Studien untersuchte er die Einstellung von 3000 Sportjournalisten aus 115 Ländern und kam zum Ergebnis, dass die deutschen Reporter mit ihrer Bereitschaft zur Kritik mit Abstand den ersten Platz belegen.[83] Champions reagieren auf negative Bewertungen mit denselben Mechanismen, die sie ohnehin beim Verarbeiten eines Misserfolgs anwenden. Zuallererst hören sie sich die Kritik an und denken unvoreingenommen darüber nach. Das ist schwierig, weil jeder Mensch den Drang zur Selbstverteidigung in sich spürt. Dennoch schaffen es gerade die Siegertypen, eine zeitweise Niederlage und die darauf folgenden, oft schonungslosen Schiedssprüche objektiv zu beurteilen. Kommt die Kritik von Fachleuten und ist sie differenziert formuliert, kann sie dem Aktiven wertvolle Anregungen geben. Eine pauschale Herabwürdigung ohne Kenntnis der näheren Umstände sollte dagegen ignoriert werden.

Sportler können Kritik meist rascher umsetzen als Manager. Zum einen sind die Ursachen für die »Buh«-Rufe und die verbalen »Pfiffe« klarer als im Business, und zum anderen gilt dasselbe auch für die Handlungsalternativen. Letztere lauten etwa »mehr trainieren« oder »mehr Einsatz«, während in der Wirtschaft zunächst komplexe Analysen und dann ebenso vielschichtige Antworten gefordert sind. Darüber hinaus haben Unternehmen und hat der Einzelne im Job mit eingefahrenen Routinen zu kämpfen. Bei genauerem Hinsehen betrifft das jedoch nur das Mittelmaß. Die Leistungselite dagegen bricht hemmende Strukturen auf, was die Chance eröffnet, von der Flexibilität der Sportler bei Kritik zu lernen. Siegertypen im Einkauf und Verkauf, unter den Geschäftsführern und den Entwicklern haben daher keine Angst vor der Beurteilung ihrer Leistungen. Sie stellen sich dem Wettbewerb und begrüßen Konkurrenz als stimulierendes Element. Spitzensportler besitzen in diesem Punkt überhaupt keine Wahl, denn hier ist das Kräftemessen mit den Gegnern konstituierender Bestandteil des Jobs. Und als entsprechend selbstverständlich wird Kritik aufgenommen, wenn der Gegner am Ende die Nase vorn hatte.

Gute Öffentlichkeitsarbeit und »Storytelling« erzeugen Nähe

Anhänger eines Sportlers oder einer Mannschaft sind zwar manchmal unzufrieden, aber sie kündigen in der Regel wegen eines schlechten Spiels, eines nicht errungenen Titels nicht ihre »Freundschaft« auf. Fans bleiben Fans, auch wenn es zwischenzeitlich nicht optimal läuft, und sie unterstützen ihr Idol auf dem Weg zurück an die Spitze. Ähnlich sieht es in der Wirtschaft mit Kunden, Mitarbeitern und Partnern aus, die zu Fans wurden. In beiden Bereichen verlangt das jedoch eine intensive Public-Relations-Arbeit in guten und weniger guten Zeiten. Stichworte sind Transparenz bei der Information der Öffentlichkeit und der Medien, zum Beispiel in Form von Pressekonferenzen. Das *Alinghi*-Team übersiedelte zwei Jahre vor Beginn der finalen Wettfahrten des *America's Cups 2003* nach Neuseeland. In Auckland bezogen Segler, Designer und das Management ein großzügiges und offenes Gebäude mit vielen Glaswänden – Symbol für die Offenheit gegenüber Fans, Medien und Sponsoren. Der Name des Standorts war »Interactive Plaza«; und tatsächlich setzte das Team auf Interaktion und Rückkopplung mit allen, die für die Vorbereitung auf den Wettbewerb eine Rolle spielten. Ähnlich professionell agiert Felix Magath in Sachen Kontaktpflege. Er sei ein »Kommunikator im Außendienst, wie ihn sich ein Verein nur wünschen kann«, lautet ein Urteil über den ehemaligen Fußball-Nationalspieler und jetzigen Trainer.[84]

Von dieser Kommunikationsbereitschaft, dem Lobbying und der konsequenten Imagepflege kann viel auf die Wirtschaft übertragen werden, wie Beispiele erfolgreicher Unternehmen und Führungskräfte zeigen. Die geschickte Vermittlung der Unternehmensleitbilder gehört etwa zu den Aufgaben eines Pressesprechers ebenso wie zu denen des Geschäftsführers und des gesamten Managements. Als Werbeträger könnten regional oder überregional Prominente verpflichtet werden, die zur Firmenkultur passen. Zielgruppe sind nicht nur die Kunden, sondern auch die Mitarbeiter, die Lieferanten, politische Entscheidungsträger, die Medien sowie alle, die Interesse am Unternehmen und seiner Entwicklung haben. Sie wollen über die kurz-, mittel- und langfristigen Ziele und Strategien unterrichtet werden. Sie wollen aber auch bei Erfolgen mitfeiern und ihre Meinung zu Produkten oder Angeboten kundtun. Vor allem aber erwarten sie mehr als nüchterne

Zahlen, Daten und Fakten. Um mehr als nur den Kopf der Menschen zu beteiligen und sie so zu Verbündeten zu machen, sind Geschichten gefragt. Geschichten, wie sie der Sport mit seinen Rekorden und seinen Helden, seiner Dramatik und seiner Spannung permanent erzählt!

Viele Topunternehmen und Topunternehmer haben das begriffen. So gibt es die Microsoft-Story, die in einer Garage begann. Oder die Apple-Story, die unter anderem von der Geburt des Personalcomputers im Silicon Valley handelt. Prozesse und Abläufe, Umsatzzahlen und Renditen sind das eine – die Legenden, die sich um ein Unternehmen ranken, das andere. Letztere geben den Firmen ein Gesicht und lassen Kunden Geheimnisse entdecken. »Storytelling« heißt der Trend. Dabei geht es um die Geschichten der Mitarbeiter, die einen Betrieb viel über sich lernen lassen. Aber es geht eben auch um die Episoden und Erzählungen für die Öffentlichkeit. Diese unterhalten, bringen zum Staunen und lehren, wie man das Leben meistert. Die Storys offenbaren die Perspektiven der Beteiligten, machen die Menschen hinter dem Konstrukt sichtbar. Sie erzeugen ein Kino im

> **Geschichten geben Firmen und Menschen ein Gesicht.**

Kopf und lassen uns am Denkprozess der Protagonisten – etwa einer Firmengründung, einer Reorganisation, einer Fusion oder eines Pilotprojekts – teilhaben. *Human Touch* nennen das die Marketingexperten. Im Spitzensport mit seinen Helden ist er automatisch vorhanden; Unternehmen müssen die menschliche Note bewusst hervorheben, um Nähe zu ihren Kunden zu erzeugen.

Geschichten rund um Unternehmen ermöglichen Differenzierung, die nicht nur in der Welt der Produkte und Dienstleistungen immer wichtiger wird. Ebenso braucht der Einzelne den Schuss Einzigartigkeit, den durchdachtes Selbstmarketing kommuniziert. Das bedeutet auch, sich trotz der Berücksichtigung von Kritik und der Sehnsucht nach Lob niemals an den Mainstream anzupassen. Die Erwartungen von außen haben ihre Berechtigung, aber sie dürfen nicht mit den eigenen Erwartungen verwechselt werden. Siegertypen richten sich in erster Linie nach den Zielen, die sie sich

> **»Siegertypen richten sich in erster Linie nach den eigenen Erwartungen – und nicht nach denen anderer Menschen.«**
>
> Jörg Löhr

selbst gesteckt haben. Denn sie möchten nicht am Ende ihres Lebens erkennen, dass sie das Leben eines anderen gelebt haben. Gerade diese Unabhängigkeit des Denkens und Wollens macht Champions so attraktiv, authentisch und damit letztlich erfolgreich. Technologie und Fachwissen sind austauschbar, der Mensch dahinter ist es nicht! Unverwechselbare Persönlichkeiten erzählen begeisternde Geschichten – so wie die vom packenden Finish beim 100-Meter-Finale oder vom Torerfolg in der allerletzten Sekunde.

Einfach mal von allem abschalten

Für viele Spitzenmanager, erfolgreiche Ärzte und Rechtsanwälte, Architekten und Schauspieler ist die Begeisterung ihrer Kunden wie das i-Tüpfelchen auf der eigenen Begeisterung für ihren Job. Sie werden erst durch die Rückkopplung mit denen, für die sie letztlich arbeiten, zu Höchstleistungen getragen. Das entspricht dem Wechselspiel von Spitzensportlern mit ihren Fans, ohne die wohl so gut wie kaum ein Rekord aufgestellt würde. Die Unterstützung der Kunden beziehungsweise Fans wirkt wie ein Energiespender, was sogar für berechtigte Kritik gilt, weil diese anstachelt und das Ehrgefühl anspricht. Auch andere Charakteristika von Erfolgstypen wie das Bewusstsein des eigenen Talentes, die klar definierten ehrgeizigen Ziele oder der Einsatz starker Teams schenken Kraft und Ausdauer. Trotzdem sind bei jedem Menschen nach einer extremen Anstrengung die Akkus leer, und dann hilft nur noch eine Auszeit. Ohne Regenerationsphasen wird über kurz oder lang jede Höchstleistung ins Mittelmaß abrutschen. Siegertypen haben deshalb ein durchdachtes Energiemanagement, das sie stets im richtigen Moment topfit sein lässt.

Begeisterung, Lob und Tadel
Wie Sie mit der Kritik anderer richtig umgehen und Menschen für sich gewinnen

Alle Siegertypen wissen das: Mit dem Erfolg kommen die Schulterklopfer – die es vermeintlich immer schon gewusst und stets an unseren Erfolg geglaubt haben. Die Begeisterung anderer tut gut und jeder, der ein großes Ziel erreicht hat, sollte sie auskosten. Langfristig aber ist Bodenhaftung gefragt. Denn weht erst wieder Gegenwind, dann verflüchtigen sich auch die vielen Schulterklopfer schneller, als man denkt.

Unsere Tipps

>>> Kosten Sie Ihren Erfolg aus, feiern Sie und lassen Sie sich feiern. Doch auch die Siegesfeiern nach einer WM dauern nicht ewig. Darum: Vereinbaren Sie mit sich, wann die »nächste Saison« beginnt. Legen Sie einen Zeitpunkt fest, an dem Sie sich – mit voller Konzentration – wieder einer neuen Herausforderung widmen.

>>> Erfolg ruft (vermeintliche) Berater auf den Plan. Lassen Sie sich ruhig beraten, aber nichts einreden, von dem Sie nicht wirklich überzeugt sind. Gehen Sie auch in Zukunft nur die Wege, die Ihre Wege sind. Sie dürfen sich ausprobieren – Ihr Herz und Ihr Engagement aber sollten bei den Dingen bleiben, die Sie am besten können.

>>> Erfolg schafft Kritiker und Neider: Kritik kann Sie aber auch voranbringen. Werden Sie kritisiert, dann versuchen Sie, für sich die sachliche, konstruktive Kritik herauszufiltern. Legen Sie sich aber gegen persönliche Angriffe ein dickes Fell zu: Ist eine Kritik weder nutzbringend noch lehrreich und/oder hegen Sie Zweifel an den guten Absichten eines Kritikers, dann sollten Sie dem Tadel möglichst keine Beachtung schenken.

Wie Sie andere dauerhaft zu Fans machen

Ob Businesskunden oder Geschäftspartner treu sind und Gewinn bringen, das hängt nur zum Teil von ihrer Zufriedenheit mit der gebotenen Leistung ab. Kaufentscheidungen oder die Auswahl von Lieferanten werden zwar stets rational begründet, meist aber emotional getroffen. Die Konsequenz: ohne positives Image, ohne Herzblut, ohne Leidenschaft, ohne emotionale Kundenbindung kein außergewöhnlicher Erfolg.

➤➤ Versuchen Sie nicht, Ihre Gesprächspartner allein durch Daten und Fakten zu überzeugen. Kreieren Sie (unvergessliche) Erlebnisse und punkten Sie mit Ihrer Persönlichkeit!

➤➤ Seien Sie authentisch! Bauen Sie kein aufgesetztes »Image« für sich auf, das sich bei näherem Hinsehen als Fassade entpuppt.

➤➤ Hören Sie genau zu! Bevor Sie ein Angebot, ein Konzept unterbreiten, sollten Sie versuchen, so viele Hintergrundinformationen wie möglich über das Unternehmen, den Menschen und sein Anliegen zu erhalten.

➤➤ Zeigen Sie, dass Ihnen Ihr Gesprächspartner wichtig ist! Notieren Sie sich in Ihrer Kontaktdatenbank kleine Hinweise zu Kunden, Kollegen, Geschäftspartnern. Zum Beispiel Geburtstage, Infos über dessen Familie, geografische Herkunft, Hobbys, Leidenschaften. Nutzen Sie dies für einen persönlichen Einstieg in das Gespräch.

➤➤ Vermitteln Sie Begeisterung! Sportler reißen ihre Fans mit – weil sie selbst mit vollem Einsatz in den Wettkampf gehen. Auch Sie können Begeisterung erzeugen, eine langfristige Beziehung aufbauen, wenn Sie Herzblut investieren und persönliches Engagement zeigen. Positiver Nebeneffekt: Ein echter Fan verzeiht auch einmal Fehler!

4. Den Akku aufladen

Arbeit und Erholung brauchen
ein Gleichgewicht

»Was keine Pause kennt, ist nicht dauerhaft.«

Ovid

Das Universalgenie Leonardo da Vinci probierte es ebenso wie der Bischof von Chester John Wilkins und der Mathematiker Johann Bernoulli. Wie diese und andere Gelehrte versuchten sich außerdem Tausende unbekannter Tüftler in der Konstruktion eines Perpetuum mobile. Viele hundert Jahre lang versuchten Menschen, diesen uralten Traum der Menschheit zu realisieren. Eine Maschine wollten sie bauen, die nur einmal in Gang gesetzt werden muss und sich dann auf ewig bewegt. Nichts anderes nämlich steckt hinter dem Begriff Perpetuum mobile, der abgeleitet ist von den lateinischen Wörtern »perpetuum« (»unaufhörlich«) und »mobilis« (»beweglich«). Obwohl heute noch hier und da ein Bastler auf den Spuren von da Vinci und Co. wandelt, gilt die Unmöglichkeit all der energetisch autarken Mobiles, Wasserräder und Dampfmaschinen seit dem 19. Jahrhundert als physikalisch bewiesen.

Auch der Topathlet und der Topmanager sind keine Perpetua mobilia, können nicht ohne jede Pause laufen, springen, schwimmen beziehungsweise Strategien entwerfen, Gespräche führen und Entscheidungen treffen. Natürlich brauchen sie zum einen die Energiezufuhr von außen in Form von Nahrungsmitteln, doch es geht um wesentlich mehr. Die inneren Akkus, sowohl die physischen als auch die psychischen, müssen sich von Zeit zu

Zeit wieder aufladen. Dazu sind eine regelmäßige Regeneration an jedem Arbeitstag sowie eine Urlaubsphase nach anstrengenden Monaten intensiven Schaffens nötig. Während die weniger erfolgreichen Sportler und sicher auch der eine oder andere wenig geforderte Angestellte ihre Auszeiten ohne große Planung nehmen, ja sich sogar während ihrer Tätigkeit entspannen können, gilt für

Niemand ist ein Perpetuum mobile.

Eliten: Ganz oben steht nur, wer seinen Job mit hundertprozentigem Einsatz von Körper und Geist verrichtet. Dieser totalen Anspannung muss eine ebenso totale Entspannung folgen, um eine Regeneration und damit eine Neuentstehung (lateinisch »regeneratio«) zu erreichen.

Handball-WM: Erfolgsfaktor effiziente Regeneration

Eine ziemlich häufige »Neuerstehung« der Kräfte nötig hatte die deutsche Handball-Nationalmannschaft während der WM 2007. Zehn Spiele in nur 17 Tagen bedeuteten auch bei den Fittesten Verschleiß. In solchen Situationen können nur effiziente Wiederaufbautechniken die physische, psychische und mentale Leistungsfähigkeit auf oberstem Niveau konservieren. Ein komplettes Abschalten ist zwar zwischen wichtigen Spielen wie denen einer WM-Endrunde kaum möglich, aber doch Regeneration in Form von Entspannung im Gemeinschaftsraum, Musikhören, autogenem Training und Ähnlichem. Zu den Grunderfordernissen gehören außerdem ausreichend Schlaf sowie eine ausgewogene Ernährung mit einer optimalen Mischung aus Kohlenhydraten, Fetten, Eiweißen, ausreichend Flüssigkeit und Vitaminen. Vor einem Spiel werden Elektrolyt-Getränke und Powerriegel gereicht. Danach gibt es zum Beispiel Salzstangen, Rosinen und Malzbier – drei »Nahrungsmittel«, die zugleich eine Menge Kalorien, Mineralien, Salze und Flüssigkeit enthalten. Die beanspruchte Muskulatur braucht Energie und Aufbaustoffe nicht nur während, sondern auch nach der Belastung, um den Substanzverlust ausgleichen zu können. Massagen und progressive Muskelentspannung zählen zum Beitrag der medizinischen Abteilung.

Trainingsphasen mit geringer Intensität unterstützen die Wiederauffüllung der Reserven.

Auch als Trainer sollte man vor einem großen Turnier des Öfteren zum Laufen oder in den Fitnessraum gehen. Anders ließen sich die Belastungen etwa einer Weltmeisterschaft kaum durchstehen. Wer physisch in einem guten Zustand ist, der erholt sich schneller von den Strapazen für Kopf und Körper, was natürlich noch mehr für den aktiven Sportler gilt. Gerade bei den in kurzen Abständen wiederkehrenden Belastungsschüben eines Turniers – Spiele, Trainingseinheiten, Besprechungen – ist eine rasche Regeneration einer der ausschlaggebenden Faktoren für den Erfolg. Im deutschen Team hatte vor allem nach dem gewonnenen Halbfinale

> »Höchstleistungen über lange Zeit bedingen einen Wechsel von Anspannung und Entspannung.«
>
> Jörg Löhr

gegen Frankreich das Kräftesammeln absolute Priorität. Nicht zuletzt der Ausgewogenheit von harter Arbeit im Kraftraum und auf dem Feld sowie dem Wiederauffüllen der Speicher war die Umsetzung des »Projekts Gold« zu verdanken. Ausgiebiges Feiern gehörte übrigens nicht zu den Entspannungsmaßnahmen. Das hätte die Regeneration gestört und zu sehr vom großen Ziel abgelenkt. Mit Bedacht wurde es daher auf die Zeit nach dem Schlusspfiff des Finales verschoben.

Arbeitssucht durch Flut an Stresshormonen

Wer nicht auf Tore wirft oder schießt, Stadionrunden dreht oder durch das Wasser krault, der fährt allenfalls als Fan zu Weltmeisterschaften oder Olympischen Spielen – und das ist sicherlich weniger anstrengend. Die großen »Turniere« jedoch gibt es auch in anderen Berufen, zum Beispiel in Form einer Hausmesse, einer Produktpräsentation oder einer wichtigen Roadshow. Im Vorfeld und während solcher Ereignisse jagt nicht selten ein Termin den nächsten. Um in dieser Mühle nicht am Ende den Kürzeren zu ziehen, sind Methoden zum Stressabbau unabdingbar. Jeder hat dafür seine eigenen Mittel und Wege, doch Bewegung ist in jedem Fall unverzichtbar und sollte ein integrierter Bestandteil eines Entspannungsprogramms sein. Wissenschaftler haben herausgefunden, dass sich Stresshormone nur durch körperliche Aktivität wirksam abbauen. Kurzfristig betrachtet sind diese Botenstoffe leistungsfördernd, weil sie den Körper in Alarmbereitschaft versetzen und damit beispielsweise die Konzentration maximieren. Man spricht von »Eustress« oder »gutem« Stress. Über lange Zeit aktive Stresshormone jedoch mindern das Wohlbefinden, sofern sie durch Überforderung oder auch Unterforderung erzeugt werden. In diesen Fällen wird die Leistung reduziert und die Gesundheit gefährdet – die Situation des »Distresses« oder »schlechten« Stresses.

Wer unter innerem oder äußerem Antrieb ohne jede Unterbrechung schuftet, der wird nicht nur ineffizient, sondern möglicherweise auch süchtig nach Arbeit. Körpereigene Substanzen wie Adrenalin, das bei Stress vermehrt ausgeschüttet wird, können einen Rausch verursachen, der dem unter Drogeneinfluss nicht unähnlich ist. Kommt ein Mensch über einen längeren Zeitraum immer wieder in diesen Zustand, besteht das Risiko eines Kontrollverlustes. Er braucht plötzlich ständig eine hohe Intensität des Lebens und findet diese nur noch in seiner Arbeit. Jeder kennt den Begriff »Workaholic«. Oft wird er für zwar viel, aber nicht maßlos Arbeitende verwendet. Die wirklich Arbeitsabhängigen erinnern dagegen tatsächlich an Alkoholiker oder andere Suchtkranke. Sie verlieren jeden Sinn für Prioritäten, wodurch sich trotz ununterbrochenen Tätigseins die unerledigten Aufgaben stapeln. Das erzeugt noch mehr Druck und trocknet auch die letzte Oase der Ruhe – vielleicht den Sonntagnachmittag – aus. Ein Teufelskreis!

> »Für den effektiven Abbau von Stress benötigt jeder seine individuellen Programme.«
>
> **Heiner Brand**

Energiemanagement: Input und Output zur Deckung bringen

Jeder muss das für ihn persönlich richtige Maß an Arbeit finden, das ihn seine Ziele erreichen und gleichzeitig seine Gesundheit bewahren lässt. Das Pensum mag je nach aktueller Fitness und anstehenden Aufgaben variieren, solange zumindest mittelfristig das Gleichgewicht von Energieverbrauch (Stress) und Energieproduktion (Erholung) gegeben ist. Wie ein Akku im Mobiltelefon ab und zu an die Steckdose muss, so brauchen die menschlichen Zellen ebenfalls ab und an eine Aufladung. Wer das ignoriert, der behandelt sich selbst wie eine Batterie, die zwar eine Zeitlang auf voller Leistung powern kann, dann aber endgültig ihren Dienst versagt.

Der Begriff Energie leitet sich vom griechischen »enérgeia« her, was Tätigkeit bedeutet. In der Physik versteht man unter Energie die Fähigkeit, Arbeit zu verrichten. Psychologisch betrachtet, handelt es sich zum einen um äußerlich erkennbare Phänomene wie Handlungskraft und Leistungsvermögen, aber auch um innere Vorgänge wie Motivation. Es gibt demnach sowohl ein physisches als auch ein psychisches Energielevel, wobei das eine mit dem anderen in Wechselwirkung steht. Die Energiebilanz ist das Ergebnis von Input minus Output. Sie gerät nur dann nicht ins Minus, wenn der Verbrauch und die Wiedergewinnung von Energie gleich groß sind. Erkannt hatte das bereits

> **Energie muss im gleichen Maße wiedergewonnen werden, wie sie verbraucht wird.**

Flavius Philostratus, der das Prinzip von sich abwechselnder Erholung und Anspannung zu einer Trainingsanleitung für Athleten im alten Griechenland verarbeitete. Heute bildet der Rhythmus von Aktivität und (aktiver) Ruhe den Kern aller Trainingsmethoden weltweit. Nur eine periodische statt einer linearen Belastung macht nachhaltigen Erfolg möglich.

Ein schlüssiges Energiemanagement ist auch in der Arbeitswelt leistungserhaltend. Vom Herzschlag bis zum Wechsel zwischen Tag und Nacht prägen natürliche Rhythmen das menschliche Leben. In der Übertragung dieser Periodik auf das Zusammenspiel von Anstrengung und Loslassen liegt eines der Geheimnisse von Siegertypen. Sie gewährleisten eine Oszillation von Anspannung und Entspannung, ohne sich deshalb, insgesamt gesehen, zu schonen. Schließlich würde auch ein Sportler niemals seine Muskelmasse und seine Leistung steigern können, ginge er nicht im Training zeitweise über seine Schmerzgrenze hinaus. Ebenso müssen Manager ihren Einsatz systematisch steigern, sich auch mal verausgaben und ihre Komfortzone verlassen – zum Beispiel in der Vorbereitung auf ein wichtiges Event. Körper und Geist reagieren, indem sie mehr Substanz aufbauen. Würden sie immer nur durchschnittlich gefordert, hätten sie keinen »Anlass«, sich für extreme Anforderungen zu wappnen – und die muss jeder außergewöhnlich Erfolgreiche einkalkulieren.

Nicht vergessen werden darf bei dieser Verschärfung der Belastung jedoch die gleichzeitige Vertiefung der Regeneration! Das klingt sehr einleuchtend und wird dennoch keineswegs von allen Menschen umgesetzt. Viele glauben, über Wochen und Monate, ja gar über Jahre hinweg am Limit arbeiten zu können, ohne dass ihre Gesundheit leide sowie ihre Kreativität und ihr Spaß am Job mehr und mehr schwänden. Anders als im Spitzensport wird fehlende Aufmerksamkeit für die nötige Entspannung in den meisten Jobs nicht sofort bestraft. Alles geht weiter seinen Gang, und viele merken erst spät, wie wenig sie in ihren 70-Stunden-Wochen noch auf die Beine stellen. Ein Leichtathlet, der nach einem 5000-Meter-Lauf sofort den nächsten startete, würde mit Sicherheit mit einer wesentlich schlechteren Zeit als beim ersten Mal ins Ziel kommen. Für Sportler ist deshalb die Regeneration nach dem Wettkampf und auch nach dem Training ein fest eingeplanter Bestandteil des Tagesablaufs. Dasselbe gilt für die längeren Erholungszeiten, die bereits am Anfang der Saison terminiert und auf die Höhepunkte des Jahres abgestimmt werden.

Im Business wird Entspannung oft mit Zeitverschwendung verwechselt.

Im Business dagegen hat Entspannung oftmals den Geruch von Zeitverschwendung, wird ihre durchaus leistungsfördernde Komponente zu wenig gewürdigt. Viele Spitzenmanager allerdings wissen aus Erfahrung, wie ausgepowert sie nach einigen Verhandlungen, Meetings und Diskussionen mit den Projektgruppen sind. Sie machen es wie die Topathleten, nehmen sich ihre kleinen Auszeiten und gestalten diese ganz bewusst. Mit Techniken, die auch Sportler nutzen – vom Musikhören über Meditation und Atemübungen bis zum Yoga und autogenen Training –, können sie in kürzester Zeit entspannen. Als sehr wirksam hat sich ein Zyklus mit einer kleinen Unterbrechung der Tätigkeit alle 90 bis 120 Minuten herausgestellt. Atemfrequenz, Puls- und Herzschlag normalisieren sich, der Kopf wird rasch wieder klar für den nächsten Einsatz. Das erhöht nicht zuletzt die Frustrationstoleranz, weil die in jeder Karriere unvermeidlichen Niederlagen schneller verarbeitet und in positive Energie umgemünzt werden. Auch die Angst vor schwierigen Situationen sinkt, wenn bereits mehrfach eine wirksame Beruhigung durch ritualisiertes Entspannen gelungen ist.

Arbeit immer und überall?

Es gibt aber auch solche Führungskräfte und Mitarbeiter, die nächtelang im Betrieb sitzen und fast jedes Wochenende dort verbringen. Das schadet der Beziehung zur Familie und zu Freunden ebenso wie der Entwicklung der Persönlichkeit. Beides wiederum hat Rückkopplungseffekte auf die Qualität der Arbeit, die automatisch leidet, wenn es keine Anregungen außerhalb des Berufs und keine Ruhepausen mehr gibt. Der Spagat zwischen Karriere und erfülltem Privatleben ist schwierig zu bewältigen, aber er ist möglich.

Und er ist heute nötiger denn je, weil das Arbeiten längst nicht mehr an ein Büro gebunden ist. Zu Hause am Rechner oder unterwegs am Laptop sind fast alle nötigen Informationen abrufbar. Fehlt eine Auskunft, lassen sich die meisten Mitarbeiter am Handy erreichen. Das bringt viele Menschen in Versuchung, ihre aktuellen Projekte praktisch rund um

»Wer eine Balance zwischen Beruf und Privatleben finden will, muss Entscheidungen treffen und Kompromisse eingehen.«

Jörg Löhr

die Uhr weiterzuverfolgen. Die Grenzen zwischen Arbeit und allen übrigen Tätigkeiten verschwimmen, das Ergebnis ist ein ununterbrochener »Bereitschaftsdienst«. Die Freiräume und Zeiten des Rückzugs werden marginalisiert, bis sie schließlich gegen null tendieren.

Menschen, die sich in dieser Beschreibung des Arbeitens »immer und überall« wiederfinden, sollten einen Blick auf Spitzensportler werfen. Diese trainieren hart und geben beim Wettkampf alles, aber anschließend werden die Laufschuhe ausgezogen, die Boxhandschuhe abgestreift. Der deutsche Basketball-Nationalspieler Steffen Hamann etwa geht nach einem Spiel spazieren und fliegt nach Abschluss der Play-offs drei Wochen in die Karibik. Champions wissen um die Gefahr des Übertrainiertseins, bei dem der Organismus in einen katabolen, also abbauenden Zustand gerät und das Immunsystem geschwächt wird. Um das zu verhindern, wird ein ausgeklügeltes Konzept entwickelt, das neben extremer Belastung auch regenerative Trainingsformen enthält. Die Betreuer haben dabei alle chemisch-physikalischen Anpassungsprozesse mit ihrer unterschiedlichen Dauer im Blick. Beispielsweise füllen sich die muskulären Kreatin-Phosphat-Speicher innerhalb weniger Minuten wieder vollständig auf, während das beim Muskelglykogen zwei bis sieben Tage dauert und wichtige Funktionsenzyme im aeroben Energiestoffwechsel erst nach einer bis zwei Wochen wieder zur Verfügung stehen.

Profis kennen ihre Stärke, ihre Leidenschaft, ihren Siegeswillen. Alles Charakteristika, die sie über andere triumphieren lassen und die garantieren, dass sie das maximal sinnvolle Trainingspensum bis zum Letzten ausreizen. Darüber hinaus gehen sie nicht, denn jenseits einer ziemlich genau definierbaren Schwelle würden jeder zusätzliche Kilometer und jedes Kilo mehr auf der Hantel kontraproduktiv wirken. Ebenso bemisst sich das Engagement für ein Unternehmen nicht allein nach der investierten Zeit, und sicher ist der Zusammenhang kein linearer. Den Unterschied zwischen Topkräften und den übrigen machen die Effizienz, sprich das Verhältnis von Output zu Input, und die Qualität der Ergebnisse aus. Nicht von ungefähr hat daher in vielen Unternehmen ein Umdenken eingesetzt, und so wird nicht mehr die nackte Anzahl der Überstunden honoriert, sondern das, was dabei herauskommt. Extrem lange Anwesenheit ist eben kein Nachweis überdurchschnittlicher Leistung und kann sogar auf Erschöpfung hindeuten.

Vom »Boxenstopp« zum Joggen mit Musik

Weil ausgebrannte Mitarbeiter einem Betrieb wenig nützen und mit Sicherheit keine Spitzenleistungen bringen, haben manche Unternehmen so genannte Balancing-Programme entwickelt. Zu deren Elementen gehören flexible Arbeitszeitmodelle, Gesundheitsschecks, Entspannungsseminare, Fitnesskurse und im Bedarfsfall auch längere Auszeiten wie Sabbaticals. Im härter werdenden Kampf um die größten Talente, die *High Potentials*, kann es sich kein Betrieb mehr erlauben, die Bedürfnisse der Mitarbeiter zu ignorieren. Porsche nennt sein Konzept für ausgepowerte Führungskräfte »Boxenstopp«. Dessen Zweck ist es, das Burn-out-Syndrom zu verhindern. In einer Klinik erhalten die Porsche-Bereichs- und Abteilungsleiter mehr als nur einen Einführungscheck und Massagen. Die Bausteine »Ernährung, Stress und Stressbewältigung« sowie »Bewegung in Theorie und Praxis« eröffnen vielen Teilnehmern neue Wege, um mehr für ihre Gesundheit und Fitness zu tun. Im Alltag kann das mit einem Waldlauf nach einem aufreibenden Abendmeeting beginnen, der eine ähnliche Wirkung hat wie das *Cool-down* nach einer sportlichen Höchstleistung. Andere suchen sich Freunde, mit denen sie zweimal die Woche Tennis spielen.

Ausdauersportarten sind eine der effektivsten Möglichkeiten sich zu entspannen, wobei es auf die Regelmäßigkeit ankommt, mit der sie betrieben werden. Trotz oder gerade wegen starker beruflicher Belastung räumen viele Champions deshalb dem Laufen, Radfahren oder Golfen einen fixen Platz in ihrem Leben ein – und tragen ihn in ihren wöchentlichen Zeitplaner ein. Als besonders leicht wird das Training empfunden, wenn die gefühlte Trainingszeit hinter der tatsächlich aufgewendeten Zeit zurückbleibt. Ein Trick, um das zu erreichen, kann das Aufsetzen eines Kopfhörers sein, aus dem beispielsweise Sambatöne schallen. Musik beim Sport verringert signifikant das körperliche Belastungsempfinden, hat Alexander Ferrauti in einer Studie mit männlichen Sportstudenten festgestellt. »Es muss sich dabei um einen rein psychologischen Effekt handeln«, so der Sportwissenschaftler, »da alle physiologischen Parameter wie Herzfrequenz

> **Mit Balancing-Programmen lässt sich dem Burn-out vorbeugen.**

und Blutlaktatwerte unverändert blieben.«[85] Ferrauti nennt eine mögliche Ursache des beobachteten Effekts: »Durch entsprechende Rhythmen wird der Sportler zur Bewegung motiviert.«

Thomas Wessinghage – Sport als Lebenselixier

Ob mit den Lieblingssongs im Ohr oder ohne: *Thomas Wessinghage* kennt die therapeutischen Wirkungen des Sports. In den 70er- und 80er-Jahren war er Deutschlands bester Mittelstreckenläufer und wurde 1982 Europameister über die 5000-Meter-Distanz. Heute leitet Wessinghage als ärztlicher Direktor drei Kliniken der *Medical Park AG* im Tegernseer Tal und führt Präventionsseminare durch. Das Laufen hat er trotz oder vielmehr gerade wegen seiner beruflichen Doppelbelastung nicht aufgegeben: Fünfmal in der Woche jeweils etwa 45 Minuten sind sein übliches Quantum. Außerdem vermittelt er seine Freude an der Bewegung in Laufseminaren. »Bewegung ist Leben«, verkündet Wessinghage und setzt diese Erkenntnis Tag für Tag um. Menschen, die ihren Lebensstil auf mehr Bewegung umgestellt haben, berichten von der Belohnung in Form eines deutlichen Zuwachses an Dynamik und an Lebensqualität.

Auch wenn schon Probleme aufgetreten sind, empfiehlt sich der Sport als Abhilfe. »Bei psychosomatischen Beschwerden wie Stress oder Depressionen kann regelmäßiges Laufen sehr stark stabilisieren«, erläutert Wessinghage. Zudem ist Sporttreiben oft mit dem Setzen eines Zieles verbunden, etwa der Teilnahme an einem Marathon. Das gilt gerade für die beruflich sehr Erfolgreichen, die sich auch außerhalb ihres Arbeitsplatzes gerne selbst zu außergewöhnlichen Leistungen anspornen und den Wettkampf suchen. Die Visionen für die sportliche Ebene und die des Berufs haben zwar meist keine Berührungspunkte. Weil aber beide mit Plan, Konsequenz und Leidenschaft verfolgt werden, befruchten sie sich gegenseitig. Wurde beispielsweise der erste Marathon erfolgreich bewältigt, verleiht das enormen Auftrieb für die Arbeit im Unternehmen. Und was ist mit dem Ausruhen in Form von Nichtstun? Entspannung durch Bewegung sei eine viel tiefere als die durch Schonung, meint das Leichtathletik-Idol Wessinghage. Das gelte gerade fürs Laufen, weil hier das zyklische »Schritt für Schritt« ungemein beruhige.

■ Thomas Wessinghage: »Bewegung ist eine Kraftquelle«

Thomas Wessinghage, äußerst erfolgreicher deutscher Mittelstreckenläufer und Arzt, sieht Bewegung als Energiespender – und damit als unterstützend bei der Bewältigung beruflicher Herausforderungen.

Herr Wessinghage, was vor allem bewirkt Bewegung in einem Menschen?

Thomas Wessinghage: »Um erhöhtem Blutdruck, zu hohen Blutfettwerten, Übergewicht sowie den oft dadurch verursachten Wohlstandskrankheiten (z. B. Herzinfarkt, Schlaganfall, Diabetes mellitus) vorzubeugen, ist eine entsprechende Lebensführung nötig. Schon bei einem durch Bewegung erzielten zusätzlichen Energieverbrauch von 500 kcal *pro Woche* (entspricht einem Kilometer Gehen pro Tag) stellt sich ein erster messbarer Schutzeffekt ein. Einmal täglich Brötchen holen und zurück, Aufzüge links liegen lassen, in der Mittagspause einen entspannenden Spaziergang – das ist wenig und letztlich doch so unendlich viel. Das optimale Verhältnis von Aufwand und Wirkung findet sich, wie in großen internationalen Studien bewiesen, bei etwa zwei Stunden netto Bewegung pro Woche (3 x 40 Minuten). Der volle Schutzeffekt stellt sich ab etwa einer halben

> **»Bewegung ist Leben.«**
> **Thomas Wessinghage**

Stunde Joggen oder Walking täglich (dreieinhalb Stunden pro Woche) oder fünfeinhalb Stunden Spazierengehen pro Woche ein. Bewegung bedeutet nach wissenschaftlichen Erkenntnissen auch: ein niedrigeres Krebsrisiko, Verhinderung von Depressionen und stressbedingten Krankheiten (Burnout-Syndrom), Vorbeugung von kognitiven Krankheiten (Alzheimer), verringertes Thromboserisiko usw.

Mir persönlich hat die Bewegung in mittlerweile 56 Lebensjahren immer Kraft und Energie gegeben, die Aufgaben zu meistern, die das Leben oder ich selbst mir stellte. Ich bin praktisch niemals krank, hatte nur etwa fünf Krankheitstage in 29 Berufsjahren und nutze die Bewegung (meist mittags eine Dreiviertelstunde Laufen), um mich zu erholen und meinen Tag in zwei kleinere Hälften zu teilen. Dann kann man auch einmal 60 oder 70 Wochenarbeitsstunden gut verkraften.«

Welche Unterschiede zwischen Sportlern und Nichtsportlern stellen Sie als Mediziner fest?

Wessinghage: »Sportler sind es gewohnt, konsequent auf Ziele hinzuarbeiten. Sie sind (meist) flexibel, passen sich schnell geänderten Rahmenbedingungen an und zeichnen sich in der Regel durch eine außergewöhnliche körperliche und seelische Belastbarkeit aus. All diese Eigenschaften finden sich selbstverständlich auch bei Nichtsportlern, allerdings – und das ist meine persönliche Erfahrung – seltener.«

Wie haben Sie die Doppelbelastung Sport und Studium gemeistert?

Wessinghage: »Ich hatte das Glück, eine Sportart auszuüben, die sich hervorragend als Kraftquelle eignet. Und ich erkannte, dass ein relativ geringer Zeitaufwand ausreichen kann, um hervorragende sportliche Leistungen zu erzielen sowie daneben Studium oder Beruf zu bewältigen. Meine Tipps für Sportler, die sich einer Doppelbelastung dieser Art stellen wollen, lauten deshalb:

1. Organisiere dich! (Tagesplan, Wochenplan, Monatsplan usw. sowie Leistungs- und Trainingsziele definieren, aber auch berufliche Ziele festlegen.)
2. Plane die Arbeits- und Trainingszeiten, aber auch die Regenerationszeiten!
3. Lerne dich (in den Regenerationszeiten) möglichst schnell und vollständig zu entspannen (abschalten)!
4. Vertraue deinem Konzept und habe kein schlechtes Gewissen, weil andere möglicherweise mehr trainieren oder intensiver studieren. Als Sportler lernt man, auf den Punkt fit zu sein – das gilt auch für Prüfungen, Examina usw. Schöpfe Kraft und Selbstbewusstsein aus der Tatsache, dass du zwei Herausforderungen bewältigst, wo andere schon mit einer überfordert sind.«

Sie haben vor Ihrer jetzigen Tätigkeit bereits verschiedene Kliniken geleitet, müssen Führungsqualitäten zeigen, setzen dabei auf einen kommunikativen Stil. Lernt man so etwas im Sport?

Wessinghage: »Ja. Auch Individualsportler wie Läufer sind Teamsportler. In der Trainingsgruppe leistet man gemeinsam mehr als allein. Im Wettkampf (Ablösen bei der Führungsarbeit) ist man gemeinsam schneller als allein. In den Phasen nach Training und Wettkampf feiert es sich gemeinsam besser als solo. Und wenn die Motivation mal nachlässt, helfen die Freunde, das Selbstbewusstsein wieder aufzubauen. Wohlgemerkt: Man muss sich selbst vertrauen und die Herausforderungen allein bewältigen. Am Start steht man als Läufer allein. Aber ein Team aus Freunden, Kameraden, Kollegen ist dennoch unersetzlich.«

Thomas Wessinghage

Work-Life-Balance als Erfolgsfaktor

Nicht nur für Wessinghage ist Sport ein wichtiger Verbündeter bei der Entspannung nach Höchstleistungen im Beruf. Laufen, Squash oder Volleyball allein reichen aber nicht aus, um Energiekonsum und Energieaufnahme in der Waage zu halten. Work-Life-Balance heißt das Stichwort, wenn es um ein gesundes Verhältnis von Arbeit und Freizeit geht. Zwar beschäftigen sich bereits einige Firmenchefs mit diesem Thema und bieten ihren Mitarbeitern entsprechende Hilfestellungen an. In erster Linie aber ist in Sachen Ausgleich von Job sowie Familie und Privatleben jeder selbst gefordert.

Siegertypen setzen sich klare Ziele sowohl fürs Berufs- als auch fürs Privatleben. Das führt dazu, dass sie ihre Kräfte nicht verzetteln, sich nicht in nebensächlichen Details verlieren. Zudem nutzen sie die Kompetenz ihrer Teammitglieder im Büro und zu Hause. Sie können delegieren und sind nicht darauf erpicht, alles und jedes allein zu erledigen. Resultate sind mehr Ausgeglichenheit und mehr Spaß an der Arbeit, ja Lust auf neue Herausforderungen. Dem Privatleben sein Recht zu geben, mindert also keineswegs den beruflichen Erfolg. Im Gegenteil: Wo die Freude an den täglichen Aufgaben zurückkehrt, wächst das Leistungsvermögen.

Spitzensportler verschieben berufliche Ziele außerhalb des Sports und oft auch private Vorhaben auf die Zeit nach ihrer Laufbahn. Bei ihnen ist das kein Problem, weil sie am Ende ihrer Karriere zumeist gerade mal Anfang bis Mitte 30 sind. Anders sieht es natürlich bei Führungskräften, Theaterintendanten, Wissenschaftlern usw. aus. Sie dürfen ihre vom Job unabhängigen Wünsche und Träume nicht permanent in ihre nachberufliche Zukunft projizieren, weil diese Phase nur einen Bruchteil ihres Lebens ausmachen wird – zumal

»Leben in der Gegenwart« lautet das Motto.

bei potenziell steigender Lebensarbeitszeit. »Leben in der Gegenwart« sollte daher das Motto sein – sowohl im Beruf als auch in der Freizeit. Was simpel klingt, ist eine Kunst, die vor allem Topleute beherrschen – sonst stünden sie nicht ganz oben. Ihren Stress reduzieren sie nicht zuletzt durch positive Gedanken und durch ihre Einstellung, die sie Chancen entdecken lässt, wo andere nur Probleme sehen.

Außerdem erschöpft sich das Leben von echten Champions nicht im Beruf und einem nicht näher definierten Privatleben, das quasi nur als Anhängsel fungiert. Vielmehr differenzieren sie die nichtberufliche Ebene bewusst oder unbewusst nach den Bereichen Kontakt, Körper und Sinn. Den ersten füllen die sozialen Beziehungen zur Familie und zu den Freunden aus. Im zweiten geht es um die Pflege von Gesundheit und Fitness, während der dritte die persönlichen Visionen von einem gelungenen Leben inklusive dem individuellen Wertesystem umfasst. Diese drei Lebenssphären und den Beruf in Einklang zu bringen, zeugt von einer hoch entwickelten Persönlichkeit, die von den intensiven Erfahrungen in allen Domänen profitiert.

Gerade wer sich nicht einseitig nur auf den Beruf fixiert, hat meist größeren Erfolg als der eindimensionale Arbeiter. Und dieser Vorteil wird wachsen in einer immer komplexeren Welt, in der die Unternehmen nach kreativen, innovativen Typen suchen. Menschen, die beispielsweise Gleitschirm fliegen, zwei Kinder erziehen und sozial engagiert sind, gehören eher zu dieser Gruppe als der Single ohne Hobbys, der nur schläft, isst und arbeitet. Elastizität des Denkens setzt die Beschäftigung mit anderen Menschen und Themen voraus. Immer wieder mal ein Abenteuer einzugehen und etwas Neues zu wagen, erweitert den Horizont. Nicht zufällig ist der Beruf bei außergewöhnlich Erfolgreichen oftmals fest eingebettet in einen umfassenden Lebensentwurf.

Birgit Fischer – viel mehr als »nur« erfolgreiche Kanutin

Unabdingbar bei der Work-Life-Balance ist die Zielklarheit für alle Bereiche des Lebensentwurfs. Diese besitzt *Birgit Fischer*, beste deutsche Kanutin aller Zeiten, und dies seit fast drei Jahrzehnten. Mit 17 Jahren holte sie den ersten WM-Titel. Es folgten mehr als zwei Dutzend weitere Triumphe bei Weltmeisterschaften, zahllose andere Siege und als Krönung acht Goldmedaillen bei Olympischen Spielen. In Peking im Sommer 2008 wird Fischer erneut dabei sein – mit dann 46 Jahren und wiederum dem Ziel, einen vorderen Platz zu erreichen. Ein Leben ausschließlich für den Sport? Keineswegs, denn die wohl erfolgreichste Olympionikin hat zwei Kinder, ein abgeschlossenes Studium der Sportwissenschaft und eine eigene Firma, die Paddel-Erlebnistouren organisiert. Die Zeit, die sie ihrer Familie widmete, dankte der Körper der Topsportlerin mit neuen Kräften. Sogar das Pfeiffersche Drüsenfieber konnte sie so unbeschadet überstehen. Vor dem Comeback mag sie etwas gezögert haben, doch dann wagte sie den Sprung zurück ins Kanu. »Wer alles mit Rückversicherung tut, der verpasst etwas im Leben«, kommentiert die Brandenburgerin ihre Risikobereitschaft[86], die mit weiteren grandiosen Siegen belohnt wurde.

Birgit Fischer hat Familie, Ausbildung und Beruf über sehr viele Jahre mit ihrem Leistungssport verzahnt. Alle Bereiche gaben und geben ihr so viel, dass sie bis heute keinen ihrer »Jobs« missen möchte. Auch in der Wirtschaft möchten immer mehr Menschen die Work-Life-Balance verwirklichen und viele Unternehmen assistieren ihnen dabei. Je mehr die Arbeit ins Leben eingreife, desto mehr müsse sie auch für das Leben bieten, meint man etwa bei Grundfos, einem der weltweit größten Pumpenhersteller mit Stammsitz in Dänemark.[87] Manche Experten sehen gar die Work-Life-Balance als ausschlaggebenden strategischen Vorteil im Wettbewerb der Zukunft. Weil das Humankapital immer mehr an Bedeutung gewinnt, werden die Angestellten bei Grundfos gefordert, aber auch unterstützt. Es gehe darum, »die Arbeitskraft jedes Mitarbeiters ganzheitlich zu pflegen und ihm Chancen zur individuellen Weiterentwicklung zu geben«, sagt Personalentwickler Olaf Drewicke. So ist beim Pumpenbauer der zeitweise Wechsel in einen anderen Arbeitsbereich möglich, aber auch ein Mini-Sabbatical für eine Gastdozentur an einer Universität oder ein soziales Engagement. Alles das schafft Freiräume und Entspannung – das notwendige Gegengewicht zu dem gleichzeitig gestiegenen Erfolgsdruck, etwa in Form der Überprüfung der Abteilungsleiter durch externe Berater.

Erholungsphasen systematisch planen

Andere Unternehmen fördern die Work-Life-Balance durch Arbeitszeitkonten, Kinderjahre oder individuelle Arbeitsmodelle. Die Hauptverantwortung für ein gelungenes, erfolgreiches Leben liegt aber, wie immer, bei der Führungskraft und beim Mitarbeiter selbst. Im Spitzensport ergeben sich die Breaks etwa durch das Saisonende, die Sommer- und Winterpausen. Im Business müssen ein, zwei oder drei Urlaube pro Jahr systematisch eingeplant werden. Gute Zeitpunkte liegen direkt nach den Großereignissen, auf die lange hingearbeitet wird und nach denen die »Tanks« in der Regel leer sind. Den je nach Sportart bis zu drei Spielen innerhalb von acht Tagen – wie im Fußball, Handball oder Eishockey – entsprechen in der

Erholungsphasen sollten terminiert und strukturiert werden.

Birgit Fischer

Wirtschaft zum Beispiel häufige Meetings in der Endphase eines Projekts oder einer Messevorbereitung. Schließlich sind Sportler zwei- bis dreimal pro Tag, nämlich während ihrer Trainingseinheiten, hoch konzentriert und hoch belastet. Bei Verkäufern können das die zwei oder drei entscheidenden Termine am Tag, bei der Führungskraft die wichtigsten Besprechungen sein.

Für den Manager sinnvoll sind fest terminierte Erholungsphasen innerhalb einer Woche. Ja sogar während eines Tages können strukturierte kurze Pausen bereits für frische Energie sorgen. Entscheidend dabei ist die Strukturierung! Einfach nur den Stift einen Augenblick wegzulegen, bringt wenig, Atemgymnastik oder eine systematische Lockerung der Muskulatur dagegen viel. Die Balance zwischen Konzentration und Fleiß auf der einen und Entspannung auf der anderen Seite ist stets eine höchst individuelle.

Sie wird sich zudem mit hoher Wahrscheinlichkeit im Laufe des Lebens verändern, ist also ein Prozess, kein Zustand. Pläne und Regeln sind notwendig, dürfen aber nicht allzu starr gehandhabt, sondern müssen immer wieder einmal revidiert werden. Allerdings gilt es, sich vor der Versuchung zu wappnen, vorgesehene Waldläufe oder Urlaube einfach ständig zu verschieben. Nur wer grundsätzlich auf Kurs bleibt, kann das Ziel erreichen, selbst wenn er ab und zu das Steuerruder leicht drehen muss, um Ungenauigkeiten auszugleichen.

Über die Auszeit zur inneren Balance

Im Allgemeinen darf die Regeneration zwischen zwei Belastungsphasen nicht zu lange dauern, wie der Sport lehrt: Vergeht bei leistungsorientiertem Training zu viel Zeit von einem Trainingsreiz zum nächsten, dann findet keine Leistungssteigerung statt. In der Wirtschaft gilt im Bereich der Eliten Analoges: Hier wird niemand seinen Jahresurlaub so weit ausdehnen, dass er darüber die wichtigen Projekte vergisst und es zu einem Rückschritt in der Bewegung auf seine Ziele kommt. Nur in Ausnahmefällen kann einmal sowohl im Sport als auch im Business eine längere Auszeit Wunder wirken. Der Fußballtrainer *Ottmar Hitzfeld* hat sich eine solche gegönnt, als er sich nach 16 Titeln ausgelaugt und ausgebrannt fühlte. Erst nach zweieinhalb Jahren, als er das Feuer der Begeisterung wieder in sich fühlte, kehrte er mit neuer Energie auf die Trainerbank zurück. Und er hat seine Auszeit genutzt, wie er selbst sagt: »Ich habe mich weiterentwickelt. Ich bin offener geworden und selbstkritischer.« Außerdem könne er nun Verantwortung abgeben, trenne den Beruf stärker vom Privatleben, denke mehr an sich selbst, gehe in die Sauna und mache Krafttraining. »Ich achte auf meine innere Balance«, fasst Hitzfeld dies zusammen.

■ Ottmar Hitzfeld: »Auszeiten erweitern den Horizont«

Ottmar Hitzfeld, einer der erfolgreichsten und charismatischsten Fußballtrainer der Welt, nahm eine zweieinhalbjährige Auszeit zwischen zwei Engagements beim FC Bayern München. Mitte 2004 verließ er den Renommierclub und lehnte zahlreiche reizvolle Angebote ab, ehe er im Februar 2007 zum Verein zurückkehrte.

Herr Hitzfeld, in welcher Weise haben Sie von der Auszeit profitiert?

Ottmar Hitzfeld: »Vorher fühlte ich mich ausgebrannt. Während der Auszeit habe ich viel Kraft getankt, meine Psyche gestärkt und mich fortgebildet.«

Hat der Abstand vom stressbetonten Trainerjob Sie in Ihrer Persönlichkeit verändert?

Hitzfeld: »Auf jeden Fall konnte ich Abstand zum Alltagsgeschäft gewinnen. Und ich bin sicherlich innerlich ruhiger und reifer geworden.«

Auszeit bedeutete für Sie etwas anderes als Nichtstun. So haben Sie Kolumnen geschrieben und als Kommentator gearbeitet. Was taten Sie noch, um in Sachen Fußball auf dem Laufenden zu bleiben?

Hitzfeld: »Ich analysierte viele Fußballstudien, nahm an einer Champions-League-Trainertagung teil und führte zahlreiche Gespräche mit anderen Spitzentrainern.«

Was empfehlen Sie, um gar nicht erst in den Zustand der Erschöpfung zu kommen?

Hitzfeld: »Ein sehr wirksames Mittel, die eigenen Kräfte zu schonen, ist es, mehr Arbeiten zu delegieren.«

Ottmar Hitzfeld

Profitiert auch die Führungskraft oder der Mitarbeiter in der Wirtschaft von einer Auszeit?

Hitzfeld: »Zunächst gilt es, die beruflichen und finanziellen Gegebenheiten abzuwägen. Stimmen die Rahmenbedingungen, dann erweitert so eine Phase den Horizont für andere wichtige Dinge im Leben.«

Auch in der Wirtschaft gibt es Spitzenmanager, die erst über eine längere Auszeit zum inneren Gleichgewicht gefunden haben. Im Bereich der Kultur oder der Medien bringen solche Pausen häufig Kreativitätsschübe. So wanderte der Entertainer Hape Kerkeling den Jakobsweg entlang und schrieb darüber ein Buch. Amélie Niermeyer, heute Generalintendantin am Düsseldorfer Schauspielhaus, stieg nach einer sehr erfolgreichen Inszenierung am Schauspiel Frankfurt für ein Dreivierteljahr aus. Mit Mann und Kind ging sie auf Weltreise, um fremde Kulturen kennenzulernen und sich neue Inspiration zu holen. Anschließend sei ihr Drang, wieder richtig loszulegen, größer gewesen als vor der Auszeit. Sie habe auch während ihrer Abwesenheit vom Theaterbetrieb gemerkt, wie sehr sie die Bestätigung als Regisseurin brauche.[88] Diese Beispiele machen klar: Auszeiten von mehr als drei Wochen sind in erster Linie eine Option für bestimmte Berufe. Im Normalfall viel praktikabler als ein monatelanges Abtauchen ist ein intelligentes Energiemanagement, wie es bereits beschrieben wurde.

Mit Spaß entspannter zur Höchstleistung

Ein ausgeklügeltes Haushalten mit den eigenen Energiereserven hält Menschen prinzipiell leistungsfähig, ist aber selbstverständlich kein Garant für tatsächlich erbrachte Spitzenleistungen. Wenn die Führungskraft oder der Sportler alles gibt und fast alles erreicht, dann liegt das an all den Erfolgsstrategien, die in den vorhergehenden Kapiteln diskutiert wurden. Siegertypen sind im positiven Sinne Besessene auf ihrem Spezialgebiet. Vor allem aber haben Champions ihr Spielfeld gefunden, auf dem sie ihre Talente ausleben können. So sind sie mit Begeisterung bei der Sache und überzeugt davon, das für sie genau Richtige zu tun. Siegertypen »müssen« nicht Dinge erledigen, sondern sie *wollen* sie tun. Sie identifizieren sich mit ihrer Arbeit und befriedigen daher im Job ihre Bedürfnisse. Unter diesen Umständen gefährde eine hohe Arbeitsbelastung keineswegs automatisch die Gesundheit, wie Arbeitsmediziner herausgefunden haben. Freude am Erreichten kompensiert die zweifellos vorhandenen Strapazen.

Um diesen Satz zu begreifen, genügte am 4. Februar 2007 ein Blick in die Gesichter der deutschen Handballhelden. Sie hatten das »Projekt Gold« zu einem erfolgreichen Abschluss gebracht und waren nun dem Himmel näher als der Erde. Für ein paar Stunden oder Tage zumindest, denn dann wurden die nächsten Ziele anvisiert. Genauso reagieren der Vollblutunternehmer nach einer überragenden Bewertung durch Analysten, der leidenschaftliche Verkäufer nach einem großen Abschluss und der glühende Autor nach einem vollendeten Werk. Sie alle zeichnet vor allem anderen eines aus: Sie handeln! Vor einem Erfolg und ebenso danach.

Power – auf Dauer

Wie Sie Ihren mentalen und physischen Energielevel dauerhaft stabil halten

Nachdem manche im Anschluss an Studium oder Berufsausbildung voller Tatendrang ins Arbeitsleben gestartet sind, folgt bei vielen nach einigen Jahren eine große Ernüchterung. Ausgepowert fühlen sie sich, ausgebrannt nach arbeitsreichen Jahren, nach anstrengenden Projekten, nach den ersten Erfolgen.

Wer das eigene Energiekonto stets belastet und nur selten auffüllt, der läuft – je nach Motivationsgrad und Konstitution früher oder später – leer wie eine alte Autobatterie. Nur lässt sich der eigene Antrieb, die eigene Leistungsfähigkeit, nicht so problemlos in jeder Autowerkstatt ersetzen!

Machen Sie doch mal eine kurze Bestandsaufnahme:

- Fühlen Sie sich zunehmend erschöpft?
- Sind Sie oft auch tagsüber müde?
- Halten Sie es kaum aus, auf etwas zu warten?
- Reagieren Sie zunehmend aufbrausend, wenn etwas nicht so läuft, wie Sie sich das vorstellen?
- Finden Sie nur noch selten tiefen, erholsamen Schlaf?
- Wollen Sie oft einfach nur noch in Ruhe gelassen werden?
- Treffen Sie Ihre Freunde immer seltener?

Haben Sie mehr als dreimal mit Ja geantwortet, dann wird es Zeit zu handeln.

Unsere Tipps

>>> Strukturieren Sie Ihr Arbeitsjahr: In der modernen Jobwelt ist Flexibilität gefragt. Dennoch: Versuchen Sie bereits zu Beginn eines Arbeitsjahres nach Phasen, die aller Erwartung nach besonders anstrengend werden, Urlaubstage einzuplanen.

>>> Bauen Sie Entspannungsrituale in ihren Arbeitsalltag ein: Zum Beispiel einen Spaziergang in der Mittagspause, eine 10-Minuten-Pause, in der Sie sich mit einem Kollegen in der Tee-küche treffen, etc. Als ideal gelten kurze Arbeitsunterbrechungen alle 90 bis 120 Minuten.

>>> Bewegen Sie sich ausreichend: Bewegung ist im »Betriebsplan« jedes Menschen zwingend vorgesehen. Versuchen Sie, so viel Bewegung wie möglich in Ihren Tagesablauf einzuplanen. Am besten: dreimal pro Woche 40 Minuten Walken oder Joggen im richtigen Pulsbereich. Aber auch Treppen zu steigen und zu einem Kundentermin zu laufen, statt mit dem Auto zu fahren, können erste Maßnahmen sein.

>>> Ernähren Sie sich ausgewogen: Niemand erwartet von Ihnen, dass Sie für immer auf den geliebten Schweinebraten verzichten. Die Balance zu finden, ist auch in Sachen Ernährung der beste Tipp. Stellen Sie sich einen Obstteller auf ihren Schreibtisch, trinken Sie Wasser oder Schorle statt Cola, greifen Sie in der Kantine häufiger zum Salat statt zu Schnitzel und Pommes.

>>> Trinken Sie viel Wasser: Unser Körper braucht täglich mindestens zweieinhalb Liter Flüssigkeit (ideal ist ein Liter pro 25 kg Körpergewicht). Alkohol, Milch, Kaffee und Limonade gehören nicht dazu. Während des Tages jede Stunde ein Glas Leitungs- oder stilles Wasser zu trinken, ist optimal. Genießen Sie gleich nach dem Aufstehen ein bis zwei Gläser davon.

>>> Gönnen Sie sich Zeiten, in denen Sie nicht erreichbar sind: Laptop und Handy verfügen nicht ohne Grund über Ausschaltknöpfe. Vereinbaren Sie mit sich, Ihren Kollegen und Mitarbeitern Zeiten, in denen Sie keine »Bereitschaft« haben.

>>> Schlafen Sie ausreichend: Wenn Sie schlafen, schaltet Ihr Körper auf »Stand-by«. Atmung und Puls verlangsamen sich, Blutdruck und Körpertemperatur sinken. Ihr Körper benötigt diese zeitweilige »Bewusstlosigkeit« zwingend als Erholungsphase. Sieben bis acht Stunden Schlaf braucht er durchschnittlich, mit 50 Jahren nimmt das Schlafbedürfnis etwas ab. Gelegentliche Schlafdefizite vermag der Körper auszugleichen. Nehmen wir ihm jedoch regelmäßig Schlafzeit, können ernst zu nehmende gesundheitliche Probleme die Folge sein. Um Höchstleistungen zu erbringen, brauchen wir in jedem Fall ausreichend Schlaf.

>>> Nutzen Sie die Kraft Ihrer Gedanken: In unserem Kopf entsteht Begeisterung oder Frust. Unser Unterbewusstsein ist eine Quelle des Erfolgs und steuert unsere Gefühle. Es kann jedoch nicht unterscheiden zwischen dem, was wir wirklich erleben, und dem, was wir uns intensiv vorstellen. Füttern Sie deshalb Ihr Unterbewusstsein mit positiven Gedanken und Erfolgsbildern. Werden Sie zum Möglichkeitsdenker!

>>> Finden Sie Ihr Spielfeld: Frustration ist ein echter Energiekiller – und sie entsteht vor allem dann, wenn wir etwas tun, was wir nicht richtig können oder wollen. Ganz wichtig: Nutzen Sie Ihre individuellen Stärken, finden Sie Ihr Spielfeld, suchen Sie sich Tätigkeiten, in denen Sie Ihre Stärken voll zur Geltung bringen können.

Abpfiff ...

... für die Theorie und Anpfiff für Ihren Weg an die Spitze

»Wenn nicht jetzt, wann dann? Wenn nicht hier, sag mir, wo und wann? Wenn nicht wir, wer sonst?« – So hieß es im Song der Gruppe *De Höhner* zur Handball-WM 2007 in Deutschland. Es waren rhetorische Fragen, die das Sextett aus Köln dennoch beantwortete: »Es wird Zeit. Komm, wir holen uns den Weltpokal.« Henning Fritz, Markus Baur, Christian Schwarzer, Florian Kehrmann und ihr Team gaben ihre Antworten auf dem Feld, lieferten begeisternde Spiele und setzten ihr »Projekt Gold« in beeindruckender Manier um. Ein Spaziergang war das nicht, doch mit dem Pokal im Kopf und im Herzen wurden alle Herausforderungen bewältigt. Bei den Höhnern klang das so: »Wir wollen viel, haben ein Ziel, und der Weg dahin ist schwer. Irgendwann fängt es an, und auf einmal läuft das Spiel.« Dieser letzte Satz führt zur entscheidenden Botschaft dieses Buches: Handeln ist *das* Geheimnis der Siegertypen, denn ohne Aktivität liefen alle anderen Erfolgsstrategien ins Leere. Ob Sport oder Wirtschaft: Handeln beflügelt. Wer handelt, bei dem »läuft das Spiel« auch im übertragenen Sinne und werden Hindernisse zu Chancen für die Weiterentwicklung.

> **Handeln ist das Geheimnis aller Siegertypen.**

Packen Sie es also an, Ihr persönliches Projekt Gold. Dies ist der Abpfiff der Theorie und der inspirierenden Praxisbeispiele. Und es ist der Anpfiff fürs Agieren. Werfen Sie den ersten Ball, kommen Sie aus den Startblöcken und legen Sie die Latte immer wieder ein bisschen höher. Machen Sie es wie die Spitzensportler, die ohne Wenn und Aber einfach anfangen und in hohem Maße authentisch sind. Keine olympische Goldmedaille, kein WM-Titel wird allein durch Konzepte auf dem Papier und eine High-Tech-Ausrüstung gewonnen. Was zählt, ist die Umsetzung auf der Bahn, dem Platz, im Wasser. Sport ist Passion und Explosion. Lassen Sie beides zu den bestimmenden Charakteristika auch Ihres beruflichen Wirkens und Wollens werden.

Ziehen Sie aus den vielen Erfolgsstorys dieses Buches das für Sie Passende und übertragen Sie es auf Ihr Lebenskonzept. Haben Sie wie der Spitzensportler Freude am Leistungsprinzip, am fairen Wettkampf mit anderen und natürlich vor allem an der Anerkennung, die auf einen Sieg folgt. Aber imitieren Sie nicht den Formel-1-Star oder das Schwimmass, sondern finden Sie Ihren individuellen Weg. Trotz aller Parallelen hat jeder Champion seine eigene Geschichte. Stellen Sie die Ampeln auf Grün, damit das nächste Kapitel Ihrer Geschichte beginnt.

Dieses Buch soll Ihnen Steighilfen für Ihren Aufstieg auf der Erfolgsleiter liefern. Sie kennen nun das Portfolio der Erfolgsstrategien, das im Spitzensport und bei den Eliten der Wirtschaft sehr ähnlich aussieht. Gehen Sie einfach noch einmal die konkreten Tipps durch und nutzen Sie diese als persönliches Fitnessprogramm für Ihre Karriere. Finden Sie Ihr »Spielfeld«, entwickeln Sie Ihre Stärken und setzen Sie sich motivierende Ziele. Beweisen Sie Ausdauer und scheuen Sie nicht das Risiko, sondern seien Sie innovativ. Vertrauen Sie auf Ihre Teams, zeigen Sie sich selbst zum einen als Teamplayer und zum anderen als Leader. Führen Sie auch sich selbst und konzentrieren Sie sich immer hundertprozentig auf das, was Sie gerade tun. Münzen Sie Ihre kleinen Niederlagen in mehr Power um und fighten Sie in schwierigen Situationen. Begeistern Sie andere von sich und für Ihre Projekte! Sorgen Sie nicht zuletzt für eine Work-Life-Balance sowie eine regelmäßige Auffüllung Ihrer Energiespeicher, weil nur das nachhaltigen Erfolg ermöglicht.

Geben Sie Ihrer Karriere den entscheidenden Schub!

Für einen Aristokraten der griechischen Antike war es »eine Verpflichtung, immer der Erste zu sein und den anderen voranzuleuchten«, wie Homer in der *Ilias* formulierte. Heute hat jedermann die Chance, mehr aus seinem Leben herauszuholen und dank seiner Talente Höchstleistungen zu erbringen. Natürlich bedeutet diese Chance auch eine Verantwortung für den Einzelnen, denn die Schuld für ein unbefriedigendes Dasein im Mittelmaß kann er niemand anderem in die Schuhe schieben. Weil wir heute alle zur Leistungselite gehören können, haben wir auch die Verpflichtung dazu – vor allem gegenüber uns selbst. Nehmen Sie die Ihre wahr und lassen Sie sich in Bann ziehen von Ihren Visionen. Das archaische Streben nach dem Sieg ist auch dem modernen Menschen eigen – und das nicht nur im Sport. Ersetzen Sie einfach das Schneller, Höher und Weiter der Olympioniken durch »erfüllender, spannender und lohnender leben« – und den Weltpokal der Handballer durch Ihr ureigenes Ziel, Ihre glänzende Zukunft!

Heiner Brand und Jörg Löhr

ANHANG

Applaus für das Team

Bei der Realisierung eines ambitionierten Projektes müssen viele Zahnräder ineinandergreifen. Sie sind unterschiedlich in ihrer Größe, aber für das Gesamtwerk alle von großer Bedeutung. Das gilt auch für das vorliegende Buch, dessen Projektteam uns bei der Konzeption, Durchführung und Vollendung dieses Werks eine wertvolle Hilfe war. Wir applaudieren allen Teammitgliedern und sagen von Herzen Danke!

An erster Stelle steht *Frank Löhr,* der die Idee zu diesem Buch hatte und uns vom Anfang bis zum Ende auf beeindruckende Weise begleitend und unterstützend zur Seite stand.

Im gleichen Atemzug gilt unser ganz besonderer Dank *Siynet Spangenberg,* einer exzellenten Journalistin und Autorin. Sie hat diesem Buch enorm viel Substanz gegeben und Leben eingehaucht. Ihre bemerkenswerten schriftstellerischen Fähigkeiten kommen in jedem Absatz zur Geltung. Ebenfalls großer Dank gebührt mit *Katrin Müller* einer weiteren tollen Journalistin. Sie war uns mit ihren Tipps, Anregungen, Texten und Gedanken zur Konzeption eine entscheidende Stütze. Dritter beteiligter Journalist war *Jürgen Schott*, der sich exzellent um die Recherche der Fakten und Details im Bereich des Sports kümmerte.

Als hervorragender Partner erwies sich der GABAL Verlag, dessen Geschäftsführerin *Ursula Rosengart* unsere Idee begeistert aufnahm. Bedanken möchten wir uns in besonderem Maße auch bei der Projektmanagerin und Programmleiterin *Ute Flockenhaus,* die die Umsetzung des Vorhabens professionell und zugleich auf sympathische Art koordinierte sowie ihr kreatives Potenzial in die Waagschale warf. Unterstützt wurde sie von *Dr. Sonja Ulrike Klug,* die als Lektorin ihr Fachwissen und ihre Erfahrung für das Gelingen des Gesamtwerks beisteuerte, sowie vom Team *Theilig &*

Kortmann, die das Layout für dieses Buch professionell entwickelt haben. Die Pressearbeit für das Buch wissen wir bei *Petra Spiekermann* und ihrem Team in den besten Händen. Zu nennen ist weiter *Hans-Jochen Fröhlich*, Geschäftsführer der Agentur Fröhlich PR, der uns stets als wertvoller Gesprächspartner zur Verfügung stand – von der ersten Konzeptidee bis zur Vermarktung. Als wichtiger Ansprechpartner für viele Kontakte während der gesamten Realisierung erwies sich zudem *Detlev Hebel*.

Unser Dank gilt weiterhin dem professionellen und engagierten Team von *JÖRG LÖHR Erfolgstraining*, das viele kleine, aber enorm wichtige Aufgaben rund um dieses Buchprojekt übernommen hat.

Ganz speziellen Dank möchten wir an unsere Gesprächs- und Interviewpartner richten, die wertvolle Gedanken und Anregungen zu diesem Werk beigesteuert haben: *Franziska van Almsick, Prof. Dr. Klaus Baum, Oliver Bierhoff, Prof. Dr. Hans Eberspächer, Markus Heinze, Michael Henke, Hans-Jochen Holthausen, Ottmar Hitzfeld, Jochen Kienbaum, Stefan Kretzschmar, Joachim Löw, Dr. Markus Merk, Jochen Schümann* und *Dr. Thomas Wessinghage.*

Und natürlich applaudieren wir dem gesamten, außergewöhnlichen Team der deutschen Handball-Nationalmannschaft, die das Projekt Gold auf dem Spielfeld realisiert hat: *Markus Baur, Johannes Bitter, Henning Fritz, Holger Glandorf, Pascal Hens, Torsten Jansen, Lars Kaufmann, Florian Kehrmann, Dominik Klein, Andrej Klimovets, Michael Kraus, Carsten Lichtlein, Sebastian Preiß, Oliver Roggisch, Christian Schwarzer, Christian Zeitz, Stefan Schröder, Oleg Velyky, Rolf Hermann, Michael Hegemann und Michael Haaß, dem offiziellen Kotrainer Martin Heuberger, Dr. Berthold Hallmaier, Peter Gräschus, Reinhold Roth, Tom Schneider, Ulrich Strombach, Horst Bredemeier, Dr. Klaus-Peter Mellwig* und *Charly Hühnergarth* sowie sehr vielen engagierten Personen im Umfeld der Mannschaft, die sich alle in den Dienst des gemeinsamen Ziels stellten.

Hinter diesem Buchprojekt stehen besondere Menschen, stecken enorm viel Arbeit und auch jede Menge Spaß. Vielen Dank an alle Beteiligten!

Heiner Brand und Jörg Löhr

Anmerkungen

1 Pressemitteilung der Gallup GmbH

2 sueddeutsche.de, 26.4.2002

3 sueddeutsche.de, 25.4.2002

4 access Newsletter, November 2006

5 naturtalent-stiftung.de, 2.8.2007

6 Kicker-Sportmagazin, 23.7.2007

7 Hamburger Abendblatt, 11.4.2006

8 Kicker-Sportmagazin, 23.7.2007

9 Kicker-Sportmagazin, 23.7.2007

10 FAZ, 23.7.2007

11 Bayer. Staatszeitung, 51/19.12.2006

12 Die Welt, 30.6.2006

13 sueddeutsche.de, 25.4.2002

14 Stern, 24/2004

15 Züricher Weltwoche 12/2007

16 Netzeitung, 13.1.2006

17 brand eins, 1/2005

18 Horizont Sport Business, Mai 2001

19 Der Spiegel, 21.8.2005

20 Focus, 16.7.2007

21 sueddeutsche.de, 25.4.2002

22 sueddeutsche.de, 25.4.2002

23 manager-magazin.de, 16.12.2004

24 FAZ, 6.2.1998

25 faz.net, 6.3.2007

26 brand eins, 10/2006

27 Die Zeit, 31.8.2006

28 manager magazin, 7/2005

29 manager magazin, 7/2005

30 sueddeutsche.de, 25.4.2002

31 karrierefuehrer.de, 15.12.2005

32 Der Spiegel, 30.3.2006

33 trendbuero.de, 2.5.2007

34 zitate.de

35 Jahresbericht der Zürcher Hochschule Winterthur

36 Harvard Business Manager, 7/2006

37 brand eins, 1/2005

38 Harvard Business Manager, 7/2006

39 Der Spiegel, 24/2007

40 Die Zeit, 30.8.2007

41 Neuss-Grevenbroicher Zeitung, 25.11.2002

42 Süddeutsche Zeitung, 16.10.2001

43 Süddeutsche Zeitung, 16.10.2001

44 sueddeutsche.de, 25.4.2002

45 FAZ, 9.9.2007

46 Motorsport-total.com, 13.7.2003

47 Die Zeit, 6.9.2007

48 bundeswehr.de, 6.7.2007

49 Pro Firma, 3/2007

50 capital.de, 17.5.2006

51 FAZ, 23.4.2006

52 fairness-stiftung.de, 25.9.2007

53 Fairness-Report der Fairness-Stiftung, 2001

54 Kicker, 3.6.2003

55 heilbonn-business-school.de, 26.9.2007

56 Neuss-Grevenbroicher Zeitung, 25.11.2002

57 Re-Imagine, Starnberg 2004, S. 69

58 beim 6. Casteller Unternehmensgespräch, 8.9.2005

59 Hamburger Abendblatt, 19.6.2006, ebenso vorangegangene Zitate

60 FAZ, 28.3.2007

61 spiegel-online.de, 6.10.2007, ebenso vorangegangene Zitate

62 Süddeutsche Zeitung, 20.4.2005

63 brand eins, 7/2004

64 welt-online.de, 12.10.2003

65 tagesspiegel.de, 4.7.2007

66 Frankfurter Rundschau, 9.6.2004

67 tagesspiegel.de, 4.7.2007

68 brand eins, 10/2004

69 brand eins, 10/2004

70 FAZ, 30.3.2005

71 stern.de, 6.3.2007

72 brand eins, 2/2007

73 manager-magazin.de, 13.7.2007

74 ChangeX.de, 9.10.2007

75 kp-z.de, 16.10.2007

76 regina-halmich.org, 3.12.2007

77 ZDF, 2.9.2007

78 www.philipplahm.de, 18.10.2007

79 www.bundesregierung.de, Rede Horst Köhlers vom 7.11.2006

80 faz.net, 16.1.2007

81 Die Zeit, 20/1999

82 www.karriere.de, abgerufen 19.10.2007

83 Die Welt, 10.9.2003

84 Süddeutsche Zeitung, 11.11.2006

85 fitforfun.de, 21.10.2007

86 Berliner Morgenpost, 5.1.2004

87 brand eins, 3/2006

88 sueddeutsche.de, 25.4.2002

Abbildungsnachweis

Sach- und Personen-register

Alessi, Alberto   294
Alinghi   141
Almsick, Franziska van   125
Anerkennung   275
Arbeitssucht   321
Ausdauer   16, 115
Ausdauertraining   117
Auszeiten   205

Baum, Klaus   110
Baur, Markus   93, 167
Begabung   22
Begeisterung   34, 43, 50, 197, 317
Benöhr, Astrid   252
Benz, Rolf   287
Berger, Roland   26
Bertarelli, Ernesto   160
Bierhoff, Oliver   135
Boklöv, Jan   102
Boll, Timo   211
Bortenlänger, Christine   43
Burda, Hubert   185

Champions   155
Chancengerechtigkeit   212
Charisma   97, 156

Disziplin   31, 107, 115, 129
Dondorf, Wolfgang   311
Druck   179
Druckventil   190

Eberspächer, Hans   87
Effenberg, Stefan   255
Ehrgeiz   199
Eigenlob   275
Einzelkämpfer   37
Elite   170
Emotion   39
Energie   323
Energiemanagement   323
Entspannung   321
Erfolgsdruck   189
Erfolgskreislauf   189
Erholung   319
Erinnerungsanker   272
Erwartungen   222
Etappensieg   279

Faber-Castell, A. W. Graf von   238
Fairness   206, 215, 278
Fairplay   209
Fan   305, 311
Federer, Roger   58
Feedback   173
Feiern   269
Fighten   249
Fischer, Birgit   333
Fitness   127
Flow   44
Fordern   165
Fördern   165
Forte, Sir Rocco   118
Fosbury, Richard Douglas   105

Fritz, Henning   253, 269
Frustrationstoleranz   289
Führung   173
Führungskompetenz   156
Führungspersönlichkeit   156

Gates, Bill   299
Gesundheit   110, 325
Gewissen   216
Gleichgewicht   319
Graf, Steffi   261

Hambüchen, Fabian   187, 202
Hamilton, Lewis   58
Handball-Nationalmannschaft   5, 11,
   12, 18, 38, 40, 48, 54, 62, 66, 72,
   110, 134, 200, 223, 262, 287, 320
Handball-WM 2007   12, 71, 146,
   180, 232, 279, 280, 303, 343
Handlungsmuster   87
Harry-Brot   151
Hens, Pascal   182
Hinrichs, Lars   291
Hipp, Claus   95
Hitzfeld, Ottmar   336
Hitzler, Anja   194

Imagepflege   314
Inamori, Kazuo   38
innere Bilder   87
innere Kündigung   23
Innovation   82, 91

Jansen, Torsten   81
Jobs, Steve   256
Joop, Wolfgang   21, 184
Jubel   277

Kahn, Oliver   35
Kämpfen   262
Kampfkraft   245, 249
Kamprad, Ingvar   121
Karriereplanung   242
Kehrmann, Florian   54

Kienbaum, Jochen   155
Klitschko, Vitali u. Wladimir   46
Klinsmann, Jürgen   97
Konditionstraining   110
Konzentration   190, 193, 196
Körber, Hans-Joachim   261
Kreativitätstraining   102
Kretzschmar, Stefan   232, 292
Krise   249
Kritik   312
Kultur des Feierns   271
Kunden   302, 311
Künzer, Nia   291

Lang, Gerd-Rüdiger   198
Langer, Bernhard   74
Leader   163
Leadership   150, 159
Leibinger, Berthold   215
Leidenschaft   34
Leistungsmessung   172
Lob   312, 317
Lobbying   314
Löw, Joachim   239

Maradona, Diego Armando   209
Marke   307
Maus, Manfred   168
mentale Fertigkeiten   89
mentale Stärke   70
mentales Training   77, 88
Merk, Markus   219
Meyer, Bernard   166
Motivation   174, 323
Musik   327
Mut   297

Niederlage   281, 284, 295

Oetker, Rudolf-August   310
Offenheit   297
Öffentlichkeitsarbeit   314
Optimismus   201, 284
Organisation   123

Ostrowski, Hartmut   188

Pander, Christian   29
Pause   205
Persönlichkeit   307
Pole-Position   179
positives Denken   295
Projekt Gold   12, 14, 40, 42, 54, 55,
     133, 180, 184, 200, 201, 223, 232,
     279, 339, 343
Publikum   305

Realismus   202
Reda, Mahmoud   20
Regeneration   320, 324
Riegel, Hans   169
Rituale   243

Schönfelder, Gerd   289
Schümann, Jochen   144
Schwäche   29
Schwarzer, Christian   41
Seeler, Uwe   310
Selbstgespräch   79
Selbstverantwortung   112, 235
Selbstvertrauen   34, 286
Sieg   277
Siregar, Emmanuel   298
Spaß   34
Spitzenleistung   35
Stärke   27, 29, 189
Stöhr, Hans-Jürgen   297
Storytelling   315
Strategie   68, 229, 237
Stress   322
Stressabbau   120
Stresshormone   321

Tadel   317
Taktik   229
taktische Finesse   224
taktisches Kalkül   234
Talent   18, 24
Teamführung   175

Teamspirit   131, 133, 147, 153
Teamzusammensetzung   140
Training   31, 67, 70, 88

Übertrainiertsein   326
Uhrenbacher, Stefan   311
Umsetzung   98
Unger, Daniel   308

Verantwortung   63
Vertrauen   138
Verzettelung   123
Vision   52, 56, 234
Vorbereitung   15

Wachstumsmärkte   101
Welch, Jack   170
Wertschätzung   212
Wessinghage, Thomas   328
Widerstand   100
Winning-Team   137, 153
Win-win-Situationen   223
Wir-Gefühl   131
Workaholic   322
Work-Life-Balance   331
Wozniak, Steve   106

Zeitz, Christian   94
Ziele   49, 56, 65, 193
     Erfolgsziele   60
     Etappenziele   59
     Leistungsziele   60
Zuversicht   138

Über die Autoren

Heiner Brand

kennt beide Seiten – den Hochleistungssport und das Business. Als Handballer gelang ihm, was bisher noch niemand schaffte: Er wurde als Spieler und als Trainer Weltmeister. Er gewann alles, was der nationale und internationale Handball an Titeln und Trophäen zu vergeben hat. Heiner Brand wurde als Trainer mehrfach Deutscher Meister. Als Bundestrainer wurde er u.a. 2004 Europameister und Silbermedaillengewinner, 2007 Weltmeister. Neben vielen Auszeichnungen erhielt er das Bundesverdienstkreuz und wurde für sein sportliches Lebenswerk und die Verdienste um das Ansehen des deutschen Sports in der Welt mit der Goldenen Sportpyramide ausgezeichnet und in die Hall of Fame aufgenommen. Sein umfassendes Wissen über Teambuilding und die Entstehung von Spitzenleistungen setzt der Dipl.-Kfm. Heiner Brand auch in Seminaren und Vorträgen ein.

Jörg Löhr

Der 94-fache Handball-Nationalspieler, Europacup-Sieger, Deutscher Pokalsieger und mehrfache Deutsche Meister gilt heute als einer der renommiertesten und kompetentesten Management- und Persönlichkeitstrainer im deutschsprachigen Raum. Jörg Löhr betreut Spitzensportler, Nationalmannschaften sowie Bundestrainer, und seine Referenzen im Business-Bereich lesen sich wie das »Who's Who« der Unternehmenswelt. Als Redner und Trainer wurde Löhr vielfach ausgezeichnet und im Jahr 2006 anläss-

Das Team vor einem Länderspiel 1982 – Heiner Brand (1. v. li.); Jörg Löhr (4. v. re.)

lich der Ehrung für sein Lebenswerk als Referent in die German Speakers Hall of Fame aufgenommen. Der mehrfache Bestsellerautor gibt zudem sein Wissen als Lehrbeauftragter der Universität Augsburg weiter.

Das Team

Als Spieler und Kapitäne ihrer Mannschaft standen sie sich oft auf dem Spielfeld gegenüber und trugen für einige Länderspiele auch gemeinsam das Trikot der deutschen Nationalmannschaft. Unter der Regie von Heiner Brand schult Jörg Löhr die deutsche Handball-Nationalmannschaft bereits seit 2000 im mentalen Bereich und betreute das Team auch vor der Weltmeisterschaft 2007.

Öffentliche Seminare mit Jörg Löhr

Individuell und effizient

Praxisnah, Erfolg versprechend und authentisch – unter diesen Prämissen entwickelt Jörg Löhr seine Seminare. Auf Augenhöhe mit der Wissenschaft fließen ständig die neuesten Erkenntnisse in seine Arbeit ein. Dabei gelingt es ihm, auch komplizierte Sachverhalte einfach, unterhaltsam und kurzweilig zu präsentieren. Dies und die Fähigkeit, mit viel persönlicher Nähe auf Teilnehmer einzugehen, ermöglichen jedem Einzelnen ein hohes Konzentrationsmoment und eine maximale Aufnahme des vermittelten Wissens, der Strategien und Tipps.

Das Angebot umfasst mehrtägige Intensivseminare zu den Themen Persönlichkeit, Kommunikation und Gesundheit. Als Seminarpaket sowie einzeln buchbar – und aufeinander abgestimmt.

PERSÖNLICHKEIT
Seminar „Tage der Entscheidung"

GESUNDHEIT
Seminar „Lebensenergie²"

ICH

KOMMUNIKATION
Seminar „Rhetorik"

≫ Aktuelle Termine und nähere Informationen erhalten Sie unter: **www.joerg-loehr.com**

JÖRG LÖHR ≫

ERFOLGSTRAINING

Ulrichsplatz 6
D–86150 Augsburg

Firmenvorträge mit Jörg Löhr

Erfolg und Motivation in Zeiten der Veränderung

Unternehmenserfolg braucht gerade in wirtschaftlich schwierigen Zeiten ein starkes, kompetentes Team voller Selbstverantwortung, Motivation und Begeisterungsfähigkeit.

Genau hier setzt das Angebot von JÖRG LÖHR Erfolgstraining an. Erprobte Trainingsmodule mit Inhalten wie Kundenbegeisterung und emotionale Kundenbindung, Mitarbeiterführung und Teambuilding, Identifikation mit dem Unternehmen, Fremd- und Eigenmotivation werden individuell auf Ihr Anforderungsprofil angepasst. Vorträge oder Tagesveranstaltungen vor großem Publikum sind ebenso möglich wie Trainings, Workshops oder mehrtägige Intensivseminare im kleineren Kreis. Gestalten Sie mit Jörg Löhr das Highlight Ihrer nächsten Veranstaltung.

Unter anderem nutzen und nutzten folgende Firmen die Trainingserfolge für ihre Mitarbeiter, Geschäftspartner und Kunden: IBM, Oracle, Daimler, Porsche, GlaxoSmithKline, ADAC, SAP, Deutsche Telekom, PriceWaterhouseCoopers, BMW, Allianz, L'Oréal und zahlreiche namhafte Banken.

Alle von JÖRG LÖHR Erfolgstraining entwickelten Seminare zu den aufgeführten Themen haben ein übergeordnetes Ziel: Ihre hohen Erwartungen in puncto Umsetzbarkeit, Effektivität, Begeisterung und dauerhaftem Erfolg zu übertreffen.

Möglichkeiten der Zusammenarbeit:

» **Erfolgs- und Persönlichkeitstraining**

» **Kick-Off-Veranstaltungen**

» **Kundenveranstaltungen**

» **Motivationsveranstaltungen**

» **Führungskräftetraining**

» **Kommunikationstraining**

» **Mitarbeiterschulungen**

» **Vertriebstraining**

» **Rhetorikseminare**

» **Teamtraining**

Telefon: +49 (0)821 3 46 54–66
Telefax: +49 (0)821 3 46 54–99

E-Mail: info@joerg-loehr.com
Internet: www.joerg-loehr.com

Erfolgreich auf seine Art — Heiner Brand

Denker, Stratege und Vorbild mit einer erstaunlichen Motivationskraft. Und ganz wichtig — ein Mensch mit schätzenswerten Charaktereigenschaften.

Buchempfehlung:
Heiner Brand „Auf meine Art", zu beziehen z.B. über DHM.

Er ist nicht nur ein erfolgreicher Sportler, sondern auch ein gefragter Redner, wenn es um Seminare, Unternehmens-Events oder Vorträge geht. Da es beim Sport um das Streben nach Erfolg geht, sind auch Manager auf Heiner Brand aufmerksam geworden, denn um Erfolg geht es ja auch im Businessleben. Es ist seine unterhaltsame und unkomplizierte Art, auch komplexe Sachverhalte darzustellen, die ihn in den letzten Jahren zu einem so beliebten Redner gemacht hat. Bei Themen wie Team-Management, Team-Building, Zusammenführung von Individualisten, Umgang mit Kritik und „Lernen" von Kritikfähigkeit merkt man deutlich, dass Heiner Brand über Situationen spricht, die er aus eigener Erfahrung kennt. Genau diese Themen in motivierender Weise darzustellen, das ist wohl genau sein Ding.

Er muss nicht um Aufmerksamkeit bitten. Wenn Heiner Brand referiert, wird es still im Saal. Seine besondere Art ist es wohl, die jede anwesende Person zum interessierten Zuhörer macht

www.heiner-brand.de

Heiner Brand und Detlev Hebel sind schon viele Jahre gute Freunde und irgendwie auch ein starkes Team. Und da Heiner Brand in den letzten sechs Jahren als Redner und Werbepartner so populär geworden ist, kümmert sich Detlev Hebel um die Belange und das Management des vielbeschäftigten Bundestrainers. Alle Anfragen und Buchungswünsche werden von DHM bearbeitet und koordiniert.

DETLEV HEBEL MARKETING
Absatzentwicklung für Künstler, Sportler und Produkte
Hardtstrasse 4
51643 Gummersbach

Telefon: ++49 (0)2261 29 03 36
Telefax: ++49 (0)2261 29 03 37
eMail: kontakt@dh-m.de
Internet: www.dh-m.de

Fotos: www.maxplay.de